JOEP DOHMEN

De Vriendenrepubliek
Limburgse kringen

Deze uitgave kwam tot stand met steun van het Fonds
Bijzondere Journalisitieke Projecten

Eerdere versies van een aantal hoofdstukken zijn verschenen
in *De Limburger*, 1985-1995

Colofon

De Vriendenrepubliek, Limburgse kringen
© Joep Dohmen

Eerste druk: december 1996 (Uitgeverij SUN, Nijmegen)
Tweede, gecorrigeerde druk: januari 1997 (Uitgeverij SUN, Nijmegen)
Derde druk: december 2013 (Uitgeverij Leon van Dorp, Heerlen)

Vormgeving: Leon van Dorp Grafische Vormgeving, Heerlen
Foto op het omslag: © Frits Widdershoven.
Laatste vergadering Provinciale Staten in het oude Gouvernement,
16 januari 1986

ISBN 978-90-79226-15-3
nugi 654

Inhoudsopgave

Woord vooraf 9

PROLOOG

1. *Een attente inspecteur* 13
Het begin van 'de Moeder aller Affaires'. Wegenbouwer Baars praat zijn mond voorbij bij de FIOD

DEEL I. OORZAKEN EN STRUCTUREN

2. *Onverwerkt verleden* 21
De dag dat Den Uyl in Heerlen de mijnen sloot, markeert het begin van de bloeiperiode van de Vriendenrepubliek

3. *'Eigen bedrijven eerst'* 33
Het herstructureringsbeleid en de sanering van de mijnterreinen

4. *Een duiventil* 45
De open deur van het provinciehuis. De contacten tussen politiek en bouw ontrafeld

5. *Ome Sjaak* 53
Van boerenzoon tot miljonair. Het geven en nemen in de bouw

6. *Regenten en hun geld* 63
Van KVP tot CDA. De macht van de peetvaders van het Dr. Nolensfonds en de welgevulde verkiezingskassen. De manipulatie van Wim van Velzen

7. *'Pis niet tegen een toog'* 72
De rol van de Limburgse media, vergroeid met de Vriendenrepubliek. De verstrengelingen en het gebrek aan speurzin

8. *Netwerken* 80
Grote en kleine circuits. De achterkamertjes, de DSM-lobby en de Tilburgse kliek

9. *Reislust en smeerkunst* 88
Het golfbaancircuit, Toda Rabba en Meuse. Politici en ambtenaren reisden op kosten van relaties de wereld rond. En: andere smeerkunst

DEEL II. VIJF GEVALLEN

10. *Voor wat hoort wat* 101
Het 'systeem' in de Limburgse hoofdstad. De protectie van bevriende bedrijven, de zwarte kas en de affaires van de wethouders

11. *De koning van het circuit* 121
Ger Ruijters, projectontwikkelaar, makelaar en 'Macher'. De koning van het 'ons-kent-ons circuit'

12. *Bestuurlijke octopus* 132
Hoe corruptie doordrong tot het ABP in Heerlen. De gratis vakanties van Jan Reijnen en de afdeling onroerend goed opnieuw in opspraak

13. *Robin Hood* 143
De voorman van de PvdA in Limburg valt van zijn voetstuk. Zijn levensloop, zijn arrestatie en zijn bijna-vrijspraak

14. *Het Scheperspaleis* 160
WBL als erfenis van de SBDI-affaire. Hoe de netwerken ook de volkshuisvesting bestieren en dezelfde mensen er beter van worden

DEEL III. ACTIE EN REACTIE, EFFECTEN

15. *Tout politiek Limburg* 175
De houding van de politiek tijdens de affaires: zwijgen, ongeloof en het voorzichtig begin van een maatschappelijke discussie

16. *Loze beloften* 188
Justitie in Maastricht vóór en tijdens de affaires. De geheime corruptie-lijst, het einde van het onderzoek en de beloften van Hirsch Ballin

17. *Bronnen* 209
Twee journalisten op zoek in de Vriendenrepubliek. Over bronnen, beerputten, rechtszaken en de zure nasmaak

18. '*Het was een mooie reis*' 234
De maatregelen van Dales, de gedragscodes en het nieuwe aanbestedingsbeleid.

EPILOOG

19. *In zaken* 248
Wat is er geworden van de hoofdrolspelers?

Wie is wie in de Vriendenrepubliek? 251
Bibliografische notitie 272
Register van personen, bedrijven en instellingen 274

Woord vooraf

'Veel van wat journalisten hebben geschreven, had de reuk van Limburgs masochisme en bewuste nestbevuiling.' Jan Smeets, voorzitter van de Limburgse Werkgeversvereniging, had er in 1992 geen goed woord voor over, voor de krantenberichten over corruptie. Limburg was niet corrupt, althans niet corrupter dan de rest van Nederland. Met uitzondering van de zaak tegen burgemeester Vossen van Gulpen was toch niets laakbaars aan het licht gebracht? Smeets concludeerde: 'Wij hebben in Limburg geen sjoemelcultuur.'

Vier jaar lang, tot 1996, was Zuid-Limburg in de greep van de corruptie-affaires. Justitie deed een voor Nederlandse begrippen opzienbarend onderzoek. Negen politici en ambtenaren zijn veroordeeld. Veel meer ambtsdragers en tientallen bedrijven raakten in opspraak, maar zijn niet strafrechtelijk vervolgd. In 1994 was duidelijk dat het openbaar ministerie weinig trek had in meer onderzoeken.

De justitiële onderzoeken begonnen in 1992 na publicaties in het dagblad De Limburger. De regionale krant liet Henk Langenberg en mij drie jaar speuren naar belangenverstrengelingen tussen politiek en bouwwereld in Zuid-Limburg. Een unicum in de Nederlandse journalistiek. Het speurwerk mondde uit in honderden artikelen. De teneur was dat Zuid-Limburg ver afgegleden was van de landelijke normen. Zuid-Limburg als het Sicilië van Nederland? Smeets verbijt zich als hij het leest.

Terwijl de affaires verbleken en Zuid-Limburgse overheden zich schoonpleiten met nieuwe afspraken voor het verlenen van bouwopdrachten en gedragsregels voor politici en ambtenaren, dringen zich vragen op. Hoe kon het zo komen? Waarom Zuid-Limburg? Is het gebied wel zo anders dan de rest van Nederland? En: is Limburg beter geworden van alle ophef?

Om de affaires in hun samenhang te kunnen zien en antwoord te geven op de vragen, is dit boek geschreven. Het tijdstip is niet vreemd. De laatste corruptiezaken zijn of worden afgehandeld in de rechtszalen, justitie begint niet aan nieuwe onderzoeken en het duo Langenberg/Dohmen is uit elkaar.

Dit boek is een afsluiting van drie jaar speurwerk. Een afsluiting van een merkwaardige wending in de loopbaan van Henk en mij. Het is ook een reactie op de veronderstelling dat er eigenlijk niets aan de hand was. Dat beeld ontstond na de aanvankelijke vrijspraak van ex-burgemeester Riem van Brunssum in 1995. Later zou hij in hoger beroep toch nog tegen een gedeeltelijke veroordeling oplopen.

Het boek móést er komen. Lang hebben Henk en ik gepraat hoe ik het zou doen. Het bleek privé en in het werk moeilijk inpasbaar. Uiteindelijk heb ik het geschreven in de maanden april, mei en juni van 1996, met steun van het Fonds voor Bijzondere Journalistieke Projecten. Dat maakte het financieel mogelijk dat ik bijzonder verlof kon nemen bij de krant.

Aan de basis van dit boek liggen de honderden artikelen uit De Limburger. Daarnaast deed ik aanvullend onderzoek en voerde ik gesprekken met een twintigtal sleutelfiguren en hoofdrolspelers. Bij de voorbereidingen bleek dat het verleden nog niet door iedereen verwerkt is en de geslotenheid voortduurt. Veel betrokkenen wensten niet te praten. Commissaris der koningin B. van Voorst tot Voorst liet via een woordvoerder weten een gesprek 'niet opportuun' te vinden, zijn voorganger E. Mastenbroek zag 'geen meerwaarde' en diens voorganger J. Kremers liet gewoon niets horen. Oud-gedeputeerde Th. Verhagen had 'geen behoefte' aan een gesprek en zijn collega W. Buck en procureur-generaal R. Gonsalves gaven 'geen commentaar'. Arie Kuijper, voormalig voorzitter van het Gewest Limburg van de PVDA, mocht van zijn bestuur niet praten. Vragen moesten maar schriftelijk aan een 'petit comité' gericht worden.

Een poging van de Limburgse PVDA-top om ook andere politieke partijen in de boycot te betrekken mislukte.

Opmerkelijk was de bereidheid tot medewerking bij het CDA in Limburg. De partij die vier jaar onder schot lag, zou alle reden gehad hebben om de hoorn op de haak te gooien. Dat gebeurde niet. Er kwam geen verbod om met mij te praten. Het leidde tot lange gesprekken, onder meer met voormalig voorzitter Lex Magielsen van het CDA-Limburg. Die gesprekken waren er ook met PvdA'ers die – mogelijk niet op de hoogte van de boycot – toch met mij spraken. Thijs Wöltgens gaf mij een verrassende kijk op het ontstaan van de Vriendenrepubliek. Voormalig hoofdofficier J. Fransen was openhartig over de gang van zaken bij het openbaar ministerie. Zijn opvolger H. Overbosch daarentegen verbood leden van het OM mee te werken aan de totstandkoming van dit boek.

In het eerste deel worden de oorzaken, de structuren, de smeermiddelen en de anatomie van enkele netwerken beschreven. In het tweede deel worden vijf gevallen behandeld die aan het licht kwamen. Deel drie omvat de reacties en de effecten. Toegevoegd is een 'Wie is wie', een uitkomst voor wie kennismaakt met de Vriendenrepubliek.

Met het hoofdstuk 'Bronnen' heb ik geworsteld. Het merkwaardige probleem deed zich voor dat ik over onszelf, onze werkwijze en onze bronnen moest schrijven. We speelden zelf een rol in de affaires, moesten voor de rechtbank getuigen en kregen kritiek te verduren op de onthullingen. Journalisten schrijven doorgaans over anderen, niet over zichzelf. Ik heb toch een poging gedaan. Dan was er het probleem dat het boek iets moest vertellen over onze bronnen en onze werkwijze, zonder dat de informanten in gevaar zouden komen. Daarom heb ik sommige namen, tijdstippen en plaatsen veranderd.

Dit boek is het resultaat van vier jaar nauw samenwerken met Henk Langenberg. Dat was voor ons allebei niet altijd gemakkelijk. Maar na elke knallende ruzie gingen we telkens toch weer samen door één deur – al was dat soms een paar dagen later.

Het moet gezegd dat er geen affaires waren geweest als Henk als rechtbankverslaggever in 1992 niet zijn ogen open gehouden had. Dat *De Vriendenrepubliek* kon worden geschreven, is ook te danken aan de collega's van De Limburger en mensen uit mijn omgeving, onder wie mijn broer Jean. Tijdens het schrijven nam Anja mij thuis veel werk uit handen. Zij las bovendien, soms met knipperende oogjes, de concept-teksten. De Nederlandse Vereniging van Journalisten maakte het financieel mogelijk dat een advocaat de concept-teksten nauwgezet controleerde. Al voor het verschijnen van het boek stelden zes hoofdrolspelers rechtszaken in het vooruitzicht.

De Vriendenrepubliek draag ik op aan onze informanten. Zij hebben ons, met het risico van het verlies van opdrachten of baan en de dreiging van schadeclaims, voorzien van de nodige gegevens. Zij hebben ertoe bijgedragen dat de negatieve spiraal in Zuid-Limburg is doorbroken. Wij hebben het alleen opgeschreven.

Maastricht, december 1996

Sinds de tweede druk van dit boek zijn zestien jaren verstreken. Jaren waarin nieuwe affaires zich aandienden. Jaren ook waarin *De Vriendenrepubliek* een klassieker werd, waar nog steeds vraag naar is. Tot een derde druk kwam het echter nooit. Om tegemoet te komen aan de vraag heeft uitgeverij Leon van Dorp in Heerlen deze herdruk van de tweede druk mogelijk gemaakt. De inhoud is niet geactualiseerd.

Heerlen, december 2013

PROLOOG

1 Een attente inspecteur

'Ik wil er niet omheen draaien. We kopen wel eens werk in. Ik bedoel te zeggen dat ik nooit geld zal uitgeven zonder dat er een afspraak tegenover staat of aan ten grondslag ligt. Degene die het geld ontvangt, zal ook aan mijn bedrijf moeten denken.'

De rechercheurs P. Scheres en W. Haenen van de Fiscale Inlichtingen en Opsporingsdienst (FIOD) troffen de 62-jarige wegenbouwer Sjaak Baars aan op een gelukkig moment. Donderdag 12 juli 1990, kwart over vier. Baars babbelde in zijn huis in Klimmen aan een stuk door. Scheres en Haenen waren bij Baars op bezoek om hem te verhoren over de financiële hulp die hij geboden had aan provincieambtenaar Piet Dohmen en wethouder Gé Craenen uit Echt. Baars wilde wel uitleggen hoe hij aan werk kwam door het betalen van geld. 'Inkopen van opdrachten', noemde hij het. Voor het eerst in Nederland was een ondernemer zo openhartig. Voor het eerst werd de omvang van corruptie in Zuid-Limburg duidelijk.

Baars gaf toe dat het voor hem normaal was mensen om te kopen. Hij betaalde ook om 'bepaalde personen' op invloedrijke posities te vriend te houden. Wie hem snel informeerde over werk en subsidies, kreeg tipgeld.

Baars had een speciale steekpenningenrekening, nummer 062600 bij de Nederlandse Middenstands Bank. De bankafschriften vertellen dat Baars tussen 1984 en 1989 tientallen keren per jaar naar NMB-filialen in Valkenburg, Haelen, Heerlen en Maastricht stapte om bedragen tussen de 2500 en 30.000 gulden af te halen. Het smeer- en tipgeld – tussen anderhalve en drie ton per jaar – deelde hij uit aan mensen die hem werk konden bezorgen of die hij te vriend moest houden. Het waren burgemeesters, wethouders en ambtenaren. Baars werkte bijna uitsluitend voor de provincie Limburg en voor gemeenten in Zuid- en Midden-Limburg. Welke namen schuilgingen achter de sommen geld die hij persoonlijk in enveloppen overhandigde, weigerde de wegenbouwer tegen de FIOD te zeggen. Verder sprak hij vrijuit.

> Ik kan u [...] het volgende voorbeeld geven. Een burgemeester mag geen bijbaantjes hebben. Als hij die heeft moet hij die aan de raad kenbaar maken, dus mag hij niet als adviseur te boek staan. Dan geef ik hem in dit voorbeeld dan wel eens geld. Dat wordt dan op deze rekening geboekt. Ik en niemand anders draag hiervoor de volle verantwoordelijkheid. Als er gelden aan wie dan ook op deze manier betaald moeten worden dan zadel ik daar niemand anders mee op, dan doe ik dat zelf.
> Ik moet u verklaren dat er twee methoden voorkomen, namelijk of ik ga naar iemand toe en dan zeg ik, jij krijgt van mij bijvoorbeeld vijfduizend gulden en dan zorg jij dat wij dat werk krijgen, of ik zorg ervoor dat bepaalde personen te vriend worden gehouden en deze worden door mij dan gunstig gestemd door het betalen van bepaalde bedragen; er is nog een derde categorie, namelijk de personen die je als bedrijf absoluut nodig hebt. Deze laatste categorie bestaat uit de drie personen die in het stichtingsbestuur zitten, de heren Notenboom, Buck en Geerards,* en die betaal ik een bedrag van ongeveer 12.500 gulden per jaar voor advieskosten en hierbij is niets illegaals, en dit wordt ook als zodanig geboekt. Ook komt het voor dat er mensen zijn die me tips geven over bijvoorbeeld de marktontwikkeling of de vak-techniek, of bijvoorbeeld mensen die weten waar en hoeveel er aan subsidies kan worden uitgekeerd. Ik wil dan tijdig geïnfor-

---

* Oud-parlementarier H. Notenboom (CDA), oud staatssecretaris en oud-gedeputeerde W. Buck (CDA) en oud-directeur J. Geerards van DSM-Limburg waren bestuurslid van de Stichting Baars Beheer, die de aandelen beheert namens de familie Baars.

meerd worden om te weten waar voor mij de werkmogelijkheid ligt. Aan deze mensen geef ik ook wel vergoedingen, dit is in elk geval een jaarlijkse terugkerende vergoeding. Al de hier als voorbeeld genoemde uitgaven en vergoedingen worden in mijn opdracht door de heer Chermin [hoofd administratie van Baars, jd] geboekt op de door u genoemde rekening. Ik haal bedragen van de bank af en betaal die contant uit aan de personen waarvan ik denk dat die er toe bijdragen dat ik werken krijg. Desgevraagd wil ik u verklaren dat ik nooit namen zal noemen van mensen die de gelden hebben gekregen. Ik zal nooit de privacy van die mensen schenden. Ik zeg u dat deze namen nooit uit mijn mond komen. Ik kan dat niet en zal dat ook niet doen.
U houdt mij voor dat ik verplicht ben desgevraagd aan de fiscus juiste en volledige informatie te verschaffen. Ik blijf bij mijn antwoord dat ik geen namen zal noemen. Nu niet, het volgend jaar niet, nooit. Ik heb ook nooit aan iemand verteld wie dit geld heeft gekregen, ook niet aan de accountant of mijn administrateur. […] Ik denk dat het voor de accountant niet mogelijk is om u nu achteraf te laten vertellen waarop de geboekte bedragen betrekking hebben.
U vraagt mij hoe de accountant dan ertoe is kunnen komen om een goedkeurende verklaring in mijn bedrijf af te geven, aangezien hij dan toch verklaart dat de gepresenteerde cijfers een getrouw beeld van de werkelijkheid weergeven en hij toch de juistheid en toelaatbaarheid van deze kosten heeft moeten beoordelen. Ik wil hier geen antwoord meer op geven, hierbij is het bestaansrecht van mijn bedrijf in het geding en ik zeg u dat de accountant van mij overal inzage in krijgt. Binnen mijn bedrijf is niets voor de accountant geheim, behalve deze uitgaven ter verwerving van opdrachten. Ik zal mijn verantwoordelijkheid over deze uitgaven koste wat kost handhaven en nooit tegenover iemand verder iets zeggen.
[…] Ik kan het vergeten als bedrijf, als ik namen noem.

De zaak was aangezwengeld door een attente inspecteur van de

Belastingdienst Ondernemingen in Maastricht, G. Waltmans. Die behandelde in 1989 de aangifte vennootschapsbelasting over 1985 van Baars, een middelgroot wegenbouwbedrijf in Zuid-Limburg. De Rijksaccountantsdienst deed op verzoek van de inspecteur een boekenonderzoek bij Baars. Daaruit bleek dat het bedrijf jaarlijks tot driehonderdduizend gulden uitgaf aan steekpenningen.

Waltmans sprak met Sjaak Baars en diens adviseur Bemelmans van accountantskantoor Moret over het omkopen van ambtenaren. De inspecteur zei dat hij strafbare feiten zou melden bij het openbaar ministerie. Waltmans verklaarde daarover later tegen de FIOD: 'Ik had echter de indruk dat men niet zo zwaar tilde aan het plegen van strafbare feiten.' Waar Bemelmans en Baars wel zwaar aan tilden was de mogelijke publiciteit. Waltmans: 'Bemelmans vroeg me nogmaals om goed na te denken voor een eventueel doorbrieven van deze kwestie naar het OM en een goede belangenafweging te maken, gelet op de zakelijke belangen van de Baars-bedrijven.'

Het gerenommeerde accountantskantoor Moret in Maastricht was op de hoogte van de smeergeldpraktijken. In plaats van het vermoeden van een strafbaar feit te melden bij justitie, ondernam de accountant niets. Dat deed Waltmans wel. Hij waarschuwde het regiokantoor van de FIOD in Sittard. Die dienst deed aanvullend onderzoek en legde in 1990 een duimendik dossier op het bureau bij justitie in Maastricht.

Dat Baars steekpenningen betaalde aan politici en ambtenaren, wist de belastingdienst in Maastricht trouwens al veertien jaar. Het was echter nooit aan justitie gemeld. In 1976 had de rijksaccountantsdienst een rapport getikt over de aangifte Vennootschapsbelasting 1974 van Baars. Het was de rijksaccountant opgevallen dat Baars onverbloemd een post 'steekpenningen' had opgenomen als onderdeel van de uitgavenpost 'representatiekosten, goodwill en giften'. Baars sprak in 1976 met de belastingdienst af dat hij niet meer dan vijftig procent van de steekpenningen als aftrekpost zou opvoeren. Dat was een praktische oplossing. De ontvangers van het smeergeld verzwegen hun neveninkomsten zelf wijselijk voor de belastingen. Baars toonde zich in 1976 ook bereid om het steekpenningenbedrag in de toekomst zo laag mogelijk te houden.

De belastingdienst had niet alleen met Baars een afspraak over de steekpenningen, maar ook met andere bedrijven. Uit de elf corruptieonderzoeken van justitie tussen 1992 en 1995, bleek dat vijfentwintig Zuid-Limburgse wegenbouwers, aannemers, architecten en andere bedrijven betrokken waren bij smeergeldpraktijken.

Belastingdienst en justitie hebben nooit onderzoek gedaan naar de totale smeergeldstroom in Zuid-Limburg. Dat is ook een moeilijk karwei aangezien steekpenningen op creatieve manieren in de boeken terechtkomen: als meerwerk, acquisitie, representatie, reclamedoeleinden of andere onkosten. Om toch een indicatie te krijgen over de omvang van het smeergeldcircuit in het zuiden van Limburg kan een schatting gemaakt worden. Uit cijfers van het Nederlands Verbond van Ondernemers in de Bouwnijverheid (NVOB) blijkt dat Zuid-Limburg in 1991, bij het begin van de affaires, 102 aannemers in de burgerlijke en utiliteitsbouw en 29 aannemers in de grond-, weg- en waterbouw (GWW) had. De eerste sector is voor 50 procent afhankelijk van overheidsopdrachten, de laatste voor 95 procent. Ervan uitgaande dat niet iedereen zoveel betaalde als het middelgrote bedrijf Baars, is honderdduizend gulden per GWW-bedrijf per jaar en vijftigduizend per bouwbedrijf een voorzichtig gemiddelde. De GWW-sector in Zuid-Limburg zou dan jaarlijks 2,9 miljoen gulden smeergeld betaald hebben aan overheidsambtenaren. De bouwbedrijven 5,1 miljoen gulden. Een smeergeldstroom van 8 miljoen gulden per jaar. De totale hoeveelheid steekpenningen die Zuid-Limburgse bestuurders en ambtenaren jaarlijks incasseerden lag zeker hoger. Naast de bouwbedrijven zijn er nog architecten, projectontwikkelaars, installateurs, afvalverwerkers en andere bedrijven. Ook die sectoren betalen smeergeld om aan overheidsopdrachten te komen, bleek uit de affaires. De doelgroep van de ondernemers was niet zo groot. Het ging om vijfhonderd politici en ambtenaren op gevoelige posities bij provincie, 23 gemeenten, Rijkswaterstaat en twee waterschappen.

Dat het een wijdverbreid verschijnsel was, kan ook worden opgemaakt uit de verklaring van het hoofd administratie van de Baars-bedrijven, J. Chermin, tegenover de FIOD. Hij gaf toe dat er massaal werd omgekocht in Limburg.

Ik vind het verschrikkelijk dat mensen die voor de overheid werken steekpenningen aannemen, maar het gebeurt niet alleen hier, maar overal. Dit is niet uit te roeien. Het is mijns inziens bedrijfseconomisch noodzakelijk. [...] Dit soort praktijken, om mensen in overheidsdienst geld te doen toekomen om aan een bepaalde opdracht te komen, neigt sterk naar een vorm van corruptie en dat vind ik verwerpelijk. Maar het is de normale gang van zaken. We vissen ook wel eens achter het net en dan gaat de opdracht naar een ander. Ik heb er dus uit concurrentie-overwegingen geen moeite mee om op deze manier aan werk te komen.

DEEL 1 *Oorzaken en strukturen*

2 Onverwerkt verleden

Het was doodstil. Minister Joop den Uyl van Economische Zaken besteeg het spreekgestoelte in de Stadsschouwburg in Heerlen. Vrijdagmiddag 17 december 1965. De zaal zat vol brylcreemhoofden, hoornen brillen en zwarte pakken. Duizend genodigden, hoewel er maar plaats was voor achthonderd. Op het podium, bijeengeperst, de Mijnindustrieraad. In de zaal de bisschop, het bestuur van de Nederlandse Katholieke Mijnwerkersvakbond, de overige bonden, de mijndirecties, de hoofdingenieurs, de burgemeesters, de gouverneur en de *deputés*.

In het pluche van de schouwburg kondigde Den Uyl de sluiting van de eerste mijnen aan. De minister zei: 'Geen mijnsluiting zonder redelijk perspectief op vervangende werkgelegenheid.' In de volksmond heette het: geen mijn dicht zonder ander werk.

Zo zette, even na vier uur op die verregende decemberdag, Den Uyl een subsidiestroom op gang van een omvang die voor Nederland uniek was. Zuid-Limburg kreeg miljarden overheidssteun voor bedrijfsinvesteringen, nieuwe wegen en bruggen, rijksdiensten, een universiteit, een academisch ziekenhuis, de sanering van de mijnterreinen, een autofabriek in Born en zoveel meer.

Het einde van de mijnen was het begin van de metamorfose van Zuid-Limburg. Tussen 1965 en 1990 zou Den Haag direct en indirect 10,4 miljard gulden in de regio stoppen. De miljardensteun gaf een belangrijke impuls aan de regionale corruptie. De dag dat Den Uyl in Heerlen de mijnen sloot, markeert dan ook het begin van de bloeiperiode van de Vriendenrepubliek.

De toehoorders zaten in 1965 in de Stadsschouwburg met een

nog onverwerkt verleden. Zuid-Limburg voelde zich nog niet zo lang een stuk van Nederland. Vijftig jaar eerder was er nog maar weinig loyaliteit ten opzichte van de Staat der Nederlanden. Dat historische perspectief is nodig om te begrijpen waarom het misging.

In de Limburgse geschiedenis was Nederland de ongewenste overheerser. In 1839 was een deel van Limburg met harde hand bij Nederland gevoegd. Limburg had bij het nieuwe België willen horen. Daar paste het ook beter. De annexatie zorgde voor een anti-Hollandse stemming en een sterk groepsgevoel. Verzet tegen Hollanders had iets van anti-koloniaal verzet. Hollanders waren indringers, met vreemde, calvinistische zeden en gewoonten. De kosten van de veldtocht die nodig was om Limburg te behouden, moesten de Limburgers zelf dragen. Dat maakte de verhoudingen er niet beter op. In 1848 schreef de Limburgse gouverneur nog aan de minister van Justitie: 'Een hereeniging met België zoude schier alle inboorlingen aangenaam zijn.' De antipathie was overigens wederzijds, en het Nederlandse parlement wist niet goed raad met Limburg. In de Tweede Kamer werd gesproken over verkoop aan de Duitse Bond.

Door de vondst van steenkool verdween de Hollandse desinteresse voor Limburg. Een actieve 'kolonisatie' volgde. De uit Indië gerepatrieerde spoorwegbouwer Sarolea kreeg mijnbouwconcessies en legde een spoorlijn aan. In 1901 en 1902 ontstonden de Staatsmijnen. In de Eerste Wereldoorlog zou Nederland in volle omvang de waarde van de mijnen gaan beseffen; ze werden erkend als belangrijk onderdeel van de nationale economie. Het bracht een stroom Nederlandse immigranten op gang die een baan zochten in de mijnbouw. De industrie bracht scholen. Tot 1900 was er in de mijnstreek niet of nauwelijks lager en middelbaar onderwijs. Alleen het klooster Rolduc hield zich er mee bezig. De komst van Hollanders naar de mijnen en het Nederlandse onderwijs versnelden de integratie van Limburg in Nederland.

De definitieve versmelting van Limburg met Nederland begon in de Eerste Wereldoorlog. Limburg begreep in die periode dat het ook voordelen had om tot Nederland te behoren. De neutraliteit van dat land had Limburg, dat midden in het oorlogsgebied lag, gespaard. Voor de Limburger betekende het de overgang van buitenlander tot Nederlander. Tot de Eerste Wereldoorlog waren Belgische franken of Duitse marken naast de gulden betaalmiddelen in Zuid-Limburg. Meer dan negentig procent van de Limburgers sprak Duits, Frans of een Oostnederfrankisch dialect – in elk geval geen Nederlands. Limburgers moesten zich de taal van de Hollanders eigen maken. Om een echte Nederlander te zijn, moesten ze zich ook diens manier van denken, diens zeden en gewoonten eigen maken. Dat ging minder gemakkelijk. Limburgers waren 'anders', gingen anders met elkaar om, keken anders tegen de wereld aan.

Toen Den Uyl kwam en de mijnen gesloten werden, was het separatisme van het midden van de negentiende eeuw wel verdwenen, maar was het proces van de integratie met Nederland nog lang niet voltooid. Tussen de wereldoorlogen, en ook nog daarna, was een Limburgse identiteit in stand gebleven, ingebed in het katholicisme. Ook na de Tweede Wereldoorlog was een sterk groepsgevoel blijven leven, met een verheerlijking van het Limburgs eigene. De commissaris der koningin was er *gouverneur*, het provinciehuis heette *gouvernement* en gedeputeerden waren *deputés*. Gebruiken die overigens nog steeds leven.

Limburgers voelden in 1965 nog een grote drang een blok te vormen tegen de 'Hollanders'. Ze konden hun eigen boontjes doppen. De provincie had leiders uit eigen, Limburgse gelederen. Zoals de CDA-gedeputeerden Werner Buck en Emile Mastenbroek en, vanaf 1978, commissaris der koningin Sjeng Kremers. De landelijke politiek erkende de wens van Limburg om zelf leiding te geven aan de herstructureringsoperatie. De provincie kreeg grote inspraak in de besteding van de honderden miljoenen. Ook veel aanbestedingsprocedures liet de regering over aan de Limburgers.

De belangrijke rol in de herstructurering was een grote opgave voor de lokale en provinciale politiek. Provincie en gemeenten hadden geen ervaring met het stimuleren van de economie. Opeens moest de Zuid-Limburgse politiek in korte tijd honderden miljoenen verdelen. Doelstelling was 'werk, werk en nog eens werk'. Drijfveer bij de verdeling was dat elke cent in de regio terecht kwam.

Het feitelijk creëren van werk deed de politiek niet zelf. Dat liet ze over aan Zuid-Limburgse bedrijven. Ondernemingen van buiten de regio werden geboycot, met het algemeen aanvaarde argument van de eigen werkgelegenheid. Dat had tot gevolg dat van midden jaren zestig tot begin jaren negentig de aanbestedingsmarkt in Zuid-Limburg volledig afgeschermd was.

Het provinciehuis was de draaischijf bij de verdeling van de miljoenen. Van de ene op de andere dag was het een belangrijk lobby-doel voor Zuid-Limburgse ondernemers. De provincie Limburg kreeg een economische afdeling om projecten te bedenken en geldstromen te verdelen. De afdeling, gestuurd door CDA-gedeputeerden, zocht uitsluitend regionale bedrijven om het werk uit te voeren. Zo begon het spel. Bestuurders die scheppen geld moesten besteden en mensen aan werk wilden helpen, zaten aan tafel met zakenmensen die de geldstroom wilden binnenhalen. En dat terwijl de verhouding tussen politiek en bedrijfsleven in Limburg van oudsher al symbiotisch was. De KVP en later het CDA waren nauw gelieerd aan het regionale bedrijfsleven. Zaken doen ging in de zuidelijkste provincie altijd onder de paraplu van de Rooms-Katholieke Werkgeversvereniging. Zakelijk succes begon met een lidmaatschap van de politieke partij die de absolute macht had.

De politieke monocultuur in Limburg is een belangrijke oorzaak voor het ontstaan van de Vriendenrepubliek. Vóór de Tweede Wereldoorlog heerste de Rooms Katholieke Staats Partij (RKSP). Priester Willem Nolens uit Venlo werd in 1902 landelijk voorzitter van deze partij. Na de oorlog ontstond de Katholieke Volkspartij (KVP). Die zorgde voor de doorstroming van katholieken naar topposities in maatschappelijk Nederland, een emancipatie. Ook in Limburg kwamen na de oorlog de hoogste posten beschikbaar voor Limburgers zelf. De KVP was machtig, als grootste partij en leverancier van minister-presidenten.

De macht ontleenden de katholieke partijen aan enorme verkiezingsoverwinningen vooral in het zuiden. Bij Kamer- en Statenverkiezingen tussen 1890 en 1970 waren uitslagen van 80 tot 90 procent in Limburg heel gewoon. Limburg was feitelijk een éénpartijstaat. Tot in de jaren zeventig boekte de KVP monsterzeges. Bij de Statenverkiezingen in 1962 kreeg de partij bijvoorbeeld in de regio Weert 95,6 procent van alle stemmen. Gedeputeerden, Statenleden en burgemeesters waren lid van de KVP. Het waren regenten, zonder oppositie, met onschokbare posities. Neem Jos Maenen, die in 1966 afscheid nam van de politiek. De man, die de bijnaam 'de hertog van Limburg' had, was een halve eeuw KVP-Statenlid geweest, waarvan 43 jaar gedeputeerde.

Vanaf 1966 gedoogden de katholieken één PVDA'er in het college van GS. In de stad Maastricht was er zelfs sprake van een heuse verkiezingsstrijd met de socialisten. Maar met ruim de helft van alle stemmen bleef de macht ook daar tot in de jaren tachtig stevig in katholieke handen. In Provinciale Staten verloor de opvolger van de KVP, het Christen Democratisch Appèl (CDA), pas in 1987 zijn absolute meerderheid.

De partij bleef echter overheersend. Het CDA neemt nog steeds deel in bijna alle colleges van B en W en in het college van GS. Van de 56 burgemeesters in Limburg zijn er nu 32 lid van het CDA. Bij de Statenverkiezingen in 1995 bleef het CDA de grootste fractie, al werd zoals overal in Nederland verlies geleden. In de 63 leden tellende Staten ging het CDA terug van 31 naar 23 zetels.

De alleenheerschappij van KVP en CDA was een belangrijke oorzaak van het systeem van 'voor wat hoort wat', beaamde prof. Jan Reijntjes, hoogleraar strafrecht aan de Open Universiteit in Heerlen en oud-officier van justitie in Maastricht, tegenover dagblad *De Limburger*. Volgens de hoogleraar is voor de mate waarin corruptie voorkomt een aantal factoren bepalend. 'Mijn conclusie is dat in Limburg meer van die factoren voorhanden zijn: de hegemonie van één partij, de grensligging, een verminderde binding met de Haagse bestuurscentra. En natuurlijk de Limburgse bestuurscultuur met zijn vriendjespolitiek.' Dat bracht de hoogleraar tot een pijnlijk nauwkeurig geformuleerde conclusie: 'De verschillende factoren geven aanleiding tot het vermoeden dat corruptie in Limburg sterker is dan in de rest van Nederland.'

In Limburg ligt corruptie dichter aan de oppervlakte, wist Reijntjes. De politiek deed er veel minder geheimzinnig over dan in Holland. Iedereen wist dat het gebeurde. Door de sterke éénpartijcultuur werden bestuurders er echter niet publiekelijk op aangesproken. Limburg had trouwens van alles één: één politieke partij, één vakbond, één werkgeversvereniging, één dominante werkgever, één cultuur en bovenal één kerk.

Het katholieke geloof was van invloed op het doen en laten van de Limburgers. Natuurlijk keurde de r.k. kerk corruptie niet goed, maar zonden waren er om vergeven te worden. De oprichter van het CDA, Piet Steenkamp, merkte ooit in een weekbladinterview op dat het geweten van katholieken minder goed is gevormd omdat ze de biechtstoel hebben om zich te reinigen van misstappen. Het godsvertrouwen zorgde bovendien voor een blijmoedige en luchthartige levensstijl. Dat lag in het calvinistische noorden een stuk anders.

Dat Zuid-Limburg, ondanks de industrialisatie, bij dat ene geloof en die ene politieke partij was gebleven, was een gevolg van een gemeenschappelijke actie van kerk, partij en mijnen. Zij slaagden erin hun gezamenlijke vijand, het socialisme, op afstand te houden. De Staatsmijnen subsidieerden de kerken. De macht van de clerus groeide in het kolonisatieproces van de mijnstreek. De macht werd verpersoonlijkt door monseigneur H. Poels, de voorman van de katholieke arbeidersbeweging in Limburg.

Om de mijnwerkers uit handen van de socialistische bond te houden, werd in 1908 de Algemene Bond van Christelijke Mijnwerkers opgericht. Kerk en mijnen stippelden ook een woningbouwpolitiek uit. In 1911 bedachten Poels en achtenveertig notabelen – overwegend burgemeesters en pastoors uit Zuid-Limburg – de rooms-katholieke cent rale voor woningbouwverenigingen Ons Limburg. Bind de arbeider aan de grond en hij zal niet in opstand komen, had Poels bedacht. De aalmoezenier had de woonkazernes in de Borinage en het nabije Luik gezien. Daar was het mis gegaan en had het socialistisch gewoel de overhand gekregen. Om de Limburgse mijnwerkers niet in de handen van de socialisten te laten vallen, werd de bebouwing van de mijnstreek doordacht uitgevoerd. Het werd niet één grote stad, maar een reeks tuindorpen, met woonwijken naar Engels model, verspreid tussen akkerland. Elke mijnwerker kreeg een huisje en een lapje grond. Daarop kon hij groenten verbouwen en een varken vetmesten.

In Zuid-Limburg speelde het leven zich af binnen de 'totalitaire' katholieke maatschappij. Men las de *Katholieke Illustratie* en een katholieke Limburgse krant, was lid van de Rooms-Katholieke Bond van Grote Gezinnen, speelde in de r.k. voetbalvereniging of was lid van de Katholieke Nederlandsche Boeren- en Tuindersbond. De samenleving was vertegenwoordigd in en door de Katholieke Volkspartij. Binnen de KVP streden standsorganisaties om plaatsen op de kandidatenlijst. De katholieke vakbeweging had eigen kandidaten, net als de katholieke werkgevers en de boeren. De samenleving was actief in één en dezelfde politieke partij, die alle touwtjes in handen had.

De KVP kende een hiërarchische structuur. Bestuurders regeerden op basis van macht en niet op basis van argumenten. Ze bleven met gemak dertig jaar op dezelfde stoel zitten. Mensen kenden elkaar te goed, binnen de partij ontbrak elke kritische noot en van oppositie buiten de partij was nauwelijks sprake.

Zoals andere politieke stromingen die tientallen jaren onafgebroken aan de macht zijn, kreeg de KVP last van verschijnselen als nepotisme en inteelt. Het was bovendien een partij waarin sterk op personen gestemd werd. De afstand tussen kiezer en gekozene was daardoor klein. Men stemde op iemand in de verwachting dat deze iets terug zou doen. Voor de streek, het dorp, de vereniging. Bestuurders haalden stemmen bij verenigingen die ze aan subsidies of aan sponsorgelden van bedrijven hielpen.

'Politiek wordt hier toch vaak als een ombudsfunctie gezien', zei Wim Kuiper (CDA) in 1994 tegen *De Limburger*. Kuiper arriveerde in 1985 vanuit het protestantse Zwolle in het roomse Limburg. Hij promoveerde aan de Universiteit Maastricht op een proefschrift over lokale politiek in Limburg. In 1993 volgde hij in Maastricht de wegens corruptie afgetreden wethouder Jo In de Braekt op.

In Limburg bestaat een persoonlijke manier van politiek bedrijven. Dat vertaalt zich volgens Kuiper in het groot aantal voorkeursstemmen dat wordt uitgebracht. 'Gemeenteraadsleden staan voor een achterban, voor een kerkdorp. Daar komen ze voor op, daar worden ze ook door gekozen. Daarom heb je in kleinere dorpen vaak enorm veel fracties: iedereen heeft zijn eigen achterban of belangenvereniging.'

Kuiper constateerde dat cliëntelisme – politieke klantenbinding – zich vooral binnen het CDA sterk heeft ontwikkeld. 'De attitude van de plaatselijke leiders van deze partij staat het dichtst bij de cliëntelistische ethos', schreef hij in zijn proefschrift.

Alles greep in elkaar in het excentrisch gelegen Zuid-Limburg. Het was een geïsoleerd schiereiland van dertig bij dertig kilometer, ter hoogte van Susteren met de rest van Nederland verbonden door een corridor van slechts 4800 meter breed. Zuid-Limburg is voor 97 procent, in het oosten, westen en in het zuiden, omgeven door buitenland. De grens is een bestuurlijke, maatschappelijke, sociale en economische barrière. Tot 1993 was de grens hermetisch dicht bij de aanbestedingen. Geen Belgisch of Duits bedrijf uit de grensstreek maakte kans op werk in Zuid-Limburg. Omgekeerd kwam geen Zuid-Limburgs bedrijf over de grens aan de slag. Ook daar werd de markt afgeschermd.

Zuid-Limburg was een kleine, eigen republiek, waarin men op elkaar aangewezen was. Het had een diep geworteld groepsgevoel. Het was een republiek van vrienden. Iedereen kende iedereen. Van de voetbalvereniging, van het schuttersfeest of van de ledenvergadering van de KVP. Een gebied met een intensiever informeel circuit dan elders in het land. Waar regels buigzamer waren en zakelijke afspraken in cafés of restaurants niet vreemd. Over dat gebied dus strooide Den Haag vanaf 1965 een paar miljard gulden uit.

De subsidiestroom leidde tot een chaos. Aanvankelijk kwamen er uit het hele land noodlijdende bedrijven op de investeringsgelden af. Eenmaal de vestigingssubsidies geïnd in Zuid-Limburg gaven ze de geest. De gemeenten in de mijnstreek hadden miljoenen uitgedeeld zonder de levensvatbaarheid van de bedrijven te toetsen. Die deskundigheid hadden de gemeenten ook niet. Ook de particuliere mijnconcerns profiteerden met volle teugen van de overheidsgelden, zonder dat ze hun beloften van nieuw werk waar maakten.

Gestimuleerd door de onuitputtelijke hoeveelheid geld die aanvankelijk vooral in wegen, bruggen en gebouwen werd gestopt, ontstonden nieuwe, Limburgse aannemings- en wegenbouwbedrijven. Burgemeesters en wethouders rolden over elkaar heen in pogingen zoveel mogelijk werk voor bedrijven in hun gemeenten binnen te halen.

In het provinciehuis probeerde de net opgerichte afdeling Economische Zaken zo goed en zo kwaad als het ging bij te houden wie welke opdrachten gekregen had en wie aan nieuw werk toe was. Van open concurrentie was geen sprake, openbare aanbestedingen waren taboe. Politici traden op als belangenbehartigers van individuele bedrijven. Voor hen was het belangrijk om de gedeputeerde, de burgemeester of de wethouder van openbare werken voor zich te winnen.

In bestuurlijk Limburg bestond de opvatting dat dubbele petten prima waren. Dat zorgde voor een stroomlijning van de besluitvorming. Als dezelfde mensen aan verschillende tafels zaten, was de slagvaardigheid groter, en daaraan was behoefte na de mijnsluitingen. Het was onvermijdelijk dat de meeste kennis en dus ook de meeste touwtjes bij enkele mensen samenkwamen. In het provinciehuis vond na 1965 een machtsexplosie plaats. Ambtenaren van de afdeling Economische Zaken en gedeputeerden die aan de subsidiekranen draaiden, waren God in Limburg. De persoonlijke macht werd vergroot door de gebrekkige controle vanuit Den Haag.

In Zuid-Limburg stelde niemand kritische vragen over de gang van zaken. Wie moest dat ook doen, zonder noemenswaardige oppositie en kritische pers? De vakbonden stonden achter het werkgelegenheidsbeleid en binnen de heersende KVP waren er geen alternatieve geluiden. Het lag, tot slot, ook niet in de aard van de Limburgers om met een vuist op tafel te slaan. Limburgers zijn volgers, geen revolutionairen.

In het gevecht om zoveel mogelijk werkgelegenheid te scheppen in Zuid-Limburg, sloeg de slinger door. In de kleine gemeenschap was weinig distantie tussen politici, ambtenaren en bedrijven. Naarmate de belangen groter waren, werd ook het spel om opdrachten te krijgen harder. Zo groeiden nauwe banden. De verwevenheid tussen politiek en bedrijfsleven was vanzelfsprekend, wat leidde tot een cultuur van grote en kleine vriendendiensten.

In *De Limburger* doorbraken enkele burgemeesters in 1993 daarover het stilzwijgen. Frans Feij, oud-burgemeester van Melick-Herkenbosch, Venlo en Breda, onthulde dat 'iedereen eraan meedeed en wist wat er zich afspeelde'. In de Limburgse burgemeesterskringen waarin Feij verkeerde, waren de innige relaties met zakenvrienden een geliefd gespreksonderwerp. Collega's spraken er argeloos over. Feij meldde hoe een collega hem vol bravoure vertelde over het begin van zijn vakantie. Hoe de aannemer een auto ter beschikking stelde om de burgemeester met zijn gezin te vervoeren. 'Weet je wat er in het handschoenenkastje lag? Een envelop met vijfduizend gulden.' Nog een anekdote. Feij was op vakantie aan de Italiaanse Rivièra. Tijdens zijn verblijf bracht hij een bezoek aan een kennis die er twee weken in een bungalow van een Limburgse aannemer logeerde. De kennis bezorgde daarna de aannemer een bouwopdracht, maar daarvan viel Feij niet achterover. Dat deed hij wel toen hij in de bungalow het gastenboek zag. Namen wilde Feij niet noemen, maar uit zijn woorden viel op te maken dat een grote groep Limburgse christen-democraten van de gastvrijheid gebruik had gemaakt.

Het waren geen incidenten, benadrukte Feij. Hij kende veel gevallen, schetste een somber beeld. Voor de oud-KVP-bestuurder, die overstapte naar de VVD, staat vast dat nagenoeg de hele mand met appels rot was. 'Het was de cultuur waarin bestuurders het als voordeeltjes van hun beroep zagen. Je werd ingepakt als bestuurder en je liet je inpakken. Speelde je het spel mee, dan werd er goed voor je gezorgd. Maar je verplichtte jezelf tot ja-knikken.'

Oud-burgemeester John Gijsen van Montfort, voorzitter van het CDA-Maastricht, vertelde tegen *De Limburger* dat politici en zakenlieden in vooral Zuid-Limburg vriendschappelijk met elkaar om gaan.

De relaties zijn hartelijk. Dat merkte ik al toen ik burgemeester was. Het viel op dat collega-bestuurders vaak voordelen uit hun relaties sleepten. Een aannemer bood mij ooit een vakantiereis aan. Toen ik die niet aannam, kreeg ik nooit meer iets uit de bouwwereld. Men heeft snel in de gaten of je bevattelijk bent of niet. Ik was dat dus niet. Mijn conclusie? Het aannemen van giften en smeergeld is in Limburg ingesleten. Hoe ik dat weet? Ik zag het om me heen gebeuren.

Chris Rutten, tegenwoordig VVD-burgemeester in Breda, herinnerde zich een opmerkelijk telefoontje toen hij in de jaren tachtig burgemeester was in het Zuid-Limburgse Nuth. Het was een aannemer die tot dan toe niet in Nuth werkte. Rutten: 'Hij vroeg mij of de "één-procentsregel" nog gold. Ik snapte niet wat hij bedoelde. Later begreep ik dat het regel was dat je als bestuurder één procent van het aanbestedingsbedrag kon vangen.'

De KVP, daarna het CDA, had decennia lang vorm gegeven aan de bestuursstijl. Dat betekende overigens niet dat ze een alleenrecht op gesjoemel hadden. Toen de PVDA en de VVD bestuurders mochten leveren, bleek hoe weinig partijgebonden corruptie is. Onder de nieuwlichters waren verscheidenen niet bestand tegen de verlokkingen.

Ex-gedeputeerde en ex-burgemeester Henk Riem is wel eens opgevoerd als levend bewijs voor de stelling dat het allemaal niet aan de Limburgers zelf lag. Riem kwam immers uit Rotterdam en was lid van de PVDA. Anders bekeken laat de ontmaskering van de Hollander Riem, als informant en adviseur van Zuid-Limburgse bedrijven, zien hoe allesomvattend en meeslepend het Limburgse bestuursklimaat was. Hollanders bleken evengoed wel eens zwakke knieën te hebben. Politicus, ambtenaar of bedrijfsdirecteur, je kon je er maar moeilijk aan onttrekken. Je werd meegezogen.

Een voorbeeld is de Kunicon-affaire. Dit wegenbouwbedrijf wilde niet meedoen met het spel van geven en nemen. Directeur Jan Kuijpers voerde een proces tegen de gemeente Meerssen toen deze hem in 1985 passeerde bij de aanbesteding van een riolering. Kunicon had de opdracht niet gekregen, hoewel het bedrijf de laagste inschrijver was.

Kuijpers won tot in hoogste instantie, maar verloor tegelijk. Na het proces kreeg zijn bedrijf geen enkele opdracht meer van gemeenten in Zuid-Limburg. Kunicon ging in 1991 failliet. De man die achter de boycot leek te zitten, was de Meerssense wethouder van Openbare Werken Piet Pinxt. Hij zei tegen Kuijpers: 'Iemand die het waagt om tegen ons te gaan procederen, komt er nooit meer in en krijgt nooit meer werk van ons.'

Sindsdien is het 'Kunicon-effect' een begrip in Zuid-Limburg. Curator Theo Oostdijk, die het faillissement afhandelde, zei in het VPRO-programma 'Het Gebouw' over de boycot: 'Als je ruzie maakt met de gemeente om je gelijk te halen en de gemeente voor de rechter brengt, wordt je dat niet in dank afgenomen. Dat sijpelt door en opeens ben je voor alle gemeenten uit de gratie.'

Dat Kuijpers destijds die opdracht niet heeft gekregen, kwam volgens Oostdijk, omdat Kuijpers geen steekpenningen wilde betalen voor de opdracht. Kuijpers weigerde te betalen omdat hij de laagste inschrijver was. De avond vóór de beslissing over de opdracht viel, kreeg Kuijpers een telefoontje. Oostdijk: 'Kuijpers heeft mij dat verteld dat de stem aan de andere kant van de lijn zei: "Je krijgt dat werk niet, ook al ben je de laagste inschrijver, als je mij geen vijftigduizend gulden betaalt".' Volgens Kuijpers klonk de stem aan de telefoon als die van Pinxt, maar of het echt de wethouder was, wist hij niet zeker. Het kon ook een imitator zijn.

Curator Oostijk vond het geen incident. 'In de bouw wordt het nodige betaald om opdrachten te krijgen. Als je daar niet aan meedoet, loop je kans het Kunicon-effect op te roepen.' De boodschap was duidelijk: hou je mond en verzet je niet tegen de bestuurders die steekpenningen willen.

3 'Eigen bedrijven eerst'

Gedeputeerde Werner Buck was voorzitter van de Regionale Commissie Openbare Werken (RCOW). Deze commissie met vertegenwoordigers van het ministerie van Sociale Zaken en de provincie moest een keuze maken uit een voorraad openbare werken in Limburg zoals wegen, viaducten, zwembaden en sporthallen. Die voorraad was aangelegd door de Dienst Aanvullende Civieltechnische Werken (DACW), onderdeel van het ministerie van Sociale Zaken. De DACW-gelden waren bedoeld om de werkloosheid in de bouw op te vangen.

Na de mijnsluitingen en de economische malaise in de jaren zeventig kreeg die commissie het druk. Limburg kreeg tussen 1974 en 1978 als economisch achterstandsgebied 447 miljoen gulden uit de DACW-pot. Provincie-ambtenaar Henk Diederen was secretaris van de commissie. Een van de commissieleden was het hoofd van de DACW-dienst in Zuid-Nederland, Jan de Jong uit Den Bosch.

In de commissie had Buck de belangrijkste stem. Namens de provincie bepaalden hij en Diederen welke projecten aan de beurt waren. De Jong voelde dat hij in Limburg minder in te brengen had dan in de regionale commissies in Zeeland en Noord-Brabant. Het viel hem op dat Buck en Diederen meer interesse hadden voor de selectie van de aannemers dan voor de keuze van projecten. Volgens DACW-regels moesten het openbare aanbestedingen zijn. De provincie regelde het echter meestal onderhands of op uitnodiging, en De Jong deed niet moeilijk.

Het argument van de provincie was een goede werkverdeling tussen de Limburgse bedrijven. Die moesten opgeven welke opdrachten ze hadden, al ging ook dat in tegen de principes van de vertegenwoordigers van het ministerie.

Diederen had een vertrouwelijke klus. De lijsten van nog uit te voeren werken waren geheim, net als de lijsten die ter goedkeuring naar Den Haag gingen. De Jong merkte dat ze soms uitlekten naar aannemers. 'Opvallend was dat aannemers en wegenbouwers doorgaans eerder dan gemeenten op de hoogte waren van de verdeling van de DACW-subsidies', zei ook burgemeester Hub Strous van Voerendaal tegen *De Limburger*. Hij herinnerde zich de verbazing in het gemeentehuis toen een week voor de officiële toezegging dat zijn gemeente met subsidie een weg mocht aanleggen, Baars al met deze primeur binnenstapte.

Voor de aannemers was het een sport om zo snel mogelijk te weten welke projecten waren toegewezen. Daarvoor hadden ze hun adviseurs. Daar zaten ambtenaren bij die in een vroeg stadium aan de geheime lijsten konden komen. Als je wist welke projecten waren goedgekeurd, kon je lobbyen.

Wat De Jong ook opviel was dat de provincie telkens dezelfde aannemers in dezelfde regio's uitnodigde om in te schrijven. Zo mochten in de westelijke mijnstreek steevast vier aannemers inschrijven. In Maastricht waren het altijd dezelfde wegenbouwers, net als in Heerlen. Het ministerie van Sociale Zaken greep niet in. In één geval gebeurde dat wel: bij de aanbesteding van een gemeenschapshuis in Geleen. Daarvoor was alleen aannemer Keulen voorgedragen. Op verzoek van De Jong mochten ook andere aannemers prijsopgave doen. Het werk ging overigens toch naar Keulen.

De omgang tussen politiek en bouw in Limburg was uniek voor Nederland, moest De Jong vaststellen. Hij had tussen 1953 en 1962 in Groningen en Friesland gewerkt. Na opleveringen van projecten die met zijn subsidie gemaakt waren, was het al heel gezellig als er een kop thee met een kaaskoekje op tafel kwam. Nèt in Limburg kon De Jong zijn ogen niet geloven. Na elke oplevering verplaatste een groot gezelschap van aannemers, politici en ambtenaren zich naar het dichtstbijzijnde luxe restaurant om langdurig te tafelen. De Jong hoorde verhalen over verdergaande braspartijen, bordeelbezoeken, vakanties en smeergeld. Een aannemer bood hem zijn huis in Zuid-Frankrijk aan voor een vakantie. De Jong bedankte. Al die tijd dat hij in Limburg werkte, werd hij overladen met cadeaus, die groter werden naarmate de belangen groter waren. In het begin flessen wijn, al gauw dozen cognac en partijen zalm. De discussie over hoe ver je kon gaan, speelde toen al. Bij gelegenheid van een afsluiting van een project in Born, kreeg De Jong in januari 1980 een geschenk van de onkreukbare burgemeester Jan Onland. Het was een boek over de historie van Born. Onland schreef een opdracht in het boek: 'Blijf integer met je ambtenaren in de ontwikkeling van Nederland, maar speciaal in Limburg. Altijd welkom in deze gemeente, vriend De Jong en echtgenote.'

Behalve de DACW-subsidies gingen er vanuit Den Haag meer grote geldstromen naar Zuid-Limburg. Het ministerie van Economische Zaken sluisde honderden miljoenen subsidies door voor wegen en bruggen en voor het bouwrijp maken van industrieterreinen. De besteding van dat geld gebeurde door de provincie.

Het grootste project was de autoweg Maastricht-Heerlen. Vissers' Wegenbouw uit Maastricht sleepte de monsteropdracht van 130 miljoen gulden in de wacht. Het contract was 'uit de hand' door de provincie vergeven. Vissers beschikte over exclusieve contacten. Daar was zelfs Baars jaloers op.

Tussen 1965 en 1977 werd er 5,9 miljard gulden subsidie uitgegeven, maar de herstructurering was nauwelijks op gang gekomen. Het geld ging op aan subsidies voor de mijnen, pensioenen voor de mijnwerkers, steun voor bedrijven die meteen failliet gingen en tijdelijke banen in de bouw. Zuid-Limburg kreeg alleen al voor 600 miljoen gulden nieuwe wegen en bruggen. Veel blijvende vervangende werkgelegenheid had het allemaal niet opgeleverd. Natuurlijk had de spreiding van rijksdiensten als CBS en ABP wel nieuw werk gebracht, net als de komst van bedrijven en instellingen als Daf en de Rijksuniversiteit, en waren 2900 mijnwerkers naar sociale werkplaatsen gestuurd. Maar dat was niet voldoende. De werkloosheid liep op van 2,6 procent in 1971 op naar 11,7 procent in 1977. Nieuwe steun was nodig. Tussen 1978 en 1990 vloeide daarom nog eens 4,4 miljard gulden naar Zuid-Limburg, waarvan 535 miljoen gulden in het kader van de Perspectievennota Zuid-Limburg (PNL).

In kasteel Maurick in Vught vergaderde de PNL-begeleidingscommissie. Daarin zaten ambtenaren van alle ministeries en een delegatie van de provincie. Samen beoordeelden ze projecten die Zuid-Limburg perspectief moesten bieden op nieuwe werkgelegenheid.

In de commissie was het opnieuw de provincie die met voorstellen kwam; de ministeries betaalden. Met het zogenoemde PNL-geld werden in de eerste jaren leuke dingen gedaan, zoals de bouw of renovatie van sporthallen, bibliotheken en scholen en de aanleg van fietspaden, wegen en bruggen. Of de koop van een mislukt warenhuis in Maastricht om er een provinciaal museum te vestigen. Het leverde bouwactiviteit op, maar geen nieuwe, blijvende banen. De ambtenaar van het ministerie van Financiën riep in de vergaderingen dan ook dat daarmee oneigenlijk gebruik werd gemaakt van de PNL-gelden. Dat gold ook voor de 1,5 miljoen PNL-geld die gedeputeerdeBuck wilde geven aan het chemiebedrijf DSM voor de overplaatsing van een kantoor van Utrecht naar Urmond. De voorstellen van de provincie waren niet altijd onderbouwd en berekeningen van het werkgelegenheidseffect ontbraken, zo blijkt uit de notulen van de PNL-commissie.

PNL stond gelijk met geld verdienen. Gemeenten en aannemers maakten royaal gebruik van de mogelijkheid om via de provincie PNL-subsidies te krijgen. De projecten bleken vaak onnodig duur; aannemers deden goede zaken. In 1978 rekende commissielid H. Olthof, ambtenaar van het ministerie van Cultuur, Recreatie en Maatschappelijk Werk, uit dat een voor subsidie ingediende sporthal in Brunssum twee keer zo duur was als een gesubsidieerde sporthal in Gulpen. Ook de 4,1 miljoen gulden voor de uitbreiding en verbouwing van het cultuurcomplex Hanenhof in Geleen waren 'excessief hoog'.

Over de toekenning van PNL-geld voor de bouw van een draf-

en renbaan in Landgraaf was er in juni 1980 discussie in de commissie. Het project werd 'getrokken' door prominente CDA'ers. Het ministerie van Financiën was weer lastig. Olthof vond dat het plan, dat 375 arbeidsplaatsen moest opleveren, rammelde. Exploitatie- en investeringsoverzichten ontbraken. Was het wel haalbaar? Het college van GS, bij monde van Buck, drukte het erdoor. In 1991 ging de draf- en renbaan dicht, en volgde een faillissement, onder meer wegens de te hoge exploitatielasten. Het idee had 23 miljoen gulden gekost en slechts tijdelijk een handvol arbeidsplaatsen opgeleverd. Nu wordt er een keer per jaar Pinkpop gehouden.

Gouverneur Kremers zag dat met de bouw van te dure sporthalletjes, nieuwe wegen of alweer fietspaden Zuid-Limburg niet structureel geholpen was. Hij pleitte bij de PNL-commissie voor het opzetten van 'majeure projecten', zoals de uitbreiding van het vliegveld, de aanleg van een pretpark en een experiment met tweewegkabeltechniek. Het majeure karakter bleek geen garantie voor succes. Meer dan honderd miljoen werd er aan uitgegeven zonder dat het veel blijvende arbeidsplaatsen opleverde. Het was vooral tijdelijk werk in de bouw. Het kabelexperiment leverde, voordat het mislukte, achttien tijdelijke banen op en kostte 82,5 miljoen gulden. Aan een nutteloze proefboring naar bronwater ging zeven ton op. De voorbereiding van het nooit gebouwde pretpark en het nooit gebouwde centraal proefdierenbedrijf vergden honderdduizenden guldens. Het vliegveld slokte tientallen miljoenen op, maar de geplande uitbreiding met een nieuwe startbaan kwam er tot nu toe niet. Successen waren er ook: het congrescentrum MECC en de Europese instituten brachten een paar honderd nieuwe banen in Maastricht. Het waren alleen niet de duizenden arbeidsplaatsen die de mijnstreek nodig had.

Elk nieuw PNL-plan lokte een hevige lobby uit van bedrijven die zich opmaakten om hun diensten aan te bieden. Het provinciehuis werd vanaf 1977 extra druk bezocht. In de kamers van de gedeputeerden maakte een kleurrijke stoet zijn opwachting: staalconstructiebouwers, bouwmaterialenhandelaren en vertegenwoordigers van andere branches.

De gouvernementele brievenbus puilde uit. Het idee om bij de geplande draf- en renbaan een paardenfokcentrum te bouwen, leidde tot een opmerkelijke stroom brieven aan het adres van gedeputeerde Mastenbroek. Bedrijven legden uit dat ze van de plannen vernomen hadden, dat ze leuke ideeën hadden en zeer bekwaam waren. 'Daarnaast spreekt het natuurlijk voor zichzelf dat de continuïteit van een bureau zoals het onze van het grootste belang is', schreef planbureau Jongen uit Heerlen. Meer bedrijven wisten wat bestuurdersoren wilden horen.

De aannemers en wegenbouwers van de Samenwerkingscombinatie Brunssum maakten zich 'thans' ernstige zorgen over de werkgelegenheid. Ze zouden graag eens met Mastenbroek praten, om wat voorstudies te laten zien. Buro Kragten en Wegenbouw Jaartsveld schreven: 'Door het wegvallen van gelden voor aanvullende werkgelegenheid zal het aantal arbeidsplaatsen in onze bedrijven teruglopen. Het doel van de Perspectievennota is het bevorderen van het werkgelegenheidsaspect. Het meest effectief zal dit kunnen geschieden door inschakeling van de in de betreffende regio gevestigde en werkzame bedrijven. Wij menen dat wij hieraan uitermate voldoen en vragen U met klem om onze kandidatuur te willen ondersteunen.'

Het benadrukken van het Limburgse karakter van het bedrijf was noodzaak. 'Eigen bedrijven eerst', dat was immers het provinciale parool. De brief van Van Zandvoort Installatie BV: 'Als oud-Limburgs bedrijf, kunnen wij beschikken over ruim honderd Limburgse medewerkers.'

Taferelen zoals in het provinciehuis speelden zich in veel gemeentehuizen ten zuiden van Susteren af. Gemeenten hanteerden lijsten of mondelinge afspraken die een of meer bedrijven exclusieve rechten gaven. Een nieuwe wethouder van openbare werken betekende nogal eens de komst van een nieuwe huisaannemer of juist het einde van een voorkeursbehandeling van een aannemer. Persoonlijke relaties bepaalden vaak wie werk kreeg. Sommige gemeenten hadden een roulatiesysteem om huisaannemers werk toe te schuiven. Met hun concurrentiebeperkende

afspraken overtraden tientallen gemeenten de Europese regels.
Onderzoek van de Universiteit Maastricht toonde in 1987 aan dat gemeenten in Midden- en Zuid-Limburg een grondige afkeer hadden van openbare aanbestedingen. Volgens de onderzoekers was de laagste prijs voor een werk maar een bijkomende factor bij de keuze van een aanbestedingsvorm. Het behoud van werkgelegenheid noemden gemeenten als argument om een of meer aannemers voor te trekken. Ook al betekende dit dat andere regionale bedrijven geboycot werden. Een andere conclusie uit het onderzoek: wegenbouwers oefenen druk uit op lokale besturen om het aanbestedingscircuit gesloten te houden. De plaatselijke verhoudingen tussen bestuur en aannemers hadden, volgens de onderzoekers, een niet te onderschatten invloed op de verdeling van werk.

Sittard was lang domein van wegenbouwer Lintzen. Hij genoot het predikaat huisaannemer. Daarna had de gemeente een vaste ploeg van acht wegenbouwers. Die werden telkens uitgenodigd in te schrijven. Onder hen ook Lintzen. In Sittard ontbrak de gewoonte openbaar aan te besteden. Als het moest, gebeurde het schoorvoetend. Dan was er nòg geen garantie dat de laagste inschrijver het werk kreeg. Zeker als die niet tot de eigen club aannemers hoorde. Dat ondervond in 1986 een bedrijf uit de Duitse grensplaats Übach-Palenberg. Het bedrijf had de laagste inschrijvingsprijs voor de aanleg van een weg, maar werd gepasseerd. Een duurder, Limburgs bedrijf deed volgens het gemeentebestuur de 'economisch meest voordelige' aanbieding. Het Duitse bedrijf diende een klacht in bij de Europese Commissie. Die tikte de gemeente op de vingers.

Het opruimen van de zwarte resten van de mijnindustrie leidde tot geduw en getrek om opdrachten. Volgens goed gebruik waren bedrijven van buiten de provincie geweerd, waarna Zuid-Limburgse ondernemingen om de miljoenen vochten. Het ministerie van VROM trok tussen 1974 en 1984 110 miljoen gulden uit om de mijnterreinen en steenbergen weer groen te maken, en 900 miljoen gulden voor woningbouw. Het saneren was een taak van de mijngemeenten, die daarvoor het Samenwerkingsverband Sanering Mijnterreinen Oostelijk Mijngebied (SSO) oprichtten. In het dagelijks bestuur zaten onder meer burgemeester Smeets van Kerkrade, burgemeester Hoogland van Brunssum en wethouder Heinrichs uit Schaesberg (later Landgraaf). Namens de provincie was Buck, en later Mastenbroek, adviseur van het bestuur.

Het SSO liet het particuliere bureau Hoefnagels de saneringsoperatie voorbereiden, coördineren, begeleiden en controleren. Het bureau was opgericht door de oud-directeur Openbare Werken A. Hoefnagels uit Heerlen. Het bureau kon op warme steun rekenen. Van de provincie kreeg Hoefnagels in 1974 opdracht voor een rapport over de sanering van de mijnterreinen. Daarna was het vanzelfsprekend dat hij ook de uitvoering zou doen. Een offerte bij andere bureaus werd niet eens gevraagd. De relatie tussen Hoefnagels en het bestuur van het SSO was vriendschappelijk.

Ook de Heerlense architect Thei Jongen kreeg onderhands een monsteropdracht. Zijn pas opgerichte bureau gaf adviezen over de herinrichting van de steenbergen. Jongen had daarmee tien jaar lang een gegarandeerd inkomen. Hij ontving zijn relaties in een villa in de Alpen. Een van de gasten was de directeur van het Limburgs Investerings- en Ontwikkelingsfonds (LIOF), die ook voorzitter was van de commissie Coördinatie Overleg Werkgelegenheid (COW). Het COW was door het SSO opgericht om het werk onder aannemers en wegenbouwers te verdelen. Lid van de commissie waren verder Buck, Hoefnagels, burgemeester Jo Smeets van Kerkrade en De Jong van de DACW-dienst.

De aanbestedingsprocedure van de COW-commissie paste in de tijdgeest. Het werk moest in eigen streek blijven, riep Buck minstens één keer per vergadering. De COW-commissie had de opdracht het werk te verdelen onder bedrijven in de mijnstreek. Maastrichtse bedrijven kregen aanvankelijk geen opdrachten. Al waren er uitzonderingen. Vissers' Wegenbouw had met succes gelobbyd bij de gemeente Schaesberg. Heinrichs eiste in 1979 dat Vissers een deel van alle wegen mocht aanleggen.

Van een eerlijke werkverdeling was al lang geen sprake meer.

Aannemers en wegenbouwers lobbyden massaal. Dat moest. Iedereen deed het. In de gemeenten was steun nodig, net als bij de provincie en de cow-commissie. De notulen van de cow-commissie maken duidelijk dat het in elke vergadering een getouwtrek was over opdrachten.

De cow-commissie ging schappelijk om met de prijzen. 'De prijsstellingen zullen zodanig gecontroleerd worden dat er geen "afslacht-effect" optreedt en evenmin te veel betaald wordt', schreef de commissie in 1977 aan het sso. De prijzen moesten 'voor iedereen goed' zijn. Een jaar later bleek dat de gecalculeerde prijzen te royaal waren. De hoofdaannemer maakte extra winsten. Het uitsluiten van concurrentie betekende dat het werk duur werd betaald. Bijvoorbeeld het sloopwerk. Daarvoor mochten telkens dezelfde twee bedrijven inschrijven. De enige andere sloper in Zuid-Limburg, Ravestijn uit Maastricht, werd buiten de deur gehouden.

Aannemer Jongen uit Schaesberg deed in de jaren tachtig zijn beklag bij het cda in Heerlen. Zijn bedrijf zou benadeeld zijn bij de aanbestedingen van het sso, kreeg de gemeenteraadsfractie op dramatische toon van cda-voorzitter P. Bijsmans te horen. Jongen was 'onrecht aangedaan' en dat zou ook blijken uit een zwartboek dat Jongen persoonlijk had opgesteld. Eén vergadering later deelde Bijsmans opgelucht mee dat Buck de kwestie had 'geregeld'.

Wegenbouwers en aannemers liepen zich de benen uit het lijf om in aanmerking te komen voor opdrachten. De cow-commissie had het druk met het openen van de wekelijkse post. In zijn kantoor in Klimmen dicteerde Baars op 1 juli 1976 zijn secretaresse een brief. Een groot stilist toonde hij zich niet:

Mijne Heren, mede in het raam van de voor de Limburgse bedrijven zo belangrijke werkgelegenheid, doch niet minder als zeer belangrijk voor Limburg en vooral Zuid-Limburg in het bijzonder, hebben wij kennis genomen oa. door de courantenberichten van de activiteiten welke Uw Samenwerkingsverband gaat ondernemen met betrekking tot de renovatie van voormalige mijnterreinen in het Oostelijk Mijngebied.

Baars wist wat men wilde horen en presenteerde zijn bedrijf als het sterkste zelfstandige bedrijf in Zuid-Limburg met 'een specifiek eigen karakter en grote flexibiliteit op diverse terreinen' dat uitsluitend met Limburgse werknemers werkte en zoveel mogelijk opdrachten gaf aan Limburgse toeleveraars.

Het zal u begrijpelijk voorkomen, dat wij voor de continuïteit van werkbezetting en het houden van werk voor de honderden met het bedrijf betrokken werknemers, een grote activiteit in de bedrijfspromotion dienen te leggen. Het is ook daarom in het bijzonder, dat wij ons bij U willen presenteren met het verzoek ons bedrijf bij voorkomende gelegenheid een welwillende aandacht te geven.

Het bleef niet bij een hakkelend briefje. Vier maanden eerder had hij al een meesterzet gedaan. Hij had Buck binnengehaald, de machtigste politicus van Limburg. Sinds 11 februari 1976 maakte Buck deel uit van het Baars-concern als bestuurslid van twee stichtingen van de wegenbouwer. De gedeputeerde was bestuurder van de Stichting Directie Pensioenfonds Baars Aannemings- en Wegenbouwmaatschappij. Die beheerde de pensioenvoorziening van de wegenbouwer. Belangrijker was de positie van Buck bij de Stichting Baars. Dat was een liefdadigheidsinstelling. De statuten meldden dat 'de stichting tot doel heeft het verlenen van uitkeringen bij ouderdom of invaliditeit, het financieel steunen van instellingen die het algemeen maatschappelijk belang beogen, alsmede het verlenen van sociale bijstand'. Buck hoefde het niet voor niets te doen. In artikel 12 van de statuten van de stichting Baars was opgenomen dat de bestuursleden een beloning genoten. 'Deze vergoeding dient te worden vastgesteld door Baars Aannemings- en Wegenbouwmaatschappij BV' Niet slim, zo'n openlijke bekentenis dat de gedeputeerde bijverdiende. In de akte werd die passage later doorgestreept en veranderd in 'bestuursleden zullen als zodanig geen beloning genieten'. Buck kreeg enkel nog een onkostenvergoeding, volgens de stichtingsakte.

Baars was uit op de grootste opdracht – 45 miljoen gulden – die te vergeven was door de COW-commissie: het hoofdaannemerschap voor het afgraven van de steenbergen. De COW-commissie had een 'kleine commissie' samengesteld die de selectie deed. In Limburg had alleen het bedrijf Oosterwijk ervaring met het afgraven van steenbergen. Oosterwijk was bezig in Geleen. Maar het was geen Limburgs bedrijf en mocht niet ingeschakeld worden.

De belangstelling was groot. De commissie besprak op 15 maart 1977 de keuze. Na een discussie werd afgesproken dat de combinaties Baars/Curfs en Ploum/Coumans een uitnodiging kregen voor een gesprek. De commissie stelde een geheime vragenlijst op. De aannemers moesten een voor een komen en de vragen beantwoorden. Wie dat het beste deed, zou het werk krijgen.

Op 22 maart 1977 om twee uur 's middags stapte het gezelschap van Baars en groeve-exploitant Curfs binnen bij de selectiecommissie. Om half vier was het de beurt aan Ploum en Coumans.

J. Ploum was zo zenuwachtig dat hij op vraag drie al het antwoord op vraag vijf aan het geven was – hij had de lijst gekregen en de antwoorden van buiten geleerd. Wie hem had ingeseind, bleef onduidelijk. Ploum en Coumans kregen de opdracht.

Baars was geschoffeerd. Hij maakte heibel en trok 'zijn' gedeputeerde Buck aan de jas. De opdrachten die Baars daarna in de wacht sleepte, maakten veel goed. In 1979 mocht Baars de draf- en renbaan in Landgraaf aanleggen voor 2,5 miljoen gulden. Eigenlijk had Baars de opdracht van het bouwrijp maken van het terrein van de verdwenen Domaniale mijn in Kerkrade moeten krijgen. Dat had de COW-commissie hem beloofd, nadat Baars had laten weten dat hij grote behoefte had aan nieuw werk. Maar Kerkrade deed bij monde van CDA-burgemeester Smeets moeilijk. Die gunde de opdracht liever aan het wegenbouwbedrijf van zijn partijgenoot Van Doezelaar. In de vergadering van de commissie op 18 april 1979 toonde commissielid Smeets zich echter sportief: 'Als Baars de meeste behoefte heeft aan werk, zal ik me als burgemeester van Kerkrade daarbij neerleggen en Baars laten inschakelen voor het werk.' 'Als Baars nu eens de draf- en renbaan aanlegt', opperde adviseur Hoefnagels. 'Het enige probleem is dat het werk daar pas na de bouwvakantie kan beginnen.' Buck, kenner van het bedrijf Baars: 'Geen probleem voor Baars.'

Nòg liep het niet soepel. Baars had de opdracht voor de draf- en renbaan, maar liep tegen een stugge Hollander aan in de persoon van L. Dijkstra, medewerker van Hoefnagels. Hij deed het bestek en de begroting. De aanneemprijs die Baars bij zich had, lag meer dan tien procent hoger dan Dijkstra begroot had. Dat kon niet. De man stuurde Baars het kantoor uit. Zoiets brutaals had de wegenbouwer nooit meegemaakt.

Dijkstra schreef in al zijn onschuld een puntige notitie voor het dagelijks bestuur van het sso waarin hij adviseerde gebruik te maken van de afstandsverklaring die Baars had ondertekend. Daarmee had de wegenbouwer zich akkoord verklaard afstand van de opdracht te doen als er geen overeenstemming over de hoogte van de aanneemsom zou komen.

Het dagelijks bestuur dacht daar anders over. Het móést Baars worden. De wegenbouwer stapte een week later met een vriendelijk glimlach binnen bij Dijkstra, met een lagere aanneemprijs. 'Dat was een rekenfoutje vorige week', zei Baars. De onderhandelingen werden heropend en er rolde een akkoord uit. Toen Baars tijdens het werk veel onvoorziene omstandigheden tegenkwam, was Dijkstra niet verbaasd. Net zo min als hij verbaasd was toen Baars de rekening kwam presenteren voor al zijn meerwerk.

De Algemene Rekenkamer concludeerde in 1988 dat er onvoldoende controle was was geweest op de besteding van de 110 miljoen gulden voor de sanering van de mijnterreinen. Schuldigen waren het sso en het ministerie van vrom. De Limburgse directie Volkshuisvesting had gefaald. De Rekenkamer kon achteraf niet vaststellen of er sober genoeg met het subsidiegeld was omgesprongen. Dat gold ook voor de uitgave aan bureau Hoefnagels. Dat bureau verdiende zo'n 5 miljoen gulden. Het bedrag was gedeclareerd zonder dat de juistheid gecontroleerd was. Het sso-bestuur had 'volledig vertrouwen' in Hoefnagels en vond scherper toezicht niet nodig.

4 Een duiventil

Voor wegenbouwers, aannemers en projectontwikkelaars stond de deur van het oude provinciehuis aan de Bouillonstraat in Maastricht altijd open. Dertig jaar lang konden ze daar binnenlopen. Door de voordeur of desgewenst door de zijdeur van het gouvernement.

Het was een vast ritueel. Eerst stapten de ondernemers binnen bij de afdeling economische zaken en werkgelegenheid, de Zesde Afdeling. Wat handjes schudden en een babbeltje met de belangrijkste mensen van deze afdeling die tot 1987 onder Buck viel en daarna onder Mastenbroek: Piet Dohmen, Henk Diederen en Wil van Vlijmen. Om te horen welke projecten goedgekeurd waren en welke subsidies waren toegekend. De afdeling hield een lijst bij met werkgelegenheidsprojecten en toekenningen uit subsidiepotjes. Een hulp voor de lobbyende ondernemer, die op weg was naar de kamers van de gedeputeerden.

Met de informatie van de afdeling liepen ze naar boven. De trap op, links en dan naar rechts. Daar waren de kamers van de gedeputeerden met voor de bouwwereld belangrijke portefeuilles als ontgrondingen (waaronder ook de ontgrindingen vielen), economische zaken, werkgelegenheid, ruimtelijke ordening en volkshuisvesting. Op de deur stonden de namen Ger Heiligers, Werner Buck, Pierre Verhagen, Emile Mastenbroek en Henk Riem. Ze bleken al te vaak bereid tot een vriendendienst.

Ook na de ingebruikneming van het nieuwe provinciehuis aan de Maas in 1986 bleef het gouvernement een open huis. Dagelijks liepen lobbyende ondernemers in en uit. De dames van de kantine sleepten kannen koffie aan. Wegenbouwer Sjaak Baars kwam zelf. Hij vertrouwde dit niemand anders toe. Andere bedrijven stuurden acquisiteurs en lobbyisten. Acquisiteur Guus Schoffelen van het grootste Zuid-Limburgse wegenbouwbedrijf, Vissers' Wegenbouw uit Maastricht, stond bekend om zijn uitstekende persoonlijke contacten. Baars had vaste lijnen met gedeputeerde Buck van economische zaken. Iedereen had zijn lijnen. Intern koppelden ambtenaren de namen van bestuurders aan bedrijven.

Wegenbouwer Piet de Bont uit het Midden-Limburgse Echt had een prima relatie met Verhagen. Hij stapte in de jaren tachtig altijd via Diederen binnen bij deze gedeputeerde, die over onder meer de ontgrondingen ging. Diederen stond bij De Bont voor tienduizend gulden per jaar als adviseur op de loonlijst. Dat verplichtte tot de nodige hulp. Ook die keer dat De Bont voorinformatie wilde over een werk in het centrum van Herten. Diederen sluisde De Bont door naar Verhagen. Hij adviseerde hem even door te lopen naar de kamer van collega Mastenbroek. Die ging over een ander subsidiepotje. De Bont deed het. Mastenbroek hoorde hem aan en zei: 'Ik zal zien wat ik voor je kan doen.' De Bont werd met twee andere bedrijven uitgenodigd bij de aanbesteding en kreeg het werk in Herten.

Op de Zesde Afdeling hielden eenentwintig ambtenaren, verdeeld over drie bureaus, zich bezig met de voorbereiding en uitvoering van bestuurlijke maatregelen ter verbetering van de economische structuur van de provincie.

Als hoofd van het bureau Economische Infrastructuur en Bedrijven had Piet Dohmen een machtige positie. Hij regelde met zijn zes medewerkers de aanleg van wegen, bruggen, industrieterreinen, winkelcentra en stadsvernieuwings- en toeristische projecten. Dohmen verdeelde ook de PNL-subsidies. Dat waren de honderden miljoenen die het rijk tussen 1975 en 1990 uittrok om het gebied te helpen.

Dohmen had een belangrijke stem bij de aanbestedingen. Hij kon bedrijven op lijsten zetten. Als je daar als bedrijf niet op kwam, kreeg je nooit provinciale opdrachten. Stond je er wel op, dan mocht je een offerte inleveren en kon je het met andere bedrijven onderling regelen. De subsidieregels schreven voor dat gemeenten met Dohmen moesten overleggen over welke bedrijven mochten inschrijven voor een opdracht, als die opdracht mede met provinciaal geld werd betaald. Beïnvloeding was niet uit te sluiten, zei Dohmen tegen de FIOD toen hij verdacht werd van corruptie. Dohmen verzette zich niet wanneer Buck, Mastenbroek of een burgemeester per se een bepaalde aannemer op het lijstje wilde hebben. Zèlf schoof hij ook bedrijven naar voren. Baars kreeg nogal eens hulp. Dohmen was ook een bron van informatie voor Baars en anderen. De ambtenaar wist precies welke wegenbouw- en bouwprojecten er op stapel stonden. Dohmen deed het niet voor niets: hij nam tienduizenden guldens aan van zijn klanten. Etentjes, vier nieuwe banden voor zijn auto, geschonken door wegenbouwer De Bont, een vakantiereis en smeergeld van Baars.

Ook Dohmens medewerker Van Vlijmen verkocht informatie. Hij werd na het vertrek van Dohmen in 1987 waarnemend hoofd van het bureau. Zakenvrienden noemden Van Vlijmen 'een wandelende encyclopedie van de wegenbouw in Limburg' of het 'centraal informatiepunt'. Hij was waardevol, had veel invloed en moest te vriend gehouden worden. Van Vlijmen kon in een vroeg stadium belangrijke informatie geven over projecten van gemeenten. De ambtenaar hield er een goedkoop huis en gratis vakanties aan over, betaald door wegenbouwers, aannemers en een architect.

Belangrijk was ook ambtenaar Diederen. Als hoofd van het bureau Arbeidsmarkt en Werkgelegenheid deed hij de woningbouw en tijdelijke werkgelegenheid. Diederen beheerde potjes met honderden miljoenen guldens, zoals de DACW-subsidies van het ministerie van Sociale Zaken. Ook Diederen gaf het bedrijfsleven vrijmoedig informatie over subsidiestromen. Dat was in het belang van de werkgelegenheid in de regio en in het belang van hemzelf. Diederen zag zich omringd door belangrijke vrienden uit de bouw. Een daarvan metselde voor tienduizenden guldens een wijnkelder van mergelstenen onder zijn huis. De rekening daarvan raakte later zoek, zo bleek toen *De Limburger* ernaar vroeg. Als bestuurslid van woningvereniging Hoensbroek gaf Diederen zijn vrienden ook opdrachten, zoals hij dat ook deed als bestuurslid van de Limburgse Monumenten Stichting. Dat is een herenclub die met miljoenensubsidies van Monumentenzorg oude gebouwen restaureert.

Provincie-ambtenaar Piet Tops was eveneens bestuurslid van de monumentenstichting. Tops was machtig. Hij was bestuurslid van het CDA-Limburg. Als ambtenaar deelde hij door het rijk betaalde sporthallen uit en zat hij later op de post Volkshuisvesting. Tops handelde in onroerend goed, was mede-eigenaar van een wegenbouwbedrijf en bevoordeelde als bestuurslid van weer een andere stichting projectontwikkelaar Ruijters (zie 11 De koning van het circuit).

De baas van zowel Dohmen, Diederen als Van Vlijmen was Aloys Lohuis, hoofd van de afdeling economische zaken en werkgelegenheid. Hij gaf tegenover de FIOD, toen die de affaire-Baars onderzocht, toe dat het tot in de jaren tachtig een rotzooitje was met de provinciale aanbestedingen. Het was voor ondernemingen van belang om tot de geselecteerde groep van bedrijven te horen die mocht inschrijven. Tijdens de hele periode van de miljardensteun, tot 1988, waren er geen richtlijnen voor aanbestedingen. 'Er waren toen individuele contacten van de bedrijven met de betreffende afdelingen en ambtenaren, alsmede leden van GS om opdrachten te verkrijgen. Ik heb getracht in deze situatie meer objectivering aan te brengen', zei Lohuis.

Door het invoeren van criteria wilde Lohuis willekeur bij de aanbestedingen uitsluiten. Na 1988 stelde de afdeling van Dohmen bij elke aanbesteding een lijstje op met geselecteerde bedrijven. De gedeputeerde moest zijn goedkeuring geven. Het was nauwelijks een verbetering. Gesjoemel bleef mogelijk. Pas met het invoeren van openbare aanbestedingen in 1993 zou het een stuk rustiger worden in de gangen van het provinciehuis.

Na het uitbreken van de corruptie-affaires in 1992 lieten GS een accountant van de Vereniging van Nederlandse Gemeenten het aanbestedingsbeleid tussen 1979 en 1991 onderzoeken. De accountant ontdekte dat de motieven voor uitnodiging of selectie van aannemers niet altijd duidelijk waren geweest. 'Daardoor is achteraf de rationaliteit van een beslissing moeilijk vast te stellen', schreef de accountant voorzichtig. Tot 1988 stond er geen aanbestedingsbeleid op papier. Er waren enkel mondelinge richtlijnen, afspraken en usances. Later kwamen de lijstjes, al bleef de uitvoering ondoorzichtig, volgens de accountants: 'Daardoor bestaat niet altijd voldoende inzicht in de taken, bevoegdheden en verantwoordelijkheden van de binnen uw organisatie werkzame personen. Bovendien kunnen informele procedures ontstaan, waarbij iedere afdeling naar eigen inzicht een bepaalde werkwijze gaat hanteren.'

De accountants waren in hun onderzoek belemmerd door onvolledige dossiers. In de dossiers ontbraken de besluiten van Gedeputeerde Staten over aanbesteding en opdrachtverlening, getekende overeenkomsten met aannemers, opdrachten tot het leveren van meerwerk of minderwerk, bankgaranties en soms ook het proces-verbaal van aanbesteding.

Er bleek nauwelijks documentatie beschikbaar over de onderhandelingen en de opdrachtverstrekking van de nieuwbouw van het provinciehuis (bijna 150 miljoen). De accountants konden ook geen verslagen vinden van vergaderingen, waarin GS waren afgeweken van ambtelijk advies en besloten hadden andere bedrijven uit te nodigen om in te schrijven. Lohuis had zich tegenover de FIOD nog voorzichtig uitgedrukt.

De gedeputeerden en ambtenaren als Diederen, Dohmen en Van Vlijmen zaten als spinnen in het web bij de contacten met bedrijven. De drie ambtenaren liepen hun chef Lohuis voorbij en werden gedekt door gedeputeerden. In het wekelijkse werkoverleg kondigde het trio vaak aan dat ze de rest van de week op pad waren. Met Mastenbroek of Buck. Lohuis had er weinig vat op. Het zelfstandig werken werd overigens bevorderd. Commissaris der koningin Sjeng Kremers vond die daadkracht geweldig.

Dohmen en Van Vlijmen hadden een vriendschappelijke relatie met gedeputeerden als Buck en Mastenbroek. Ze kenden elkaar uit de KVP en later uit het CDA. Ambtenaar Dohmen was bestuurslid van het CDA-Limburg en daarmee de 'politieke baas' van Buck en Mastenbroek. Van Vlijmen was voorzitter van de CDA-afdeling in Sittard. Hij was met Mastenbroek politiek actief in de Westelijke Mijnstreek.

Voordat Sjeng Kremers in 1978 commissaris der koningin werd, was Buck 'onderkoning' in Limburg. Hij had in de jaren vijftig met zijn broer een dekenfabriekje in Kerkrade. Voor twee directeuren was het bedrijf te klein. Daarom ging Buck in 1958 de lokale politiek in, werd wethouder en was even staatssecretaris in het kabinet Biesheuvel. In 1974 werd hij gedeputeerde. Buck domineerde de KVP en later het CDA in Limburg. Een man met daadkracht, genadeloos als het moest. Hij duldde geen tegenspraak. Buck was de machtigste man in Limburg, de éminence grise, de peetvader. Zijn benoeming tot commissaris der koningin in 1978 zou een erkenning van zijn status zijn geweest. Het was bijna rond, toen het kabinet-Den Uyl er de voorkeur aan gaf Kremers te benoemen, de voorzitter van de Wetenschappelijke Raad voor het Regeringsbeleid. Het was even slikken.

Buck bleef de dagelijkse leiding houden. Kremers werd de man met de nieuwe ideeën. De gouverneur nam, geheel in stijl, zijn intrek in een adellijk buitenverblijf aan de rand van Maastricht. Het werd een van de duurste ambtswoningen ooit: 2,3 miljoen gulden. Maar dat was wel inclusief de interne verbouwing en de renovatie van de tuinen.

Bij gemeentelijke projecten waaraan de provincie meebetaalde door werkgelegenheidspotjes als PNL en DACW, botsten de belangen. Er ontstonden conflicten tussen de huisaannemers van de gemeenten en de bedrijven die gelobbyd hadden in het provinciehuis. De provincie zei in zo'n geval tegen de gemeente: 'Hebben jullie al eens aan die en die aannemer gedacht?' Dat was soms voldoende, al kon het ook op een andere manier. Dan legde de provincie dwingend op welke aannemers mochten inschrijven. Of meneer de gedeputeerde belde naar de burgemeester. Al naar gelang het belang en de soort opdracht.

Een voorbeeld van de manier waarop de provincie zich met de keuze van de aannemer bemoeide, is de verbouwing van het Ursulinenklooster in Eijsden tot gemeentehuis begin jaren tachtig.

Gedeputeerden en ambtenaren blijken zich in die kwestie nadrukkelijk voor een bepaalde aannemer te hebben ingezet.

Eijsden wilde in 1980 een nieuw gemeentehuis. De daar wonende aannemer Fons Cremers stond te trappelen om het werk te doen. Plotseling kwam er een brief van het ministerie van crm en de provincie. Aannemer Hobru moest in de bouwcommissie. Dat betekende dat het Hoensbroekse bedrijf ook het werk zou mogen uitvoeren. Toenmalig burgemeester H. Wijnands vond het een rare zaak. Niemand wist waar Hobru opeens vandaan kwam. Het college wilde verhinderen dat het bedrijf via de achterdeur het werk zou krijgen, maar kreeg geen steun van het CDA in het provinciebestuur.

De provincie, door Diederen vertegenwoordigd in de bouwcommissie, was het eens met de keuze voor Hobru. Voor het college van Eijsden was het duidelijk dat vanuit het provinciehuis druk werd uitgeoefend om Hobru het werk te geven. Burgemeester Wijnands probeerde steun te krijgen van Diederen. Maar die stak geen vinger uit: het was al geregeld. Aannemer Cremers sprak gedeputeerde Riem aan, maar ook hij deed niets. Het Eijsdense college liet het er niet bij zitten en schreef een boze brief naar crm. Gevolg: de minister greep in en de crm-ambtenaar in de bouwcommissie werd teruggefloten. Zowel provincie als Hobru bleken opeens bereid tot soepelheid. Cremers kon de zaken met ambtenaar Diederen en de directeur van Hobru regelen. Hij mocht uiteindelijk bouwen.

Doordat de contacten tussen provincie en bedrijven innig waren, lekten al die jaren provinciale besluiten en documenten van enig belang uit. Riem hield zijn zakelijke vrienden, onder wie Baars, nauwgezet op de hoogte van de laatste ontwikkelingen in het provinciehuis.

Rechercheurs vonden bij een huiszoeking in het kantoor van de wegenbouwer een kopie van de lijst bedrijven die zouden worden uitgenodigd voor de aanbestedingen van provinciale wegen in 1987, compleet met bestekken en de daarvoor beschikbare bedragen. Commissaris der koningin Mastenbroek, de opvolger van Kremers, en griffier Oppenhuis de Jong reageerden onthutst

('Ik vind dit krankzinnig') toen de rechercheurs daarover hun mening vroegen. Baars had die lijst nooit mogen hebben, vonden ze.

Baars en Riem waren in hun verhoren minder ontdaan. 'Ik denk dat deze heren [Mastenbroek en Oppenhuis, jd] kennelijk slecht op de hoogte zijn van de gang van zaken binnen het provinciehuis', verklaarde Baars. 'Wanneer GS namelijk een beslissing heeft genomen wordt die meteen naar buiten gebracht. Ik wil u er verder op wijzen dat wij er volgens dit schrijven [de werkverdeling voor 1987, jd] bekaaid zijn afgekomen en veel minder werk in Limburg hebben gekregen dan waar wij recht op hadden. U vraagt mij hoe dergelijke informatie ons bekend zou worden. Ik antwoord daarop dat er een groot aantal ambtenaren is dat besluiten van GS voorbereidt en informatie naar buiten brengt. Als GS een besluit heeft genomen weet iedereen daarvan en iedereen brengt zo'n besluit ook naar buiten.'

Riem, die als verdachte weinig spraakzaam was en veel herinneringen kwijt was, zei: 'Dit stuk hoort niet bij Baars te liggen. Ik ben er echter van overtuigd dat alle wegenbouwers in Limburg na een week over deze lijst beschikten. Het betreft hier een vertrouwelijk stuk. Wij wisten op de provincie dat dit stuk snel bekend zou worden bij de wegenbouwers. Ik weet niet hoe dit kon.'

5 Ome Sjaak

De Brabantse boerenzoon Sjaak Baars was in december 1954 op 26-jarige leeftijd naar Zuid-Limburg gekomen. Hij kwam uit Lith, een katholiek Maasdorp van honderd boerderijen en een steenfabriek. De oorlog had Lith goeddeels gespaard, maar de armoede was groot. De boerengezinnen moesten hard werken. Ook het gezin Baars. Vader Harrie Baars was machinist in een melkfabriek. Sjaak was enig kind in huis. Zijn oudere broer Cor was tijdens de oorlog naar Overijssel vertrokken om missionaris te worden. Zijn zusje was op vijfjarige leeftijd gestorven.

Van de ene op de andere dag vertrok Sjaak Baars naar het Zuid-Limburgse Born. Hij kreeg een baan als bedrijfsleider bij herenboer Janssen. Maar Baars wilde meer. Eind jaren vijftig bracht een vriend hem in contact met de transportwereld. Daar was goud mee te verdienen. Nederland was aan de wederopbouw bezig. Met zijn spaarcenten kocht Baars drie gmc's, afgedankte trucks van het Amerikaanse leger. Als onderaannemer van de Heidemij deed hij transporten. Op een van zijn ritten zag hij een boerderijtje in Klimmen. Hij kocht het en trouwde met een boerendochter uit Bunde.

Baars walste voor de Heidemij landwegen plat. Dat bracht hem op het idee om in de wegenbouw te gaan. In oktober 1965 richtte hij een aannemings- en wegenbouwbedrijfje op.

Nog ver na de Tweede Wereldoorlog was de wegenbouw in Limburg een niet-Limburgse aangelegenheid geweest. In de jaren veertig en vijftig was de markt in handen van Brabantse en Hollandse bedrijven. Een van de belangrijkste was De Geruisloze Weg N.V. uit Haarlem. Het Haagse bedrijf NBM werkte na de oorlog volop in Limburg. Het Brabantse bedrijf Vissers' wegenbouw- en aannemingsbedrijf begon in 1947 in Limburg. Bedrijfsleider Guus Schoffelen reed op de motorfiets vanuit Den Bosch naar Limburg om opdrachten te werven. In 1965, het jaar dat Den Uyl de mijnsluitingen aankondigde, opende Vissers met vooruitziende blik een nevenvestiging in Maastricht. Het Arnhemse bedrijf Hoyinck had in Maasbracht een kantoortje en het Gelderse bedrijf Jaartsveld in Brunssum. Het bedrijf Moderne Wegenbouw in Heerlen was na de oorlog het enige van oorsprong Limburgse bedrijf, eigendom van een mijndirecteur. Verder waren er in Zuid-Limburg alleen stratenmakers. Die legden klinkerwegen aan en bestraatten kerkpleinen. Gemeenten en mijnen zorgden ervoor dat de bedrijven aan de slag bleven. Als het werk op was, klopten ze bij wethouder, burgemeester of mijndirecteur aan.

De sluiting van de mijnen zorgde voor een opleving van de bouwsector in Zuid-Limburg. Er was meer werk dan de bedrijven aankonden. Een gat in de markt voor nieuwe ondernemingen. Dit keer waren het Limburgers die het geld op straat zagen liggen. De broers Brandts begonnen bij het aanzwellen van de subsidiestroom Bramuco BV. De broers Rinus en Piet Janken volgden met Wegenbouw Limburg BV en Interwegenbouw BV. Eef Mulder uit Geleen had de groeiende markt in 1976 ontdekt en asfalteerde sindsdien wegen onder naam Mulder wegenbouw- en grondwerk BV. Twee jaar later volgden vader en zoon Van Doezelaar in Beek met Wegenbouw Van Doezelaar BV.

Jan Kuijpers kwam in 1975 op de vleespotten van Zuid-Limburg af. In Maastricht begon hij met Lambert Lieben het bedrijf Lieben Wegenbouw BV. Later stapte Kuijpers op en begon Kunicon BV met ex-NBM-topman Wim van den Nieuwenhuyzen, de vader van Joep van den Nieuwenhuyzen.

De wegenbouwers hadden onderling een haat-liefde verhouding. Bij het binnenhalen van opdrachten wisselden heftige concurrentie en innige samenwerking elkaar af. Concurrentie was er bij het aanknopen van contacten in politiek en ambtenarij. Wie de beste contacten had, had als eerste informatie en kon achter de schermen druk uitoefenen ten gunste van zijn bedrijf. Kon de opdracht al niet meteen onderhands vergeven worden, dan kon zo'n contact wel bespoedigen dat het bedrijf tot de geselecteerde groep behoorde die prijsopgave mocht doen. De onderhandse aanbestedingen regelden de bouwbedrijven onderling. Aanbestedingen waren meestal doorgestoken kaart. Wegenbouwers regelden vooraf in verboden voorvergaderingen wie de laagste prijs zou indienen of vormden een kartel met een vaste werkverdeling.

Bouwfraude was vaste praktijk onder de Limburgse aannemers. Tijdens het strafrechtelijk onderzoek naar het faillissement van de Sittardse aannemer Schreurs kwam aan het licht dat tweeëntwintig regionale aannemers tussen 1985 en 1988 stelselmatig opzetgelden hadden geïnd. In onderling overleg werden vóór de officiële aanbestedingen de offertes verhoogd. De aannemer die de opdracht uitvoerde, zette een bedrag bovenop zijn prijs. Dat opzetgeld deelde hij met zijn collega's. Scholen, het gemeentehuis van Meerssen, een politiebureau, woningcomplexen, een kazerne en een Albert Heijn-vestiging werden miljoenen guldens duurder. Justitie vervolgde in 1990 alleen Schreurs voor de fraude bij de bouw van een Sittardse school. De andere aannemers bleven buiten schot, al betaalden ze wel een deel van de opzetgelden van de school en het gemeentehuis terug.

Zoals voor iedere wegenbouwer was het ook voor Baars van groot belang op goede voet te staan met het provinciale establishment. Tot zijn goede contacten in het provinciehuis behoorde CDA-gedeputeerde G. Heiligers. Bij de oplevering van een deel van de Mergellandroute, begin jaren zeventig, speechte Heiligers: 'Dames en heren, let u op, een Baars is een roofdier onder de vissen.' Grote hilariteit onder de genodigden. Baars mocht van Heiligers de toeristische route in de omgeving van Mheer aanleggen. Het werk was onderhands gegund. Nadat Heiligers was opgestapt als gedeputeerde en directeur was geworden van een stichting die centra voor mensen met een verstandelijke handicap beheert, kreeg Baars ook daar opdrachten.

Ook Buck verloor als gedeputeerde de belangen van Baars niet uit het oog. Dat bleek in 1984 toen in Gulpen een toeristisch plan uitgevoerd moest worden. Een jaar eerder had burgemeester Vossen het zonder medeweten van de gemeenteraad op een akkoordje gegooid met Baars. In een 'intentie-overeenkomst' regelden ze dat de wegenbouwer grond op de Gulpenerberg zou verkopen aan de gemeente. Als tegenprestatie zou Baars 'als eerste en enige' worden uitgenodigd voor de aanbesteding van de infrastructuur van het toeristische plan. Een karwei van tientallen miljoenen guldens. Toen de afspraak uitlekte, stuurde de gemeenteraad de twee wethouders naar huis. De nieuwe wethouders, Wiel de Liège en Piet Franssen, weigerden met Baars in zee te gaan. Ze wilden zich aan de gemeentelijk aanbestedingsregels houden en prijsopgave vragen aan vier wegenbouwers.

Gulpen rekende op een provinciale subsidie van 2,3 miljoen gulden voor de uitvoering van de eerste fase van 2,8 miljoen gulden. Op vrijdag 8 juni 1984 kwamen Mastenbroek met ambtenaar Piet Dohmen naar het gemeentehuis om met De Liège, de wethouder van Openbare Werken, te praten. De Liège in *De Limburger*: 'Het was een vriendelijk gesprek. De inbreng van Baars was belangrijk, heette het. Maar ik liet me niet overtuigen. Drie weken later moest ik opeens bij Buck komen.' De Liège ging op 10 september samen met de gemeentesecretaris en een ambtenaar naar het provinciehuis. Ze werden ontvangen door Buck en Baars die gebroederlijk naast elkaar zaten achter een tafel. 'Ik voelde dat er iets aan de hand was', zei De Liège later. 'Het werd een bits gesprek. Buck dreigde de subsidie voor het plan in te trekken als Baars het werk niet kreeg.'

De notulen van het gesprek, die de Gulpense secretaris opstelde, verraden dat Buck de gemeente chanteerde: 'Voorts deelde de heer Buck mede dat hij ervoor zou zorgen dat de deur voor subsidies voor de gemeente Gulpen verder gesloten zou blijven zolang hij zitting zou hebben in het college van Gedeputeerde Staten. [...] Wij weigeren onder druk van de heer Baars te onderhandelen.'

Gulpen hield voet bij stuk en Buck trok zoals verwacht de subsidie terug. Het geld ging later naar het toeristisch plan van de gemeente Vaals. Baars mocht daar wèl een belangrijk deel van het werk uitvoeren. Het was voor het eerst dat Baars een opdracht kreeg in Vaals. Vanaf dat moment behoorde hij tot de huisaannemers.

Baars was niet partijgebonden. Dat bleek toen de PVDA in de jaren tachtig aan politieke macht won. Opeens had hij ook bij die partij contacten: gedeputeerde Riem bezorgde Baars informatie en stond hem met raad en daad bij. In Haelen opende de gedeputeerde in 1989 een filiaal van Baars. De zaak floreerde. Riem was niet het enige aanspreekpunt binnen de PVDA. Dat was ook Tweede-Kamerlid Rein Hummel. Hij verzorgde de sponsoring van evenementen en verenigingen voor de wegenbouwer. Ook PVDA-burgemeester Damen van Vaals behoorde tot de Baars-clan.

Elk jaar tussen Kerst en Nieuwjaar was tout politiek Limburg op de flanken van de Gulpenerberg, tijdens het jachtfeest van Baars. CDA-burgemeester G. van Riet van Haelen was elke keer met al zijn wethouders present. 'Daar kwam iedereen,' zei Van Riet tegen *De Limburger*. 'Burgemeesters, wethouders, gedeputeerden. Iedereen. Van hoog tot laag. Van PVDA tot CDA.'

De Brabander Baars bewoog zich moeiteloos in het Limburgse circuit. Gedreven om zoveel mogelijk geld te verdienen. Hij was het succesverhaal: van boerenknecht tot multi-miljonair. Baars was geen strateeg, maar een korte-termijn tacticus, met een combinatie van naïviteit en sluw zakenmanschap. Met weinig scrupules, zo bleek uit het FIOD-verhoor. Om geld te verdienen heiligde het doel alle middelen. Met al zijn succes oogstte Baars jaloerse blikken van collega's. Die zagen het web van Baars groeien ten koste van andere bedrijven. Uiteindelijk waren het zijn collega's die de hegemonie van de wegenbouwer doorbraken. Ze klapten uit de school tegen *De Limburger*.

Baars had niets achterwege gelaten om zijn web uit te breiden. Als geen ander was hij op de hoogte van de laatste ontwikkelingen. De hele sector wist dat Baars en collega-wegenbouwer Vissers over de beste contacten beschikten. Als er een nieuwe machthebber in een of ander dorp kwam, was Baars al onderweg. Politici en ambtenaren met een financieel probleem zijn vatbaar voor invloed. Ook daarover kreeg hij tips. Het Maastrichtse PVDA-raadslid Jean Eijssen zat in 1985 financieel moeilijk. Opeens kreeg hij van Baars een uitnodiging voor een gesprek in een restaurant. Hij had de wegenbouwer nooit eerder gezien of gesproken. 'Ik ben na een half uur weggegaan', zei het raadslid tegen *De Limburger*. 'Gegeten heb ik niet. Dat had ik misschien moeten doen. Had ik ook een lening of envelop gekregen.' Provincie-ambtenaar Piet Dohmen en wethouder Gé Craenen uit Echt hadden ook geldzorgen. Baars hielp.

Dohmen zat in zijn maag met een dure lening van 40.000 gulden bij de Spaarbank Limburg. Baars nam via de Rabobank de lening over. Een vriendendienst, zei de ambtenaar in 1992 bij de rechter. Eerder had hij in zijn verhoor toegegeven dat het een gift was geweest. Terugbetaald had hij niet. Pas vijf jaar later, toen de FIOD in actie kwam, had hij daarover iets met Baars geregeld.

Baars stond ook voor 75.000 gulden borg voor de Echter wethouder van Financiën en Ruimtelijke Ordening Craenen. Voor de rechtbank in Maastricht gaf Craenen in 1992 toe dat Baars tijdens de bespreking over de borgstelling beloften had gedaan. 'Als ik de firma De Bont [eigendom van Baars, jd] werk bezorgde, zou Baars telkens iets aan de aflossing van mijn krediet doen. Ik zat vreselijk in de problemen. Al zou hij me de hemel beloofd hebben, ik had het geloofd.' Getuige Baars herinnerde zich ter zitting niet Craenen ooit iets beloofd te hebben.

Het was ook slim van Baars om een lid van de CDA-Statenfractie een baan te geven. Net zoals het handig was de zoon van Jules Joosten, directeur Financiën van de gemeente Maastricht, werk te bezorgen. Joosten zelf was begin jaren tachtig bestuurder van een stichting binnen het Baars-concern.

Met Kerstmis waren er presentjes. In de jaren tachtig stonden op de cadeaulijst van Baars vijfhonderd namen. De cognacflessen en dozen wijn gingen naar medewerkers en bestuurders van provincie, DSM, provinciale elektriciteitsmaatschappij PLEM en meer dan twintig gemeenten.

Uit de zakelijke banden ontstonden vaak innige privérelaties. Toen justitie in 1992 ingreep, waren Baars en de Maastrichtse wethouder Jo In de Braekt vrienden. De provincie-ambtenaren Van Vlijmen en Dohmen waren goede kennissen geworden. Zo gedroegen ze zich ook. Op verjaardagfeestjes, uitstapjes en vakanties. De zakelijke relatie raakte verstrengeld met de gegroeide privéband. Een sluipend proces.

Zo kon het dat In de Braekt, toen justitie hem vragen stelde over een reis naar Egypte met Baars, oprecht riep dat het een privé-uitstapje was. Alleen betaalde Baars de kosten. Dat deed hij vanuit zijn zakelijke invalshoek: niets voor niets. In de Braekt was zijn vriend, maar ook wethouder van Publieke Werken in Maastricht, waar Baars en vijf andere wegenbouwers bescherming genoten. De vrienden van Baars hadden allemaal direct of indirect invloed op aanbestedingen of konden hem van dienst zijn met informatie. 'Degene die geld van mij ontvangt zal ook aan mijn bedrijf moeten denken', zei Baars tegen de FIOD.

Dohmen, Van Vlijmen en In de Braekt profiteerden van de vriendschap met de wegenbouwer. In wisselende samenstellingen reisden ze op zijn kosten naar Egypte, Wenen, Parijs of Londen. De reizen boekte Baars bij een van zijn stichtingsbestuurders, DSM-directeur Jo Geerards. Die bezorgde Baars de reizen discreet via het eigen reisbureau van DSM.

Uit de verklaring van Baars tegenover de FIOD bleek dat Geerards, oud-staatssecretaris en oud-gedeputeerde Buck en oud-Kamerlid Harrie Notenboom achter de schermen betrokken waren bij het werven van opdrachten. De drie waren sinds 1987 bestuurslid van de Stichting Baars Beheer, die de aandelen beheert namens de familie Baars. In de praktijk fungeerden de bestuursleden als een raad van commissarissen. Ze stonden Baars met raad en daad bij.

Sinds 1976 waren politici en ambtenaren bereid zich als bestuurslid van andere stichtingen te bekommeren om het wel en wee van Baars. In de Stichting Baars zaten DSM-directeur S. Huijben, Buck en Baars zelf, in de Stichting Directie Pensioenfonds Baars Aannemings- en Wegenbouwmaatschappij Huijben, DSM-directeur J. Dams, gemeente-ambtenaar Joosten en Buck (zie 3 'Eigen bedrijven eerst').

Lang bestond de pensioenstichting niet. In 1982 vond Baars een fiscaal aantrekkelijkere constructie. Het vermogen van de pensioenstichting ging naar de brievenbusfirma Babo Pension Ltd op het kanaaleiland Jersey. Die werd vanuit Nederland bestuurd door Huijben, Dams, Joosten en G. Heiligers. Heiligers was de gedeputeerde die Baars aan de eerste meters Mergellandroute had geholpen.

De keuze van Baars voor topmensen van DSM als bestuurslid van zijn stichtingen was niet toevallig. Goede contacten bij het voormalige staatsbedrijf waren van belang. DSM was, en is, een machtsfactor in Zuid-Limburg.

Met Geerards, Huijben en Dams haalde Baars het hele DSM-relatienetwerk in huis. Dat opende deuren bij gemeenten. Geerards, die planologie in zijn portefeuille had, nam bovendien zijn vakkennis en zijn uitstekende provinciale contacten mee. Geerards was bij DSM verantwoordelijk voor de aanleg van wegen en riolen. Even nadat Geerards bestuurslid/adviseur van Baars was geworden, werd Baars een van de huisaannemers van de afdeling Planologie. De wegenbouwer kreeg de ene na de andere opdracht. Na de bekentenissen van Baars, zei een geshockeerde Geerards dat hij Baars nooit bevoordeeld had. 'Met aanbestedingen had ik niets te maken. Baars vroeg aan mij of hij bij DSM aan de bak kon komen. Ik heb hem de weg gewezen.' De reisjes, die hij door zijn reisbureau liet regelen, waren 'vriendendiensten'. DSM deelde later mee dat uit intern onderzoek bleek dat het wegenbouwbedrijf niet bevoordeeld was. In hetzelfde bericht zei het chemieconcern wel dat de contacten met de toeleveranciers verzakelijkt zouden worden.

Baars voelde – en voelt – zich door de FIOD verraden en gemanipuleerd. De rechercheurs zouden met schaar en lijmpot zijn verklaring hebben veranderd. 'Ik heb nooit mensen omgekocht', zei hij tegen iedereen die het wilde horen. 'Ik heb wel eens iemand in nood geholpen. Daar zat ook wel eens een burgemees-

ter tussen. Ook burgemeesters zitten wel eens in de problemen.'
Het is nog goed afgelopen met 'Ome Sjaak' Baars. De wegenbouwer, wiens naam onlosmakelijk verbonden is met omkoping in Limburg, werd daar nooit voor veroordeeld. Frappant, omdat tussen 1992 en 1995 vier politici en ambtenaren veroordeeld zijn wegens het aannemen van giften van hem.

In 1991 verzuimde justitie Baars tijdig te vervolgen voor de omkoping van Dohmen en Craenen. De feiten verjaarden. In juli 1992 kwam er een nieuwe kans. In de Braekt en Van Vlijmen liepen tegen de lamp met vakantiereizen op kosten van Baars. De rechter veroordeelde beiden. Baars was opnieuw verdachte en zat vier dagen in hechtenis, maar het zou tot juni 1995 duren voordat hij een dagvaarding in de bus kreeg. Niet wegens corruptie, maar enkel wegens valsheid in geschrifte. Een deel van de omkoping was alweer verjaard. Opnieuw ontsprong Baars de dans. De rechter vond dat het openbaar ministerie te lang gewacht had met het vervolgen van Baars en verklaarde de officier van justitie niet ontvankelijk. Een succes voor Baars' advocaat A. Pfeil. In zijn pleidooi had deze niet alleen de lange duur van het onderzoek aangevoerd, maar ook de 'Barbertje-moet-hangen-sfeer' waarvan zijn cliënt het slachtoffer was geworden. Baars was door *De Limburger* 'finaal afgeschoten'. 'Die heksenjacht heeft zich niet alleen beperkt tot de pers. Ook justitie heeft er volop aan deelgenomen. Ik heb zelfs de sterke indruk, dat krant en justitie zij aan zij hebben gewerkt aan de vernietiging van mijn cliënt.'

Ook in de derde zaak tegen het wegenbouwbedrijf, het deelnemen aan een verboden kartel in Maastricht, haalde justitie bakzeil. De rechter oordeelde in januari 1996 dat Baars wel de Wet op de Economische Mededinging had overtreden, maar legde geen straf op. De gemeente was als opdrachtgever 'volledig en tot in detail' op de hoogte van de werkwijze.

Zakelijk was het in 1992 even door de zure appel heenbijten. In opspraak gekomen met de omkooppraktijken, kreeg het bedrijf nauwelijks nog opdrachten. Geen bestuurder kon het zich veroorloven om de verdachte borden van Baars langs de weg te hebben. De affaire kostte het bedrijf bijna de kop. De onderhandse aanbestedingen maakten later plaats voor openbare aanbestedingen. Niemand kon Baars verhinderen daaraan mee te doen. Steunend op zijn miljoenenreserve, kwam hij met concurrerende prijzen en sleepte het ene na het andere werk in de wacht. Overal in Limburg stonden vanaf 1995 weer rode borden met witte letters: Baars BV.

In een kast in het kantoor van de wegenbouwer ligt een dossier over de affaire. Het is 3500 pagina's dik. 'Ome Sjaak' – of 'Jacques' zoals Henk Riem hem noemde – heeft het keer op keer doorgelezen. Maar hij bleef met twee vragen zitten. Wie van zijn collega's heeft hem er bij gelapt? En: waarom? Hij deed immers hetzelfde als iedereen.

6 Regenten en hun geld

Het was Goede Vrijdag 1986. In het Landbouwhuis in Roermond was de top van het CDA-Limburg bijeen. Tweehonderd mannen en vrouwen. Onder hen ontevredenen die zich groepeerden rond Tweede-Kamerlid René van der Linden en senator Jef Pleumeekers. Zij hadden voorzitter Jo Sampermans van het CDA-Limburg onder druk gezet om de vergadering uit te schrijven.

Het CDA had een zware nederlaag geleden bij de gemeenteraadsverkiezingen, en de Statenverkiezingen stonden voor de deur. Dat het slecht ging met de partij kwam door de hegemonie van de oude regenten. De groep vernieuwers eiste verjonging. Het moest anders. Ze wilden een nieuwe bestuursstijl met openheid, redelijkheid en overtuiging. Niet meer de stijl van de macht. Luisteren naar de basis was het motto.

Het CDA was begin jaren tachtig losgeraakt van de ontwikkelingen in de samenleving. De partij leed verkiezingsnederlagen. De ontzuiling had in alle hevigheid toegeslagen, maar de bestuurders in hun onaantastbare positie, waren niet veranderd. Ze zaten met hun ideeën nog in de jaren vijftig. De CDA'ers die op Goede Vrijdag het heft in handen namen, waren van de generatie van na de oorlog. Ze hadden de jaren zestig meegemaakt, keken anders naar samenleving. Misschien niet revolutionair anders, maar toch anders dan de KVP-regenten.

Leider van de vernieuwingsbeweging was de Simpelveldenaar Jef Pleumeekers, rector van een middelbare school. Hij was door zijn studievriend René van der Linden in de politiek gehaald. Pleumeekers werd in 1980 voorzitter van het CDA-Limburg en in 1983 senator. Hij gold als open en eerlijk. Onder zijn leiding schreef de groep vernieuwers een leidraad voor hoe het verder moest, de 'Polko-notitie' (politieke koers). In het Landbouwhuis besloot het CDA schoorvoetend akkoord te gaan met de vernieuwing.

Het zou geen revolutie worden. De zittende elite liet zich niet zomaar wegsturen. De vernieuwing had het tempo van de processie in Echternach, drie passen vooruit en twee achteruit. Het proces voltrok zich zó langzaam dat het na twaalf jaar, bij het begin van de affaires in 1992, nog niet voltooid was.

De eerste moeilijkheid die zich in 1986 aandiende, was de verjonging van de kandidatenlijst voor de Statenverkiezingen in 1987. Het verzet van het conservatieve deel was groot. Pleumeekers zou de nieuwe lijsttrekker worden, maar Buck wilde eerste gedeputeerde blijven. Pleumeekers was daar op tegen. De bestuurscultuur in het provinciehuis moest veranderen. Dat zou niet gebeuren indien Pleumeekers niet tevens eerste gedeputeerde zou worden. Hij moest leiding gaan geven aan het veranderingsproces. Met Buck op die stoel zou er niets van terecht komen.

Het was een hard gevecht, dat duurde tot vijf minuten vóór het begin van de vergadering waarin het bestuur van het CDA-Limburg de kandidatenlijst zou vaststellen. Pleumeekers dreigde met opstappen. Het bestuur ging door de knieën, op het nippertje. Buck, die ook in de top van de concept-kandidatenlijst stond, stapte teleurgesteld op. De gedeputeerden Verhagen en Stals volgden. Ze kregen alle drie een mooie onderscheiding van het provinciebestuur, om de pijn te verzachten.

De cultuuromslag werd in het CDA niet breed gedragen. De oude regenten hadden een wijdverbreid netwerk. Om de macht van de groep te beperken was een toetsingscommissie actief bij de opstelling van de kandidatenlijst. Die kreeg opdracht onderzoek te doen naar politiek risico, zuiverheid en lijken in de kast.

Ondanks de vernieuwingen verloor het CDA in 1987 voor het eerst de absolute meerderheid in de Provinciale Staten. De dag na de verkiezingen sprak Pleumeekers de nieuwe, uitgedunde fractie toe. 'Ogenschijnlijk is dit een vreselijke nederlaag', zei

Pleumeekers, 'maar wellicht is het voor het CDA de redding. Voor het eerst in de geschiedenis worden wij in Limburg gedwongen enigszins serieus te onderhandelen en samen te werken met politieke partijen.'

Binnen het provinciehuis werden veranderingen doorgevoerd. Enkele aan het CDA gelieerde topambtenaren vertrokken met een speciale opdracht naar huis of gingen vervroegd met pensioen. De ambtelijke opstelling moest neutraler worden.

Toen Pleumeekers in 1987 aantrad als gedeputeerde van financiën, kreeg hij het ene na andere verzoek van bedrijven voor een gesprek. Het bleef niet bij een kennismaking. De gesprekken leidden telkens tot de vraag: kunt u ons werk bezorgen? Het kostte Pleumeekers moeite om een einde te maken aan die traditie in het provinciehuis. Het wegwerken van de ingeslepen bestuurscultuur bleek niet eenvoudig.

Gouverneur Kremers had moeite met de wending. Het ging bij hem niet van harte, hij had aanvaringen met Pleumeekers. Kremers had ook moeite met de groeiende kritiek uit de Staten. Zijn vertrek in 1990 kwam op het juiste moment. Het tijdperk-Kremers was voorbij, zijn kracht was uitgewerkt. Die kracht had bestaan bij gratie van de vriendschap met premier Van Agt en de miljarden subsidies vanwege de hoge werkloosheid in Zuid-Limburg. Nadat Van Agt vertrokken was en het ook elders in het land slechter ging met de werkgelegenheid, was de magie verdwenen.

De regenten bleven op de achtergrond actief. De mislukte benoemingsprocedure van René van der Linden tot commissaris der koningin in Limburg in 1990 toonde hun macht. Na een uitvoerige procedure ondersteunde het CDA-Limburg Van der Linden, die zich daarna bij premier Ruud Lubbers kandidaat stelde. De zaak was geregeld, leek het. Bekend was dat de PVDA in Den Haag en in Limburg hem niet wilde. Ook minister Ien Dales van Binnenlandse Zaken vond het niet verstandig om iemand tot commissaris te benoemen die zoveel netwerken en contacten in Limburg had. Hoe onbevangen en onafhankelijk kon Van der Linden zijn?

Het PVDA-verzet was geen onverwacht probleem voor het

CDA-Limburg en leek niet onoverkomelijk. Dat was wel het georganiseerde verzet van behoudende CDA-prominenten. Van der Linden was een van de vernieuwers die de cultuur van de 'Bucks' hadden aangevallen. Dat waren de regenten niet vergeten. Een groep van twaalf conservatieven stuurde een brief naar Lubbers. Ondertekenaars waren onder meer Buck, Verhagen en burgemeester Piet van Zeil van Heerlen. Op vriendelijke toon maakten ze duidelijk dat ze Van der Linden niet wilden. Ze gaven de premier in overweging de Nijmeegse professor H. Hennekens te benoemen. Deze zou overigens in 1995 een rol spelen in de corruptie-processen. Als getuige-deskundige pleitte hij B en W van Brunssum vrij van het antedateren van collegebesluiten.

De actie van de conservatieve CDA'ers was mede reden voor het mislopen van de kandidatuur van Van der Linden. Het gaf Dales een extra argument om hem af te wijzen: hij was immers omstreden in Limburg, zelfs binnen zijn eigen partij. Tijdens de kabinetszitting van vrijdag 8 juni 1990, waarin over de opvolging van Kremers beslist zou worden, weigerde Dales dan ook akkoord te gaan met de enige kandidaat. De kwestie was Lubbers geen kabinetscrisis waard. Van der Linden, die dacht dat hij al op het pluche zat, werd afgevoerd. Onder de slingers wachtte hij die vrijdagavond in Nuth, met zijn huis vol bezoek, op het telefoontje over zijn benoeming. Het kwam niet.

Lubbers zocht persoonlijk naar een alternatief. De week na de ministerraad was Emile Mastenbroek voor zaken in Den Haag. In het torentje vroeg Lubbers of de CDA-gedeputeerde het kabinet uit de impasse wilde helpen. Mastenbroek ging een paar dagen later akkoord.

De regenten zijn nog steeds actief. Ze blijken achter de schermen klaar te staan voor het financieren van het CDA-Limburg. Daarvoor gebruiken ze het Dr. Nolensfonds. Deze stichting, genoemd naar de katholieke voorman uit het begin van deze eeuw, ontstond in 1959 uit een legaat. De oorspronkelijke doelstelling luidde: 'Het financieren van de inrichting en de instandhouding van de Kring Limburg van de Katholieke Volkspartij [...] alsmede het financieren van bijzondere activiteiten van de Kring Limburg van de Katholieke Volkspartij, alles genomen in de ruimste zin.' Tegenwoordig heeft het fonds tot doel de christen-democratische beginselen in Limburg te bevorderen, vanuit een katholieke maatschappij-opvatting.

De stichting verhuurde tot 1995 voor een prikje een kantoor aan de stichting CDA-bureau Limburg. Het Nolensfonds spekte zo elk jaar de CDA-kas met vijftienduizend gulden (in het verkiezingsjaar 1986 zelfs dertigduizend gulden). Het CDA hield, dankzij het Nolensfonds, geld over om in de verkiezingskas te stoppen.

In het bestuur zitten machthebbers van weleer en hun medestanders. De 'peetvaders' stuurden tot 1995 bedelbrieven naar bedrijven, vooral naar wegenbouwers, accountants, aannemers, architecten en projectontwikkelaars, die deels afhankelijk zijn van opdrachten van politici. In Limburg zijn dat vaak CDA'ers. De bereidwilligheid om geld over te maken op de Nolensrekening bij de Rabobank in Sittard was groot. Baars betaalde elk jaar tweeduizend gulden, het kleine wegenbouwbedrijf Kunicon duizend gulden. Van dat soort bedragen kwamen er per jaar tientallen binnen, ook van *De Limburger*. De krant stopte er eind jaren tachtig mee.

De aannemerij stond bekend als enthousiaste geldschieter. Aannemingsbedrijven zijn bedrijven die het voor opdrachten vooral moeten hebben van overheden en organisaties waar CDA'ers een stempel op drukten. 'Bij verkiezingen konden we altijd een beroep doen op de bedrijven', zei een oud-bestuurslid van het CDA-verband Oostelijke Mijnstreek tegen *De Limburger*. 'In vergaderingen werd er niet over gesproken. Dat gebeurde na afloop. Geld? Hoeveel we ook nodig hadden, het was nooit een probleem. Wij konden altijd aankloppen bij bedrijven.'

Met het Nolensfonds omzeilde het CDA-Limburg de landelijke afspraken over partijfinanciering. Voor het CDA gold de KVP-richtlijn uit 1977 dat afdelingen geen geld mochten ophalen bij bedrijven. Alleen giften van particulieren en non-profitorganisaties waren toegestaan, met een maximum van vijfduizend gulden. Een boodschap die in heel Limburg niet al te serieus werd genomen. Geld van bedrijven belandde direct of indirect in de verkiezingskassen van het provinciale CDA en van lokale afdelingen. De partij plukte de vruchten van de machtspositie.

Niet alleen via het Nolensfonds bereikten giften van bedrijven het CDA. De partijleden haalden ook zelf geld op. In een vergadering van het campagneteam van het CDA in restaurant Steinerbos in 1978 zette Mastenbroek de financiering van de verkiezingscampagne uiteen. Kandidaten voor de Statenverkiezingen moesten bedrijven die zij kenden, benaderen voor een gift. Volgens de vergadernotulen zei de gedeputeerde: 'Deze giften moeten worden overgemaakt op de rekening van de voorzitter van de Statenkring. Hierdoor wordt de binding ontkoppeld van de kandidaat met het betreffende bedrijf.'

Bedrijven bleven tot in de jaren negentig bereid het CDA te ondersteunen. In het campagnefonds van het CDA-Limburg belandde van 1988 tot en met 1992 honderdduizend gulden. Het ging om 68 giften van bedrijven, particulieren en instellingen. De identiteit van de gevers houdt het CDA geheim.

In Maastricht beheerde de plaatselijke CDA-afdeling een lokaal 'Nolensfonds', de in 1975 opgerichte stichting Civitas, die in hoofdstuk 10, 'Voor wat hoort wat', ter sprake komt. Maar het gebeurde overal. Neem Stein. Het Heerlense aannemersbedrijf Laeven, dat opdrachten kreeg van de gemeente, financierde de verkiezingscampagne van het lokale CDA te Stein. Die partij is daar sinds jaren de grootste fractie en bekleedt de belangrijkste wethoudersposten. Een voormalig wethouder deed in *De Limburger* een boekje open. Hij gaf toe dat Mark Roex, acquisiteur van aannemer Laeven, eind 1985 naar hem toe kwam. Roex wilde vijfduizend gulden storten in de verkiezingskas. Begin 1986 waren raadsverkiezingen. De oud-wethouder stuurde hem door naar de penningmeester van het CDA-Stein. Bij hem werd vijfduizend gulden betaald. Laeven was niet het enige bedrijf in Stein dat gemeentelijke opdrachten kreeg en tegelijkertijd geld in de verkiezingskas van het lokale CDA stortte.

Het Limburgse Nolensfonds zat voorzitter Magielsen van het CDA-Limburg niet lekker. Tegen *De Limburger* zei hij in november 1993: 'Zelf vind ik het principieel onjuist dat het CDA-Limburg op die manier geld van bedrijven ontvangt. Ik kan u dan ook meedelen dat de banden met het Nolensfonds worden doorgeknipt. Vanaf 1 januari 1995 is het fonds niet meer onze huisbaas en accepteren we geen giften meer van dat fonds.'

In Den Haag had een uitzending van het KRO-programma 'Reporter' over de financiering van het CDA in Limburg in november 1993 voor een relletje gezorgd tussen partijvoorzitter Wim van Velzen en René van der Linden. Het Kamerlid eiste van de voorzitter openlijke rechtzetting van diens uitspraken in het programma 'Nova'. Van Velzen had een beeld opgeroepen alsof er sprake was van gesjoemel. De voorzitter onderstreepte een dag later in de fractievergadering de 'politieke integriteit' van Van der Linden en roemde zijn verdiensten voor de partij in Limburg.

Met de raadsverkiezingen op komst moest openlijk een einde gemaakt worden aan de 'geruchtvorming' over het Limburgse CDA. Op initiatief van Van Velzen onderzocht een partijcommissie de financiering. De commissie stond onder leiding van CDA-senator en oud-minister Cees van Dijk. Hij was toch in Limburg. Van Dijk deed in opdracht van de gemeente Maastricht onderzoek naar onjuiste beloningen van ambtenaren.

Op vrijdagavond 12 januari 1994 reisden Wim van Velzen, penningmeester A. Vroon en S. van Oostrom, hoofd organisatie van het CDA, naar het Limburgse partijbureau in Sittard om te vertellen dat er geen malversaties waren ontdekt. Niemand had dat overigens beweerd. Wèl had het CDA rechtstreeks geld van bedrijven aangenomen en had het Nolensfonds giften doorgesluisd.

Volgens de commissie Van Dijk en partijvoorzitter Van Velzen waren daarmee echter niet de landelijke partijregels voor het accepteren van giften overtreden. Bij de oprichting van het CDA in 1977 gold dan wel dat er geen geld van bedrijven zou worden aangenomen, maar Van Velzen en Van Dijk toverden tijdens de persconferentie een tot dan toe onbekende partijrichtlijn uit maart 1989 uit de hoge hoed. Die stond giften tot vijfduizend gulden van bedrijven toe. Daarmee was de angel uit de beschuldiging gehaald.

Journalisten fronsten tijdens de persconferentie die vrijdagavond hun wenkbrauwen. Partijwoordvoerder Meüs van der Poel had een paar weken eerder bevestigd dat de richtlijn uit 1977 van kracht was. Hoofd organisatie Van Oostrom had zelf tegen de mensen van het KRO-tv-programma 'Reporter' gezegd dat bedrijven de partijkas van het CDA niet spekken.

Van Velzen had de pers misleid. Ophef rond de partijfinanciering kon het CDA niet gebruiken, anderhalve maand vóór de gemeenteraadsverkiezingen. Een geldende, door het algemeen bestuur bekrachtigde richtlijn uit 1989 bestond niet. CDA-Limburg voorzitter Magielsen werd daar een uur vóór de persconferentie vertrouwelijk over geïnformeerd door Van Velzen. Het dagelijks bestuur van het CDA had in maart 1989 wèl een eenmalige regeling getroffen voor het jubileumcongres ter gelegenheid van het tienjarig bestaan van het CDA. Twaalf bedrijven, waaronder het Maastrichtse cementconcern ENCI, betaalden 5000 gulden per vermelding in de jubileumgids. Het was een 'experiment', niet meer dan een eenmalige sponsorregeling, gaf Van Velzen in het voorgesprek met Magielsen toe. Tijdens de persconferentie verhief hij het voorstel echter tot landelijk geldende richtlijn. Magielsen had Van Velzen gewaarschuwd dat hij dat niet moest doen. 'Als jij dat zegt, word je in de pers onderuit geschoffeld.' Van Velzen deed het toch.

Eind die maand bracht het dagelijks bestuur tijdens een partijraad in Rotterdam een nieuwe richtlijn in stemming voor het aannemen van giften van bedrijven. Sindsdien mogen regionale Kamerkringen maximaal 5000 gulden en lokale afdelingen 2500 gulden per bedrijf per jaar aannemen. Grotere bedragen zijn mogelijk na toestemming van de landelijk penningmeester.

De band met het Nolensfonds zou verbroken worden, had Magielsen in 1993 beloofd. Het CDA-bureau zocht in 1995 inderdaad een nieuwe huurbaas. Het kantoor van het Nolensfonds werd verlaten. De financiële banden zijn echter niet doorgesneden. Na de partijraad in Rotterdam kon de regeling met het Nolensfonds in gewijzigde vorm zonder problemen worden voortgezet.

In 1995 maakte het CDA-Limburg, met toestemming van de landelijk penningmeester, nieuwe afspraken met het Nolensfonds. Voorlopig voor drie jaar geeft het Nolensfonds elk jaar een gift van vijfduizend gulden. Het geld is bestemd als bijdrage in de huur van het CDA-bureau. Het Nolensfonds geeft, uit de opbrengst van zijn vermogen, bovendien vijftienduizend gulden aan het CDA-Limburg voor bijvoorbeeld kadertraining, vormingswerk en de uitgave van een partijorgaan.

Als gevolg van alle ophef stelde het CDA-Limburg haar beleid bij, al blijven de regenten en hun geld onmisbaar. Het Nolensfonds heeft echter beloofd geen fondsen meer te zullen werven bij bedrijven. Die omweg is ook niet meer nodig. Het CDA-Limburg kan dat, met de nieuwe partijrichtlijn in de hand, gewoon zelf doen.

7 'Pis niet tegen een toog'

Het was oud-redacteur Nol Schreurs van de Maas- en Roerbode in Roermond die de jonge verslaggever Piet Tummers in de jaren vijftig de levenswijsheid meegaf: pis niet tegen een toog, want die wordt nooit droog. Piet Tummers wist wat van hem verwacht werd. Als journalist was hij meegaand en vol autoriteitenvrees. Van autoriteiten bleef je af. Net als van de katholieke kerk. Die was heilig.

Tummers werkte in een Limburg dat geregeerd werd door de KVP, door de r.k. kerk en – in het zuiden – door de mijndirecties. Dagbladen en regionale omroep maakten deel uit van het verzuilde machtssysteem. De pers was spreekbuis van het gezag. De rol van de pers in Limburg varieerde van kritiekloze boodschapper van het gezag tot moraliserende zedenmeester. Pas in de jaren zestig ontworstelde de pers zich aan het gezag van KVP en kerk. Het zou nog tot eind jaren zeventig duren voordat kranten zich losgeweekt hadden van politieke invloeden. Pas begin jaren negentig was de tijd rijp om uitgebreid over bestuurlijke en ambtelijke misstanden te berichten.

Het beleid van de kranten was tot 1970 in handen van hoofdredacties die door de katholieke elite waren uitgezocht op gezagsgetrouwheid en standvastigheid in hun geloof. Van 1957 tot 1962 was KVP-Kamerlid Jan Peters hoofdredacteur van De Nieuwe Limburger. Die krant had in de statuten van de vennootschap staan dat 'slechts personen die katholiek zijn' directeur, commissaris of hoofdredacteur konden worden. Het artikel werd in 1982 geschrapt, samen met alle andere katholieke franje. Bij de tweede regionale krant, het *Limburgs Dagblad,* stond tot 1991 in de statuten van de uitgever dat de krant werd geredigeerd volgens de katholieke beginselen.

Twintig jaar voordat de KVP in Limburg de greep op de pers verloor, was dat landelijk al gebeurd. KVP-leider C. Romme stapte in 1952 op als staatkundig hoofdredacteur van *de Volkskrant.* In 1965 schrapte die krant de ondertitel Katholiek Dagblad voor Nederland. De Limburgse uitgeversmaatschappijen stonden daarentegen nog lang onder invloed van partijbonzen. KVP-gedeputeerde en senator Sjo Ensinck (tot 1982) en CDA-wethouder F. Heuts uit Sittard (tot 1988) waren lid van de raad van commissarissen van *De Limburger.* DSM-directeur Rottier, een van de beslissers in Limburg in de jaren zestig en zeventig, was president-commissaris van uitgeversmaatschappij Audet waartoe *De Limburger* behoorde. De Heerlense KVP-burgemeester M. van Grunsven was van 1947 tot 1969 aandeelhouder en commissaris van het in zijn woonplaats verschijnende *Limburgs Dagblad.* Hij aarzelde niet de directeur-hoofdredacteur te bellen wanneer een bericht hem niet aanstond.

De KVP deelde in de eerste helft van deze eeuw de greep op de publiciteit met de r.k. kerk. Priester W. Nolens, voorzitter van de Rooms-Katholieke Staatspartij tot de jaren dertig, bepaalde als schrijver van hoofdartikelen de koers. Pastoor Thissen uit Amstenrade was rond de eeuwwisseling hoofdredacteur van de *Limburger Koerier.* In Heerlen richtten mgr. Poels, de voorman van de katholieke arbeidersbeweging, en de kapelaans Oberjé en Erens in 1918 het *Limburgs Dagblad* op. De kranten hadden een censor die een oogje in het zeil hield namens de bisschop. Op 18 april 1951 tekende toenmalig bisschoppelijk censor P. van Odijk bij de hoofdredacties bezwaar aan tegen publikatie van een artikel waarin gespeculeerd werd over de opvolging van aartsbisschop De Jong. De kranten moesten voortaan afzien van 'zulke ongehoorde en onverantwoordelijke' berichtgeving. De hoofdredacties beloofden beterschap.

Journalisten werden niet uitgezocht omdat ze uitblonken door hun pen of vanwege hun kritische journalistieke benadering. Eind jaren zestig ondertekenden ze bij hun aanstelling bij een van de regionale kranten nog trouw een verklaring dat ze de richtlijnen van de r.k. kerk zouden volgen en politiek in de pas zouden lopen met de hoofdredactie.

Scholen voor journalistiek waren er niet, wel cursussen journalistiek, aan de Universiteit van Amsterdam en een aan de Katholieke Universiteit in Nijmegen. In Limburg rende na de oorlog dan ook een kleurrijk persvolk rond. Gesjeesde seminaristen, onderwijzers die geen orde in de klas konden houden en ex-studenten die niet wisten wat ze wilden. Af en toe een schrijftalent, dat zo van de middelbare school aan de slag kon.

Kritische berichtgeving werd niet op prijs gesteld; niet in de jaren vijftig, maar ook nog vaak niet in de jaren tachtig. Tot halverwege de jaren zeventig was het journalistieke klimaat ronduit benauwend. Kritische verslaggevers werden door hun hoofdredacteur gecorrigeerd. Journalisten waren gezagsgetrouwe broodschrijvers. Wie zich daarin niet kon schikken, vertrok naar elders of dronk zijn frustraties weg.

'Het stadsbestuur deed mededelingen', zei oud-chef stadsredactie van *De Limburger* Hub Noten in 1994 in die krant. 'Dan werd je als journalist ontboden op het stadhuis. In de kamer van de wethouder kreeg je dan een sigaar en een kop koffie. Je schreef braaf alles op en zette het in de krant. Controleren deden we het niet.' De invloed van de machthebbers strekte zich in de hele samenleving uit. Ook tot de pers. Vakbonden kwamen tot midden jaren zestig niet in de kolommen voor, of het moest een katholieke bond zijn. De weinige politieke oppositie die er was, bestond voor de kranten niet, of het moest in een waarschuwend commentaar zijn.

Omroep Limburg vroeg in 1980 aan journalist Jan de Vries van *De Nieuwe Limburger* hoe de band was met de Nederlandse Katholieke Mijnwerkersbond: 'Ik stond achter de katholieke mijnwerkersbond. Die bond stond toch voor het volwassen worden van de mijnwerkers. Dat meende ik. Ik had niet het gevoel dat ik in de journalistiek beknot werd. En al had ik het gewild, ik kòn ook niet anders schrijven: er was een katholieke censor. Doordat wij in de socialisten de pest bleven zien, hebben we in de krant bepaalde ontwikkelingen tegengewerkt. We hebben mensen veel informatie onthouden, alles wat buiten ons kamp lag.'

De kranten waren een afspiegeling van hun tijd. Ook journalisten liepen daarin mee. Vaak blij dat ze in de schaduw van de macht verkeerden. De pers maakte naadloos deel uit van het systeem. Het waren gezapige blaadjes met een voorkomend en beleefd taalgebruik. Onafhankelijk waren ze dus niet. In 1977 werd Hub Noten chef van de stadsredactie van *De Limburger* in Maastricht. Zijn voorganger had al eens een nieuwsbericht over de lokale PVDA-afdeling meegenomen. Noten besloot daar beleid van te maken. 'De rooien' kwamen voortaan ook in de krant.

Eerder had de Regionale Omroep Zuid (ROZ) zich ontworsteld. Het was een *flower power*-opwelling die vasthoudend bleek. Onder programmaleider Fred van Leeuwen was de omroep in de jaren zestig de luis in de pels van de Limburgse samenleving. Dat het juist de ROZ was die die rol vervulde was niet vreemd. De bazen in Hilversum hadden weinig op met de Limburgse verhoudingen.

Kritische journalistiek deed zijn intrede in Limburg. Het systeem werd aan de kaak gesteld met controversiële onderwerpen. Maar er was ook veel aandacht voor cultuur en jongeren. Dat was wennen. De ROZ botste met het gezag. In 1967 kwam een briesende burgemeester Fons Baeten van Maastricht naar de studio van de regionale omroep om een uitzending over de Provobeweging in zijn stad tegen te houden. De druk uit de samenleving was groot. De conflicten met het gouvernement en in het bijzonder met Sjeng Kremers stapelden zich eind jaren zeventig op. Kremers had een hekel aan de drammerig kritische ROZ. De eigenzinnige koers leidde in 1981 tot een tegenbeweging van misnoegde conservatieve notabelen. Met de oprichting van de gezagsgetrouwe Stichting Regionale Omroep Limburg (SROL) probeerde het establishment de zendmachtiging voor regionale radio te bemachtigen. De kritische luis moest uit de pels. De SROL kreeg steun van de Limburgse Land- en Tuinbouw Bond (LLTB) en het door het CDA gedomineerde provinciebestuur, voor wie het initiatief niet ongelegen kwam. Sterker, het idee was in de boezem van het CDA geboren.

Door een lobby in de Tweede Kamer en een massale actie van 'vrienden en vriendinnen van de ROZ' moest de srol afhaken. De ROZ veranderde in Stichting Omroep Limburg en kreeg van het ministerie van Cultuur, Recreatie en Maatschappelijk Werk de zendmachtiging. Daarmee strandde de poging van behoudend Limburg om de regionale radio in handen te krijgen.

Tien jaar later bleken de krachten niet verslagen. Met de komst van regionale televisie deden de conservatieven in 1992 opnieuw een poging. Met geld van de LLTB-familie. Terwijl de Stichting Omroep Limburg bezig was met televisieplannen, kondigde de stichting Interlokale Televisie Limburg (ITL) aan desnoods samen met rtl als eerste regionale zender op de Limburgse kabel te komen.

Het ITL-bestuur was weer een groep behoudende CDA'ers, onder wie Steph Oomen en medewerkers van de LLTB-familie. Zowel SROL als ITL hadden een voorzitter die burgemeester van Brunssum was. Hoogland bij SROL en Riem, die Hoogland eind 1991 opvolgde, bij ITL. Riem stapte op toen hij – net als Hoogland – verdacht werd van corruptie.

De ROZ bleef in de jaren zeventig een vreemde eend in de bijt, een kritisch-progressieve periode van het *Limburgs Dagblad* (LD) tussen 1966 en 1970 ten spijt. Het LD was enige tijd de enige regionale kwaliteitskrant van Nederland. De uitstekende berichtgeving en messcherpe commentaren waren een culturele omslag in de Limburgse dagbladpers. Voor het eerst ontstond een scheur in het volgzame bolwerk. Ook bij het LD kwam een tegenreactie. Het establishment was razend, vooral over de dagelijkse kritische rubriek 'Visie op Limburg'. In 1972 moest de gangmaker, directeur-hoofdredacteur Jules van Neerven, uitwijken naar de Randstad. Van Neerven had ontdekt dat het establishment doende was hem weg te werken als hoofdredacteur. Hij vertrok, terwijl hij drie jaar eerder nog strijdlustig had geroepen dat de autoriteiten konden barsten. Het kritisch geluid van het LD verstomde definitief in september 1972, na de overname door *De*

Telegraaf. De kritische journalisten vertrokken.

Het gebrek aan kritische houding van de Limburgse pers was aanleiding voor de oprichting van het agressief-linkse periodiek Limburg Express. Het was een kort leven beschoren, van 1976 tot 1977. Bij de oprichtingsvergadering van *Limburg Express* lieten ook Limburgse journalisten hun neus zien. Zij waren niet tevreden met de gang van zaken op hun redactie. Ze hadden behoefte aan kritische journalistiek zoals die in hun eigen krant niet kon. Omdat op meewerken aan *Limburg Express* ontslag stond, koos bijna iedereen eieren voor zijn geld.

Slechts één redacteur, Bert Dijks van *De Limburger*, schreef nog enige tijd onder de schuilnaam Bert van Bemmelen. *Limburg Express* wilde – onderzoeksjournalistiek *avant la lettre* – de machthebbers in de provincie kritisch volgen.

Limburg Express en de kritische periode van de ROZ en het LD ten spijt, bleek in het behoudende Limburgse krantenklimaat de verleiding groot voor journalisten zich te laten inpakken. Journalisten waren in de a-kritische samenleving de boodschappers van het gezag. Ze waren deelgenoot van het ons-kent-ons circuit.

Een gevolg van de corruptie-affaires is dat ook de innige verhouding tussen pers, politiek en bedrijfsleven ter discussie staat. De pers is zelf gaan nadenken over wat kon en niet kon. Zo heeft *Dagblad De Limburger* inmiddels een gedragscode voor journalisten. Het ontstaan daarvan houdt verband met de onderzoeksjournalistiek van de krant begin jaren negentig en met de reactie van het establishment daarop. Eind 1993 kondigde hoofdredacteur Hans Koenen de gedragscode in een brief aan alle redacteuren aan: 'Omdat wij gemerkt hebben dat bepaalde groeperingen in Limburg zich, in een tegenaanval op onze corruptieartikelen, opmaken om onze redactionele integriteit in het geding te brengen, wil de hoofdredactie haast maken met de poging om tot een gedragscode te komen. De tot nu toe bereikte resultaten kunnen in één klap teniet worden gedaan als openlijk mocht blijken dat vormen van corruptie, hoe gering ook, tot onze redactie zijn doorgedrongen.'

Zoals de politiek na alle onthullingen maatregelen nam, zo nam ook de krant maatregelen. In zijn brief had Koenen niet geschreven wat hij wist, namelijk dat corruptie allang was doorgedrongen tot de redacties van alle Limburgse kranten. In hun zoektocht in het land der kreukbaren waren verslaggevers Langenberg en Dohmen ook collega's tegengekomen. In één geval leidde dat tot een onderzoek van de hoofdredactie. Het voorval – waarbij corruptie overigens niet aantoonbaar bleek – was voor Koenen de eigenlijke aanleiding vaart te zetten achter de gedragscode.

Journalisten waren (en zijn) niet roomser dan de paus. Net als politici en ondernemers waren ook journalisten te ver gegaan. In het benauwende journalistieke klimaat hadden zij zich schuldig gemaakt aan vriendjespolitiek en belangenverstrengelingen. Soms aan regelrechte corruptie. In de journalistieke wereld zijn de voorbeelden bekend. Het is mondelinge geschiedenis. De verhalen zijn nooit opgetekend.

Over belangenverstrengelingen gesproken. Twee verslaggevers van De Nieuwe Limburger schreven in de jaren zeventig toespraken van Maastrichtse gemeenteraadsleden. Na de raadsvergadering deden ze er in hun krant verslag van. Nog in de jaren tachtig schreef de chef van een regionale redactie van het *Limburgs Dagblad* speeches van raadsleden over wie hij daarna berichtte. De KVP, en later het CDA, vond altijd wel journalisten bereid mee te helpen. Zo werd de verkiezingskrant van het CDA-Limburg in 1986 helemaal in elkaar gestoken door fotografen en journalisten – een politiek verslaggever, een regiochef en een sportverslaggever – van beide Zuid-Limburgse kranten.

De verstrengelingen hadden veel vormen en waren niet allemaal even kwalijk. Wat wel en niet kon, was een grijs gebied. Toen en nu nog steeds – al schuift de norm sinds de affaires op naar het puriteinse. De journalist als moraliserende zedenmeester.

Wat kan wel, wat niet? Een journalist die de verslaggeving deed in Kerkrade, was tegelijk namens de KVP raadslid in die plaats. Recenter waren er de gevallen van een regioverslaggever die de publiciteit van de Heerlense CDA-afdeling verzorgde, en van een persfotograaf die, betaald door het CDA-Limburg, nieuwe CDA-statenleden op de kiek zette. Niet alleen het CDA blijkt regelmatig een beroep op regionale journalistieke pennetjes te hebben gedaan. Ook PVDA en VVD hadden en hebben goede banden met individuele journalisten. Zo discussieerde een journalist van het *Limburgs Dagblad* in de jaren tachtig als geëngageerd PVDA-lid driftig mee tijdens partijbijeenkomsten in Heerlen om er daarna verslag van te doen. In Roermond zat tot 1993 een journalist van *De Limburger* namens de VVD in een raadscommissie.

Maar het ging, en gaat, soms verder. Wie zoekt naar misstanden in Limburg treft ook journalisten aan. Als beloning voor hun houding mochten de verslaggevers meedoen. Of althans het idee krijgen dat ze meededen. Zo stapte een regioverslaggever van *De Limburger* in de jaren zeventig het bordeel in met een projectontwikkelaar. De projectontwikkelaar betaalde en de journalist was voor eeuwig gebonden. Geen kritisch woord meer, als de verslaggever dat al zou willen.

Ook in journalistieke kring gingen sommigen ver over de schreef, ook naar de maatstaven van 1960 of 1970. Corruptie dus. Voorbeelden uit de praktijk: een envelop met geld van een wegenbouwer, als de verslaggever weer eens krap bij kas zat; een journalist die de kozijnen in zijn woning gratis kreeg en daarna positieve artikelen liet schrijven over de kozijnenfabrikant; een gratis schilderbeurt voor het huis van de regiojournalist in ruil voor gratis publiciteit, of een journalist die aan een goedkope hypotheek geholpen werd. *De Limburger*-journalist Hub Noten zag hoe collega's meededen. Hoe ze op feesten van ondernemers binnenstapten, zich lieten fêteren en speeches schreven voor politici. Dat was niet vreemd in de jaren zestig, maar wel vreemd in de jaren tachtig. Noten: 'Het was bekend op de redactie en er werd over gelachen. Maar echte afkeuring heb ik in die jaren nooit ontmoet.'

8 Netwerken

Nederland ontdekte halverwege de jaren negentig de kracht van netwerk-management. Er werden modieuze boeken geschreven over hoe het adressenboekje het best gebruikt kon worden. Met het aanspreken en het opbouwen van contacten kwam je verder. Relatie-netwerken waren erkend als nuttig smeermiddel van de samenleving.

Limburg liep voorop, in zekere zin. In de zuidelijkste provincie van het land hadden ze de kracht van networking altijd al begrepen. De samenleving met zijn Belgische omgangsvormen was van oudsher gezegend met netwerken. Grote en kleine circuits. Onschuldig vaak, ontstaan vanuit het verenigingsleven of de verzuilde maatschappij. Het waren netwerken met een variatie aan cliëntelisme, vriendendiensten en nepotisme. En er werd royaal gebruik van gemaakt.

Politici en ondernemers bouwden vanaf de jaren zestig aan netwerken van relaties, tipgevers en vertrouwenspersonen. De netwerken bleven in stand door het onderling verlenen van gunsten en het opbouwen van afhankelijkheid.

Netwerken in Limburg kregen een bijsmaak. Ze ontnamen in de jaren zestig tot negentig steeds meer het zicht op het openbare bestuur in de provincie. De netwerken, vooral die waarin politici en zakenmensen elkaar opzochten, regeerden in beslotenheid. Officieuze circuits stuurden de samenleving. Op de golfbaan of tijdens de nazit van een Lions Club ontstond menig idee dat later alleen nog even door de gemeenteraad of Provinciale Staten moest worden goedgekeurd. De politiek-zakelijke netwerken bleken gebruikt te worden om de belangen van projectontwikkelaars en aannemers te behartigen en om politici en ambtenaren aan bijverdiensten te helpen. Het cliché wil dat het geritsel in achterkamertjes gebeurde. Limburg heeft veel achterkamertjes, in elk café wel een. Wie echter de netwerken blootlegt, ziet dat networking vaker op de golfbaan, in het vliegtuig of aan de bar gebeurt, dan in een achterkamertje.

Het meest uitgestrekte netwerk in Zuid-Limburg heet het CDA. De partij beheert de erfenis van honderd jaar macht. Nog altijd onderhoudt het CDA-Limburg nauwe banden met de agrarische sector. Landbouworganisaties hadden tot midden jaren tachtig kwaliteitszetels in de CDA-fractie in de Limburgse Staten. Dat is afgeschaft, maar de nauwe banden bleven. De fractie telt anno 1996 nog twee staffunctionarissen van de Limburgse Land- en Tuinbouw Bond (LLTB). Gedeputeerde Constant de Waal komt voort uit de LLTB en Limburgs onttroonde kroonprins René van der Linden is adviseur van de LLTB. Door het CDA-Limburg werd LLTB-voorzitter Koos Koolen naar voren geschoven als lid van de commissie die het verkiezingsprogramma voor de Kamerverkiezingen in 1998 gaat schrijven.

Een exclusieve relatie heeft het CDA eveneens met de middenstandsvereniging, de Limburgse Organisatie van Zelfstandige Ondernemers (LOZO). De LOZO is een van oudsher katholieke club en ziet zich via het CDA vertegenwoordigd in het provinciehuis en in menig gemeentehuis. Ook in de ouderenzorg, de geestelijke en lichamelijke gezondheidszorg, het onderwijs en de volkshuisvesting kan het CDA bogen op een wijdverbreid web.

Bij veel politieke partijen waren nevenfuncties lange tijd taboe voor politici. Zo niet bij KVP en CDA. Bij die partijen was het traditie dat politici zoveel mogelijk bindingen hadden met de maatschappij. Nevenfuncties werden toegejuicht. Een grotere maatschappelijke verankering van de partij leidde immers tot meer stemmen. Toen vanaf de jaren zestig miljarden guldens rijkssubsidie op het noodlijdende Limburg afkwamen en er huizen, wegen, fabrieken en kantoren moesten komen, groeide het aantal bijbaantjes van CDA-politici in de bouwsector explosief. Het CDA raakte ook daar verankerd.

Zakelijk succes begon met het lidmaatschap van de politieke partij die de absolute macht had. Dat was de KVP, en na 1979 het CDA. De naamswijziging had aanvankelijk weinig om het lijf. Na 1979 was het *business as usual*. Wegenbouwers, aannemers, schilders, makelaars en projectontwikkelaars, ze waren actief in het CDA. Zo kenden hun opdrachtgevers – politici en ambtenaren – van de partijbijeenkomsten.

Dat het CDA al een eeuw lang de dienst uitmaakte, leidde tot een symbiotische verhouding met de bouwwereld. Dat verschijnsel is in heel Nederland waarneembaar. Alleen ging de verwevenheid in Limburg, en dan vooral in Zuid-Limburg, dieper. De jaarvergadering van het CDA-Limburg was gewoontegetrouw hèt ontmoetingspunt voor politiek en bedrijfsleven. Een reünie. Waar leden agenda's trokken en afspraken maakten en de sponsors van het Nolensfonds als speciale gasten op de eerste rijen zaten.

In de kleine, afgeschermde regio voorzagen de bedrijven zich van kopstukken van de alleenheersende politieke partij. Het was een sport om de meest invloedrijke CDA'er als uithangbord binnen te halen. Vissers' Wegenbouw in Maastricht en het Brabantse Drunen slaagde met vlag en wimpel. Ere-voorzitter van het CDA, de Eindhovenaar Piet Steenkamp, behartigde van 1969 tot 1991 als commissaris de belangen. Vissers had in die periode ook CDA-Kamerlid Wiel Bremen en CDA-senator Judith Leyten als commissarissen.

Steenkamp was het paradepaardje, maar daar had het bedrijf weinig aan als het erom ging opdrachten binnen te halen. De stugge Steenkamp was voor het lobbywerk ongeschikt, ook al gaat in wegenbouwkringen het verhaal dat Steenkamp een keer, na lang aandringen van directeur Jo Vissers, toch een goed woordje voor het bedrijf deed bij gedeputeerde Jan de Geus in Noord-Brabant. Steenkamp kwam onmiddellijk in gewetensnood. 'Het was de eerste en de laatste keer', zou hij tegen Vissers gezegd hebben.

'Steenkamp was onkreukbaar', beaamt oud-bedrijfsleider Guus Stoffelen van Vissers in Maastricht. 'Hij gaf waardevolle adviezen en zat goed in de begrotingen, maar wilde geen vinger uitsteken om zijn relatienetwerk aan te spreken.' Ritselen was er niet bij, en Steenkamp had ook niet zoveel contacten in de provincie. Stoffelen: 'Omdat we in Limburg werkten, moest het bedrijf een Limburger als commissaris hebben. Dat was Bremen. Die wist hoe de zaken daar gingen. Om die reden hadden we ook mevrouw Leyten. Ze was een Brabantse.' Alle Zuid-Limburgse bouwbedrijven hadden CDA'ers als commissaris of adviseur. Een greep: oud-minister van Financiën A. van der Stee, oud-staatssecretaris L. van Son, de (oud-)Kamerleden N. Schmelzer, H. Notenboom, B. Hennekam en M. Schakel, commissaris der koningin in Overijssel J. Hendrikx, oud-dagelijksbestuurslid prof. A. Wattel, oud-senator L. Horbach, de oud-gedeputeerden Buck en Stals en KNVB/CDA-bons Jeu Sprengers.

Naast het CDA opereren de bekende circuits Rotary en Lions Club. Ze houden zich volgens de doelstellingen bezig met liefdadigheid en maatschappelijk welzijn. De clubs worden ook gebruikt voor het leggen van contacten. Daar hoeft niets mis mee te zijn. In Zuid-Limburg waren enkele afdelingen echter nadrukkelijk plekken waar overheid en bouw onder één deken lagen. Zo'n afdeling was de Lions Club Geleen-Sittard, met leden als gedeputeerde Mastenbroek, Kamerlid Van der Linden, projectontwikkelaar Ruijters, burgemeester Van Goethem en ambtenaar Meijer. En een rij aannemers en DSM-directeuren.

Piet Meijer is al dertig jaar een goede vriend van Ruijters. Als hoofd Stadsontwikkeling in Sittard had hij zakelijk met hem van doen. Dat hinderde Meijer niet om gratis vakantie te houden bij Ruijters in Zuid-Frankrijk. Hij zag daar niets kwaads in. Het was immers om een avondje voor de dames te organiseren, de Lady's Night van de Lions Club. De echtparen Meijer en Van Goethem reisden met het echtpaar Ruijters naar de Rivièra om te vergaderen over de Lady's Night. Dat beviel. Het jaar daarna gingen ze opnieuw. Meijer meldde zijn reizen niet bij het college. Van Goethem verzweeg ze in Beek, terwijl Ruijters een zakenrelatie van zijn gemeente was.

Melden was niet nodig, vond Meijer, want het waren privé-reizen. Daar was zijn baas, gemeentesecretaris J. Maessen, het graag mee eens. De secretaris, zelf dertig jaar bevriend met Ruijters, wist van de vakanties, maar zag geen kwaad. Moet een ambtenaar niet wat meer distantie betrachten bij een zakenrelatie? Maessen vond van niet. Waarom zou Meijer, die bevriend was met Ruijters, niet met hem op vakantie gaan? Ruijters was geen paria!

Het netwerk van het Zuid-Limburgse chemiebedrijf DSM is een erfenis van de Staatsmijnen. Als grootste werkgever waren honderden bedrijven afhankelijk van de steenkoolmijnen. Ook DSM was, en is, een belangrijke machtsfactor in Zuid-Limburg. De invloed reikte ver. In Limburg was, en is, sprake van een symbiose tussen DSM en overheid. Het chemieconcern had en heeft uitstekende politieke contacten ('de DSM-lobby') in gemeentehuizen, het provinciehuis, in Den Haag en in de bouwwereld. DSM'ers en oud-DSM'ers zijn bestuurslid van provinciale milieu-, museum- en welzijnsinstellingen. Ook in de gezondheidszorg is sprake van een DSM-circuit. Het concern levert bestuursleden voor alle ziekenhuizen in Zuid-Limburg, internaten en revalidatiecentra. DSM'ers zijn terug te vinden als bestuurder bij bouwbedrijven, Kamers van Koophandel en het CDA. Een DSM'er is sinds 1996 waarnemend-voorzitter van de stichting CDA-bureau Limburg. Het chemieconcern levert wethouders, Statenleden en Eerste-Kamerleden. DSM-directeur Evert Rongen is senator voor het CDA.

Het minst bekende netwerk in Zuid-Limburg is de TAEK-sociëteit. Insiders noemen het de Tilburgse kliek, berucht vanwege zijn invloed en macht. Het is een groep rond multi-miljonair Ger Ruijters. TAEK is de afkorting van de Tilburgse Afgestudeerden Economen Kring (TAEK). De landelijke vereniging werd in 1927 opgericht om de contacten tussen afgestudeerden en de Tilburgse opleiding te onderhouden. In het hele land zijn de TAEK-afdelingen opgeheven bij gebrek aan belangstelling. Alleen in Zuid- en Midden-Limburg bloeien ze nog. In Zuid-Limburg ontmoeten de zestig doctorandussen elkaar maandelijks aan de bar van Grand Hotel Voncken in Valkenburg. Vroeger was het de bar van het Maastrichtse hotel Du Casque, maar sinds de samenvoeging van de afdelingen Maastricht en Heerlen tot één afdeling is voor Valkenburg gekozen.

Eens per maand komen ze bijeen om naar een spreker te luisteren en daarna aan de bar een pilsje te drinken. Het halve katholieke Limburgse establishment blijkt bij goede beschouwing ooit in Tilburg economie gestudeerd te hebben: projectontwikkelaar Ruijters, managers van bedrijven als ENCI, Sphinx, DSM en acccountant Moret en CDA'ers als burgemeester Pleumeekers, Van der Linden, Buck, Verhagen en Tops.

De band met de Tilburgse universiteit is verdwenen. Pas afgestudeerden melden zich al twintig jaar niet meer aan. De twee TAEK-afdelingen leiden een eigen leven, gericht op het onderhouden van de contacten tussen de studievrienden. De katholieke economen zijn in Zuid-Limburg op sleutelposities in de politiek en het bedrijfsleven terecht gekomen. In het excentrisch gelegen Limburg, waar iedereen iedereen kent, was het een hechte club. De leden ondervonden ook het nut van een eigen relatienetwerk, zoals beschreven in hoofdstuk 11: 'De koning van het circuit'. De bloeiperiode van het TAEK-netwerk lag in de jaren zeventig en tachtig toen de economen op het hoogtepunt van hun carrière waren. Tegenwoordig is het een club van zestigplussers die zichzelf overleefd heeft.

Zoals de TAEK zijn er veel lokale, besloten clubs. De elite van de mijnstreek komt samen in de stichting Bijzondere Culturele Activiteiten, een sponsorclub van de Stadsschouwburg Heerlen. De stichting 'koopt' voorstellingen en mag zelf het publiek uitzoeken. Een van de leden is Ruijters, die ook aandeelhouder is van de Zuid-Limburgse Golf- en Countryclub in Wittem. Op de green van die besloten club is men onder elkaar. De club schermt zich af. Lid worden kan alleen op voordracht van twee clubleden en met goedkeuring van een meerderheid van de overige 480 leden.

Elke gelegenheid is aan te grijpen om de band te versterken. Sociale en sportieve evenementen waren en zijn plekken om zaken te doen. In de jaren tachtig stond het wielerevenement 'de Zesdaagse' in Maastricht om die reden bekend. Nu heeft het toneel zich verplaatst naar het paardensportfestijn Jim, Jumping Indoor Maastricht, en het meerdaagse eetfeest 'Preuvenemint' op het Vrijthof in de Limburgse hoofdstad. Op uitnodiging en kosten van bedrijven wordt gegeten en gedronken door geselecteerde politici en ambtenaren.

In de tijd van de Zesdaagse werden de warme banden met overgave ten toon gespreid. Sinds de affaires is er terughoudendheid. Het gedrag is aangepast, maar het aantal burgemeesters dat de uitnodiging van Ruijters afslaat om op zijn kosten het Preuvenemint te bezoeken, is minimaal. In de jaren zeventig en tachtig was het allemaal nog closer. Bekend zijn de grote feesten die Ruijters in zijn villa organiseerde, waar alles en iedereen kwam, de jachtpartijen van wegenbouwer Baars en de jaarlijkse relatiedag van wegenbouwer Lieben in de Roosterhoeve in Roosteren, met een draaimolen voor de kinderen van de burgemeesters en wethouders.

Verstrengelde verhoudingen ook in een café in Hoensbroek, tegenover de Emma-mijn. Daar bouwden ambtenaren van Provinciale Waterstaat, aannemers en wegenbouwers in wekelijkse ontmoetingen een warme verhouding op. Nieuws over aanbestedingen en subsidies lag er op de bar. In het Heerlense restaurantcafé Hoeve de Aar waren de Zuid-Limburgse ambtenaren van de DACW-dienst, die de werkgelegenheidssubsidies van het ministerie van Sociale Zaken verdeelden, elke vrijdagmiddag graag geziene gasten van aannemers en wegenbouwers. Het hoofd van de DACW, J. de Jong, maakte een einde aan de verbroedering.

Plekken waar de lijntjes tussen politiek en bouw aan de oppervlakte komen zijn de businessclubs van de voetbalverenigingen Roda JC, MVV en Fortuna. Het zijn aparte circuits waar sponsorende bedrijven burgemeesters, wethouders, gedeputeerden en ambtenaren uitnodigen in hun business-seats. Bij Roda JC in Kerkrade laten de mijnstreek-politici zich zien. In de businessclub van MVV komen de lijntjes samen van de Maastrichtse en provinciale politiek en bouw.

Aannemer Laeven sponsort een sportief netwerkje: het Pro-

Team Limburg. De club – Pro staat voor prominenten uit politiek en zakenleven – is in 1992 opgericht door de sportfietsende CDA'ers Pleumeekers en Frissen, nu burgemeesters van Heerlen en Arcen. De prominenten verzekerden zich van de steun van sponsors. Twintig geselecteerde Limburgse bedrijven, waaronder Laeven en dagblad *De Limburger*, geven geld aan de goede doelen die de trimmende prominenten uitzoeken. Ploegleider van het Pro-Team is de in corruptie-affaires in opspraak geraakte Mark Roex. Hij is acquisiteur bij Laeven. Roex bestuurt de materiaalwagen, een witte Volvo Estate. Die schonken de bedrijven in 1992 bereidwillig aan het Pro-team. Om de vip's niet uit het oog te verliezen.

9 Reislust en smeerkunst

Het was een gezellig onderonsje in de bar van Golfhotel Guadalmina in San Pedro Alcántara nabij Malaga, die vijfde november 1990. De Gelderse aannemer Van den Biggelaar hield zoals altijd iedereen vrij. Eerder die dag hadden de Limburgse politici en ambtenaren op zijn kosten uren doorgebracht op de achttien holes van de Gualdalmina golfbaan. De deelnemers mocht het aan niets ontbreken, vond Van den Biggelaar. 'Relatiemanagement' noemde hij dat. De rechtbank in Maastricht vond het omkoping, in het geval van ex-burgemeester Louw Hoogland van Brunssum. Hij was een van de Malaga-gangers. Hoogland werd onder meer veroordeeld voor het aannemen van giften van Van den Biggelaar.

Van den Biggelaar betaalde zeker 150.000 gulden voor vijf reizen van dertien politici en ambtenaren. Op papier ging het om studiereizen: één naar Hongarije en vier naar het Zuid-Spaanse Malaga. In Hongarije viel een nieuwe bodemafdekking voor stortplaatsen te bekijken. In Malaga lag het demonstratieterrein van Caterpillar-bulldozers. In de praktijk waren het merendeels masseerreizen. De deelnemers werden in de watten gelegd, op golfbanen en tijdens uitstapjes.

De politici en ambtenaren maakten deel uit van een reizend golfcircuit dat in de jaren tachtig in de mijnstreek ontstond. Spilfiguur was Louw Hoogland, tot 1991 burgemeester en, nog steeds, bestuurder van de Openbare Golf Brunssummerheide BV, die de plaatselijke golfbaan exploiteert. In het clubje speelden de vrienden elkaar de bal toe. Op de golfbaan raakten de belangen tussen overheid en bedrijfsleven verstrengeld. Een voorbeeld is de manipulatie bij de keuze van bulldozers voor het regionale stort van het streekgewest in Landgraaf. Het besluit om twee bulldozers van het merk Caterpillar te huren van Van den Biggelaar, werd er door Hoogland en zijn vrienden doorgedrukt.

Klapstuk moest de privatisering van het regionale stort worden. Daar waren voor Van den Biggelaar en andere bedrijven miljoenen te verdienen. Hoogland en zijn vrienden deden hiervoor hun best, maar het geprivatiseerde stort ging uiteindelijk aan de neus van de bedrijven voorbij.

Voorzitter Frans Laarakker van het Waterschap Roer- en Overmaas kreeg twee gratis vakanties. Hij verklaarde achteraf tegen de rijksrecherche die de reizen onderzocht: 'Voor mij was er geen andere reden om mee te gaan, dan dat ik hierin de gelegenheid zag om met bestuurders uit het Limburgse eens op een andere wijze in contact te komen. Dat dat door een ander betaald werd, daarin zag ik toen geen probleem. [...] Ik ben weliswaar voorzitter van het waterschap doch werd als Laarakker uitgenodigd. Ik begreep en begrijp wel, dat ik uitgenodigd werd omdat ik voorzitter van het waterschap was en niet zou zijn uitgenodigd als ik geen voorzitter geweest was. Ik zag echter niets kwaads in die reis, achteraf gezien mogelijk wat naïef.'

Van den Biggelaar was niet de enige financier van de Hooglandgroep. Regionale aannemers, wegenbouwers, projectontwikkelaars en andere bedrijven stopten honderdduizenden guldens in een stichting van Hoogland, de stichting Golfpromotion, en in zijn Golf BV. Met een deel van dat geld, zo'n 140.000 gulden, maakte het gezelschap acht golfreizen naar Zuid-Spanje en Ierland. De managers van de bedrijven betaalden hun eigen reis, politici en ambtenaren reisden gratis.

Ook andere politici en ondernemers waren behept met een grote reislust. Wethouders in Maastricht reisden met en op kosten van aannemers die exclusief de opdrachten kregen. Wethouders uit Landgraaf lieten wegenbouwers, die ze een miljoenencontract hadden gegund, een visreis naar Ierland betalen. Tientallen burgemeesters, ambtenaren en wethouders hebben de afgelopen jaren vakantie gevierd op kosten van bedrijven waaraan ze opdrachten gaven. Corruptie in Limburg leek voor een belangrijk deel te bestaan uit het reizen op andermans kosten.

Ondernemingen hadden, en hebben, in vakantielanden villa's, appartementen en huisjes voor hun Limburgse relaties. Zo ook projectontwikkelaar Ruijters. De bestuurders reizen af en aan naar zijn etablissementen. Het advies in Limburgse overheidskringen is om maanden van te voren te reserveren. Ruijters' schoonzoon Ward Vleugels houdt de wachtlijst in een agenda bij.

Aan de Franse Rivièra staat in het kuuroord La Croix-Valmer, ten zuiden van St. Tropez, de luxe villa l'Arche van Ger Ruijters. Vlakbij de villa heeft Ruijters voor zijn relaties een appartement in het luxe bungalowpark Le Mas de Gigaros. Een vakantieplaats zuidelijker, in Cavalaire-sur-Mer, staat een ander Ruijters-appartement.

In Rocquebrune-Cap Martin, een stadje van 11.500 inwoners tussen Monaco en Menton, ligt op de Avenue Doumer schuin tegenover het postkantoor een appartement van Ruijters. Cap Martin heeft uitzicht over de baai van Monte Carlo. Vanuit het appartement is het per auto tien minuten rijden naar Monaco, waar alle luxe aanwezig is die een Limburgse bestuurder zich kan wensen.

De Limburgse jet-set verbleef in de zomermaanden aan de Rivièra. Zo waren er aannemer Laudy uit Sittard en Ruijters' vriend J. Stevens, zwager van degedeputeerde, en latere commissaris van de koningin, Emile Mastenbroek, alsmede Jeu Sprengers. Elk jaar van de partij was ook de Landgraafse aannemer Jongen. Hij hield een paleisje in Saint-Tropez aan. Iets verderop, aan de Italiaanse Rivièra, had aannemer Straus een appartement. In het dorpje Laigueglia konden de Limburgse notabelen uitrusten van al hun beslommeringen. In het gastenboek stonden namen van bestuurders van scholen en instellingen die bouwopdrachten te verstrekken hadden.

Zelf hadden de bestuurders en ambtenaren ook vakantiehuizen, gekocht of opgeknapt met steun van het circuit. Gedeputeerde Riem kon in 1991 een huisje in Zuid-Spanje kopen met een onderhandse lening van zijn vriend Joop Thomas, toenmalig directeur van projectontwikkelaar Wyckerveste. Thomas heeft een paar straten verder een villa. Toen de Kerkraadse burgemeester Jo Smeets in 1977 een vakantiehuisje wilde hebben in Zeeland, kocht hij dat van een BV'tje van zijn vriend Hoefnagels van het gelijknamige planbureau aan wie hij opdrachten gaf. Smeets betaalde veertigduizend gulden voor de bouwgrond met het daarop in aanbouw zijnde huis in Cadzand.

Provincie-ambtenaar Piet Tops had een pied-à-terre aan de Zeedijk in het Belgische Middelkerke. Het appartement stond op naam van een beleggingsmaatschappij van Tops en Ruijters. In het zomerse Knokke verbleven in de jaren zeventig burgemeester Van Goethem en acquisiteur Guus Schoffelen van Vissers' Wegenbouw met hun gezinnen in hotel Memling.

In de winter lonkte de sneeuw. Directeur Hoefnagels van het gelijknamige Heerlense bureau ontving politici en ambtenaren in zijn buitenhuis in het Zwisterse kanton Wallis. De Heerlense architect Jongen deed voor zijn opdrachtgevers de deur open van zijn tien kamers tellende vila in het Oostenrijkse Kitzbühel, het Volendam van Tirol.

ABP-bestuursvoorzitter Jan Reijnen vierde enkele weken per jaar gratis vakantie in het huis van makelaar Stienstra in het Zwitserse Davos-Dorf. De huisbeheerster hield in een gastenboek zorgvuldig bij wanneer 'Herr Reijnen' aanwezig was.

De Heerlense burgemeester Jef Pleumeekers wordt alom geroemd als iemand die zijn handen schoon heeft. Maar zelfs de schoonste politicus valt het moeilijk om niet aan de verleidingen van de Vriendenrepubliek toe te geven. Tot 1992 was de heersende moraal dat reizen met en op kosten van bedrijven konden. Althans, niemand maakte er een punt van. Pleumeekers reisde in 1990, toen hij gedeputeerde was, op kosten van aannemer Laeven naar Sardinië. Hij bezocht met andere genodigden de WK-voetbalwedstrijd Nederland-Engeland. Het vliegtuig zat vol met ondernemers en bestuurders. Een van hen was het toenmalige Limburgse CDA-parlementslid Leon Frissen. Wie zat ook in het vliegtuig? Mark Roex, de acquisiteur van Laeven. Roex sleepte opdrachten binnen voor Laeven en regelde tegelijk de sponsoring van organisaties en clubs: vijfduizend gulden in de CDA-verkiezingskas in Stein en tachtigduizend gulden voor de nieuwe vip-ruimte van de Beekse handbalclub Blauw-Wit. Frissen was bestuurslid van Blauw-Wit. Bij thuiskomst uit Italië betreurde Pleumeekers de trip. Tegen zijn vrouw zei hij: dat moet ik niet meer doen.

Het onderonsje op de Spaanse golfbaan dat Van den Biggelaar betaalde, is een van de reizende netwerken zoals die eind jaren tachtig opdoken. De elite ging op reis om de infrastructuur van Rome of grote graafmachinies in Zuid-Spanje te bekijken. Ondernemers die iets gedaan wilden krijgen, betaalden de reiskosten. Dat gebeurde rechtstreeks of door tussenkomst van stichtingen, zodat er geen directe financiële band was.

Het was een nieuwe manier om contacten te leggen en relaties te intensiveren. In het buitenland konden project-ontwikkelaars, aannemers of architecten ongestoord hun banden aanhalen met politici en ambtenaren die portefeuilles hadden als openbare werken en ruimtelijke ordening. Wethouders van sport werden niet gevraagd.

Een ander reis-netwerk vormen de vrienden van de stichting Toda Rabba. De stichting werd in 1989 opgericht door onder meer de Maastrichtenaar Benoit Wesly, invloedrijk ondernemer en onder meer eigenaar van reisbureau Wesly Tours. Vanaf januari 1992 is de Maastrichtse wethouder Jan Hoen voorzitter van de stichting Toda Rabba. Het doel van de stichting is 'uiting geven van erkentelijkheid en dankbaarheid aan Nederlanders die al dan niet in het openbaar zich bijzonder verdienstelijk hebben gemaakt voor het Nederlandse jodendom en voor Israël'.

Toda Rabba blijkt zich onder meer bezig te houden met het organiseren van gratis reisjes naar Israël voor de Limburgse bestuurselite, met en op kosten van regionale aannemers en projectontwikkelaars. Tegen de buitenwereld vertelden organisatoren en deelnemers dat de ideële stichting Toda Rabba de reiskosten betaalde uit de pot 'studiereizen'. In werkelijkheid organiseerde Wesly Tours de rondreizen, die een hoog vakantiegehalte hadden. De rekeningen voor een aantal politici en ambtenaren, in totaal enige tientallen duizenden guldens, stuurde Wesly Tours naar Zuid-Limburgse bedrijven.

Op de eerste reis naar Israël, in 1989, gingen 34 genodigden mee, al dan niet met echtgenote. Onder hen Sjeng Kremers, burgemeester Jan Mans (toen van Meerssen) en zijn wethouder Piet Pinxt, René van der Linden, Bert van Goethem, Jan Hoen en adjunct-griffier der Staten Jan Knapen. Xelat Recrea BV, een ander bedrijf van Wesly,

betaalde zo'n twintigduizend gulden voor de reizen van onder meer Kremers, Mans en Van der Linden. Dat staat in een intern rapport van justitie. Het is in november 1992 opgesteld na een oriënterend onderzoek van de rijksrecherche tegen Jan Hoen en de stichting Toda Rabba. Het Maastrichtse aannemersbedrijf K. Knops legde, zo blijkt uit hetzelfde onderzoek, 17.110 gulden neer voor de reis van de echtparen Van Goethem, Knapen en Pinxt. De Xelat-groep en aannemer Knops waren zakenrelaties van politici en ambtenaren die meegingen.

Vlak vóór het uitbreken van de Baars-affaire, in maart 1992, volgde een tweede reis naar Israël, met vijfenzestig politici en ondernemers. Aan de gemeenteraad van Maastricht meldden burgemeester Philip Houben en wethouder Jan Hoen dat ze op uitnodiging van burgemeester Teddy Kollek van Jeruzalem een 'studiereis' naar Israël zouden maken. De echtparen Houben en Hoen zouden de gasten zijn van de stichting Toda Rabba, die ook de kosten betaalde. Het justitiële onderzoek toonde aan dat niet Toda Rabba maar Wesly's bedrijf Xelat Recrea BV de kosten van Houben en Hoen voor de achtdaagse rondreis langs bezienswaardigheden betaalde.

Bij de tweede reis betaalde aannemer Knops 8.140 gulden voor de deelname van zichzelf en van Mans (inmiddels burgemeester van Kerkrade) en diens echtgenote. Knops was de aannemer die, toen Mans nog in Meerssen werkte, de synagoge in die plaats mocht restaureren. Mans zat met Wesly in het bestuur van de restauratiestichting. Het echtpaar Mans had de eerste reis, in

1989, ontvangen vanwege de inzet voor de restauratie. Wie de reis betaalde? Iedereen dacht Toda Rabba.
De restauratie van de synagoge was betaald door bedrijven, het ministerie van wvc, gemeente en provincie. Mede-verantwoordelijk voor de provinciale subsidie was ambtenaar Knapen. Wethouder Pinxt zorgde met burgemeester Mans voor de gemeentelijke subsidie. Dat hun reis juist door aannemer Knops betaald werd, lijkt opeens minder willekeurig.
Knops, bevriend met Knapen, was ook een zakenrelatie van Maastricht. Knops restaureerde tientallen panden in de stad.
De stichting Toda Rabba dook op in het corruptie-onderzoek tegen Riem. Ook Riem was meegeweest, maar had zijn rekening door de gemeente Brunssum laten betalen. In de zaak-Riem zei verdachte Wesly over de reiskosten: 'Zowel Houben als Hoen hebben mij gevraagd wie voor de financiën opdraaide. Ik heb hen niet verteld hoe ik dit in werkelijkheid had geregeld.'

De stichting Toda Rabba, Golf BV en de stichting van Hoogland hebben één nadeel. Politici en ambtenaren die direct of indirect op kosten van zakenrelaties plezierreisjes maken, worden daar mogelijk op afgerekend. Of zelfs veroordeeld, zoals Hoogland meemaakte. Je mag als ambtenaar immers geen gift aannemen, ook geen reisje.
De Maastrichtse CDA'er Peter Haane, algemeen secretaris van de Kamer van Koophandel in Zuid-Limburg, bedacht in 1989 de oplossing voor dat probleem. Met ex-topambtenaar J. Bolk van de gemeente Maastricht, die was overgestapt naar een projectontwikkelaar, richtte hij de stichting Meuse op. Ook een reisclub voor bestuurders en ondernemers die onder elkaar willen zijn. Verschil met Toda Rabba en de Golfstichting is dat politici en ambtenaren hun reiskosten laten betalen door provincie of gemeenten. Die doen dat blindelings, want het gaat om 'studiereizen'.
De stichting groeide in enkele jaren uit tot een toonaangevend gezelschap. 'Meuse' stelt zich ten doel 'de bevordering van kennisoverdracht inzake sociaal-economische en, in relatie daar-

mee, ruimtelijke en culturele vraagstukken door middel van het organiseren en inrichten van allerlei daarmee direct of indirect samenhangende of daarvan afgeleide activiteiten en festiviteiten en voorts alles wat daarmee verband houdt'. In de praktijk toert Meuse jaarlijks met een exclusieve club door het buitenland. Haane en Bolk bepalen wie mee mag. De selectie is streng. In het vliegtuig van Meuse zit de fine fleur van de Zuid-Limburgse bouwwereld en overheid. Wie wordt uitgenodigd, hoort erbij.

Voor een reis naar Milaan in 1995 waren dat onder meer een wethouder en drie ambtenaren van Maastricht. De gemeente betaalde de kosten. In hun reisverslag meldden ze overeenkomsten tussen Milaan en Maastricht: ook in Milaan was de 'verwevenheid politiek-economie intens. Corruptie is een belangrijk gespreksonderwerp en wordt inmiddels open besproken.'

De corruptie-affaires leerden dat een gratis vakantie geen slimme manier van masseren is. Politici en ambtenaren die op kosten van een bedrijf op vakantie gingen, waren op te sporen. Justitie vond bewijzen in de boeken van reisagentschappen en in agenda's. In de affaires sprongen de reizen eruit omdat ze zo eenvoudig te traceren waren. Het waren de tastbare symptomen van een doorgaans ongrijpbare corruptie. De verschijningsvormen van het 'smeren' en het 'masseren' waren echter onuitputtelijk.

Ook verbouwinkjes behoorden tot de risicovolle vorm van 'smeren'. Aannemers stonden handenwrijvend klaar om keukentjes te leveren, tegels te leggen en huizen te schilderen. Rekeningen werden niet gestuurd, of slechts met een korting van een procent of zestig. Het waren vriendendiensten. Tot die categorie behoorden ook de wegenbouwer die een gratis oprit legde, zijn collega die bij de bank borg stond voor een ambtenaar of de projectontwikkelaar die renteloze leningen uitdeelde, leningen die nooit afbetaald hoefden te worden.

In de jaren zeventig raakten de bezoeken aan bordelen in zwang. Bekend in Zuid-Limburg is het verhaal van de groep bestuurders, ambtenaren en aannemers die na de oplevering van een brug onder politie-escorte naar een bordeel in de Belgische grensstreek reed. En projectontwikkelaar Ruijters nam politici en journalisten mee naar bordeel Sjlivowitsj in de Duitse grensplaats Würselen.

Minder beladen was het fototoestel van 3500 gulden dat een ambtenaar van Rijkswaterstaat kocht, op rekening van een aannemer. De ambtenaar had alleen de pech dat de Limburgse aannemer failliet ging en de curator de rekening in de boekhouding vond.

De echte steekpenningen bleven onder de tafel. Daar kreeg justitie geen vat op tijdens de onderzoeken, al waren er genoeg vermoedens en aanwijzingen. De steekpenningenrekening van Baars is er een van. Waar bleven die miljoenen die hij en zijn collega's al die jaren uitbetaalden?

Ex-wethouder In de Braekt maakte niet alleen reizen op andermans kosten, hij had ook geheime bankrekeningen in België en Duitsland. Tussen 1987 en 1992 stortte hij er 126.000 gulden op. Geld dat hij van zijn schoonmoeder kreeg, zei de wethouder voor de rechtbank. De schoonmoeder, met een inkomen van 26.000 gulden per jaar, kon zich dat niet herinneren. 'Ik heb hem nooit geld gegeven. Hij heeft meer dan ik.'

Ook ambtenaar Dohmen stortte contant geld op zijn bankrekening. Op 21 september 1984 bracht hij 15.000 gulden naar de amro-bank. Dohmen kon zich tijdens het FIOD-verhoor eerst niet herinneren waar dat geld vandaan kwam. Dohmen: 'Nu ik er nog eens goed over nadenk, ben ik van mening dat dit geld uit de oude sok is.' FIOD-rechercheur Scheres kon met moeite een lach onderdrukken. Hij liet Dohmen een afschrift van de steekpenningenrekening van Baars zien. De wegenbouwer had op 21 september 1984 contant 15.000 gulden afgehaald. 'Daar heb ik geen weet van', zei Dohmen. 'Ik heb van Sjaak Baars geen 15.000 gulden gekregen. De verantwoording voor die rekening is voor Sjaak Baars en daar weet ik verder niets van.' Baars haalde geld af en Dohmen zette hetzelfde bedrag die dag op zijn rekening. De verdenking lag voor de hand, in het licht van de verklaringen van Baars. Maar Dohmen en Baars wisten van niets en justitie kon er niets mee doen. Het bewijs ontbrak, zoals justitie ook niets kon doen met de geheime Duitse bankrekening en pandbrieven die burgemeester Vossen had. Waar kwam zijn banktegoed van 373.337 gulden vandaan? Een erfenis, zei Vossen. Hij kon alleen op belastingfraude gepakt worden, omdat hij de rente niet had opgegeven.

Nog een manier om iemand te belonen in de Vriendenrepubliek was een transactie met onroerend goed. Een aannemer kocht twaalf garageboxen van een bestuurslid van een kabelstichting. De aannemer, die opdrachten kreeg om kabelnetten aan te leggen, betaalde honderdduizend gulden méér dan de garages waard waren. Of omgekeerd. Een aannemer verkocht een villa voor de prijs van een rijtjeshuis. Of een projectontwikkelaar verkocht tegen een spotprijs bouwgrond in een uitbreidingsplan aan een ambtenaar en een burgemeester.

Dan waren er de geheime adviseurschappen, nauwelijks risicovol, mits als inkomsten bij de belastingen opgegeven. De nieuwste methode die ingang heeft gevonden, is de creditcard. De burgemeester gaat uit eten, koopt kleren en cadeaus. Hij betaalt met een creditcard van een bedrijf. Zolang de burgemeester in de winkel niet herkend wordt, is de kans om tegen de lamp te lopen nagenoeg nihil. De veiligste manier blijft echter de methode zoals Baars die tegenover de FIOD beschreef: de envelop. Handje contantje.

DEEL II *Vijf gevallen*

10 Voor wat hoort wat

Voor Maastricht waren de mijnsluitingen een zegen. De oude industriestad had tientallen jaren in de schaduw van de rijke mijnstreek geleefd en vol afgunst gekeken naar de bedrijvigheid. Maastricht bleef achter, met verouderde aardewerk- en zakkenfabrieken, een cementbedrijf en een binnenstad met krakkemikkige oude pandjes tussen de stadsmuren. Bewaard gebleven omdat de vooruitgang aan de stad voorbij was gegaan. Nee, dan Heerlen. Dat was sinds de eeuwwisseling dè energieleverancier van het land. Daar werd geld verdiend en uitgegeven. Daar waren met vrolijke werklust de oude panden gesloopt en was de stad in zakelijk beton gestort.

De wind draaide. Eind jaren zestig sloten de eerste steenkoolmijnen. Den Haag bracht een stroom van miljarden guldens op gang om het zuiden van Limburg er bovenop te helpen. Ook Maastricht behoorde tot het gebied waar het geld terecht moest komen. De stad profiteerde er gretig van. Terwijl de steden in de mijnstreek ruzie maakten over wie welk project zou krijgen, oogstten de Maastrichtenaren. Ze hadden een betere lobby en zaten dicht bij het vuur. Het provinciehuis stond in hartje Maastricht en daar werden de Haagse subsidies verdeeld.

Maastricht kreeg een academisch ziekenhuis, een rijksuniversiteit, een congrescentrum, een prestigieus nieuw stadsdeel, een toonaangevend museum, twintig Europese instituten, twee grote bruggen over de Maas, een theater aan het Vrijthof en een geheel gerestaureerde binnenstad. Hoewel de stad niet tot de getroffen mijnstreek behoorde, ontving ze tussen 1978 en 1990 wel het meeste geld uit de PNL-pot: 184 van de 535 miljoen. Daarbij zijn de honderden miljoenen van het rijk voor onder meer universiteit en ziekenhuis niet meegeteld. Maastricht wist als geen ander te profiteren van de mijnsluitingen.

De onuitputtelijke subsidiestroom gaf de stad een impuls. De eerste Europese top in 1981, geregeld door het duo Kremers/Van Agt, voegde daar een dimensie aan toe. Halverwege de jaren tachtig was de stad booming. Beleggers wilden investeren, winkelketens verdrongen elkaar en bedrijfsterreinen liepen vol. De grondprijzen waren opeens de hoogste van het land. De oude straten en pleinen in de binnenstad bleken een toeristische trekker. Journalisten ontdekten Maastricht en schreven hoe bourgondisch de Romeinse stad was, hoe Frans ook, hoe op de terrassen het savoir vivre zich manifesteerde. Tegen de tijd dat de tweede Europese top in 1991 in Maastricht plaatsvond, liep de stad over van elan en mat zich de allure van een Europese metropool aan. Amsterdam was passé, Maastricht – het Balkon van Europa – had de toekomst.

Deze glorieuze opmars was een belangrijke oorzaak voor de complexe verstrengeling van belangen tussen politiek en bouwwereld in de stad. Wegenbouwers, aannemers en projectontwikkelaars, ze deden allemaal hun best om in het gevlij te komen bij de lokale politiek die de honderden miljoenen te verdelen had. Tot 1986 regeerde het CDA met een absolute meerderheid in Maastricht. De raadsverkiezingen dat jaar zouden de PVDA meer raadszetels en een extra wethouder geven, maar die partij doorbrak de nauwe contacten tussen het gemeentehuis en de bouwwereld niet.

De macht in Maastricht was in handen van een kleine groep politici, ambtenaren en ondernemers. Ze speelden elkaar de bal toe. Het was een hechte club, met twee sterke persoonlijkheden: wethouder en loco-burgemeester Jan Hoen (Sociale Zaken en Werkgelegenheid, Economische Zaken) en de directeur van de dienst Financiën, Jules Joosten.

De politicus Hoen beschikte over de beste contacten en relaties. Zijn invloed was groot, ook bij andere CDA-wethouders.

Hoen was een self-made man die het in de jaren zeventig schopte van verkoper bij V&D tot bekendste wethouder van Limburg. Hoen moest het niet hebben van zijn opleidingen. Met de diploma's kleermakerij a en b was alles gezegd. Hoens kracht was zijn populisme. Hij afficheerde zich met graagte als man die de taal van het volk sprak. Hoen was 'eine vaan us' en lid, beschermheer en voorzitter van een record aantal (26) voetbalclubs, muziekkorpsen, carnavalsverenigingen, stichtingen en r.k.-mannenkoren. De populariteit vertaalde zich bij elke verkiezing in een smak voorkeursstemmen.

Zijn vriend en partijgenoot Joosten was op de achtergrond de stille kracht. Zelf vond Joosten dat zijn sterke positie het gevolg was van de zwakte van anderen. Alle belangrijke beslissingen liepen via zijn bureau, onder meer de aanbestedingen. Hij had een grote invloed op het reilen en zeilen in de gemeente. Dat was een van de redenen waarom Joosten later door de gemeenteraad uit zijn functie werd gezet.

Hoen en Joosten wisten de zaken in Maastricht gedurende meer dan twintig jaar naar hun hand te zetten. Rond het duo draaiden politici en ondernemers. De bevriende ondernemers profiteerden van de onaantastbare positie van Hoen en Joosten. Het CDA had de macht in de gemeenteraad en Hoen had de macht binnen het CDA. Burgemeester Baeten was geen krachtfiguur. Zijn opvolger Houben was vooral keurig en correct, en wist maar half wat achter de schermen geregeld werd. De gemeenteraad was volgzaam en nauwelijks op de hoogte van de verloedering. Kwesties als grondzaken waren gedelegeerd aan het college. Van de ambtelijke top was geen oppositie te verwachten. Joosten had de touwtjes strak in handen. Bovendien waren er weinig tegenstanders in de ambtenarij. Op het hoogste niveau was jarenlang sprake van politieke benoemingen.

De macht van Hoen bleek toen de nieuwe voorzitter John Gijsen in 1989 probeerde de CDA-afdeling te vernieuwen. Hij had in de gaten dat in de stad een star machtsblok de dienst uitmaakte. Niet gehinderd door oppositie of kritische leden. Gijsen kreeg bij zijn aantreden verhalen te horen over smeergeldpraktijken en vriendjespolitiek. Die verhalen kwamen vooral van bedrijven die nooit aan de bak kwamen bij de gemeente.

Het bestuurlijk klimaat was al te grijs geworden, vond Gijsen. Hij wilde het netwerk doorbreken met jonge mensen die geen banden hadden met de oude garde. Gijsen zag Hoen als boegbeeld van de machtige conservatieve club. Zijn plan om de wethouder buiten spel te zetten, slaagde niet. Gijsen verslikte zich in de macht van Hoen. Er kwam een gigantische druk. Het *old-boys network* mobiliseerde alle krachten en Gijsen moest capituleren. De populaire Hoen kwam alsnog op de kandidatenlijst voor de raadsverkiezingen en werd voor de vierde keer wethouder.

Telefoonterreur gaf de doorslag voor Gijsen om het bijltje erbij neer te gooien. De eerste dreigtelefoontjes (vijftig keer midden in de nacht) kwamen toen hij nog volop in gevecht was met de gevestigde orde. Uit welke hoek de wind kwam, was duidelijk. De onbekenden riepen: 'Hou op, je bent de zaak aan het verzieken.' Na een paar dagen vroeg hij in alle stilte aan de politie om de daders te achterhalen. Merkwaardig genoeg hielden de dreigtelefoontjes prompt op. De tweede telefoongolf volgde bij de collegeonderhandelingen in 1989. Opnieuw werd het gezin Gijsen bedreigd. De kinderen werden niet ontzien ('We weten jullie te vinden'). Het werd Gijsen te veel. Hij stapte op. De verstrengeling tussen politiek en bedrijfsleven duurde voort.

Hoen en Joosten controleerden de wegenbouw in de stad. Maastricht had vanaf eind 1979 een protectionistisch wegenbouwbeleid. De gemeente deed exclusief zaken met vijf wegenbouwers. De concurrentie kwam er niet in. Dat beleid was gebaseerd op een raadsbesluit uit 1979: 'Bij het houden van aanbestedingen (zullen) de regelmatig in Maastricht werkzame bedrijven uit een oogpunt van plaatselijke werkgelegenheidsaspecten enige voorkeur genieten.'

Het kwam er in de praktijk op neer dat vijf bedrijven uit Zuid-Limburg – Baars (Klimmen), Lieben (Maastricht), Vissers (Maastricht), Kunicon (Valkenburg) en Lintzen (Sittard) – het werk kregen. Ze mochten zelf het werk verdelen en in onderling overleg de prijs vaststellen. Het argument voor de politieke bescherming was de werkgelegenheid van de regionale bedrijven. Dat argument deugde niet, want andere regionale bedrijven werden geboycot. Een van de grootste Nederlandse wegenbouwers, HWZ, opende in de jaren tachtig een filiaal in Maastricht, maar kwam er nooit in. Dat gold ook voor Moderne Wegenbouw uit Heerlen.

Tot grote verbazing van de hele sector mocht in juni 1983 plotsklaps het onbekende bedrijfje-in-oprichting BLM Weg- en Waterbouw meedoen. BLM was één maand oud en had nauwelijks personeel. Vijf maanden later, medio november 1983, werd BLM pas als BV opgericht door de Maastrichtenaar Bert Lieben. Hij was de zoon van de wegenbouwer Lambert Lieben, die aandeelhouder en directeur was van Lieben Wegenbouw BV, een van de vijf beschermde bedrijven. Na een ruzie met zijn vader was Bert in april dat jaar voor zichzelf begonnen.

Hoe kon nieuwkomer BLM zo gemakkelijk doordringen tot de besloten wegenbouwersclub, iets wat erkende wegenbouwers niet lukte? Bert Lieben, lid van het bestuur van de lokale CDA-afdeling, had een troef: zijn partijvrienden Hoen en Joosten. Jan Hoen had een hartelijke vriendschapsrelatie met Bert Lieben. Deze relatie opende deuren die voor anderen gesloten bleven.

Joosten had een eigen, monumentaal kantoor aan de Markt. Met uitzicht op het stadhuis. Accountant Jo Becker zou er na de ruzie in huize Lieben op een ochtend zijn binnengelopen. Bert Lieben in zijn kielzog. 'Jules, kun je regelen dat Lieben een stukje van het wegenbouwcontingent krijgt', zou Becker gevraagd hebben. Joosten kon wat regelen. Hij was ambtelijk verantwoordelijk voor het aanbestedingsbeleid. In juli kon BLM aan de slag, zonder dat B en W een besluit hadden genomen tot uitbreiding van de geselecteerde groep wegenbouwers. Joosten liet zijn dienst een brief opstellen die B en W in juni 1983 ondertekenden. In de brief kreeg de dienst Openbare Werken opdracht een werk in het stadsdeel Randwyck aan te besteden, niet aan vijf maar aan zes bedrijven, waaronder BLM. Bert Lieben ontving als outsider plots een bestek. Protesteren deden de vijf andere wegenbouwers niet. Als ze dwars waren gaan liggen, liepen ze de kans eruit te vliegen.

De vriendschap tussen Hoen en Lieben bloeide. Op 21 december 1983 kreeg Hoen een aandelenpakketje van BLM Participaties BV. Daarmee was hij mede-eigenaar van het wegenbouwbedrijf dat door hemzelf politiek beschermd werd. Ook provinciaal ambtenaar Piet Tops, bestuurslid van het CDA-Limburg, had een paar aandelen.

Ontving Hoen de aandelen als douceurtje voor zijn bemiddeling of had hij een maandsalaris klaarliggen voor een aardige geldbelegging? De wethouder heeft altijd gezegd dat Bert een goede vriend was. Toen zijn vriend met BLM begon, zou Hoen een aandeel genomen hebben 'om hem op weg te helpen'. Die aandelen had hij natuurlijk betaald. Het verhaal van Hoen klopt niet. Lieben zat echt niet te wachten op vijfduizend gulden van Hoen. Hij stortte in de startfase de aandelen van zijn BV's zelf vol. Hoen werd pas anderhalve maand na de oprichting van BLM aandeelhouder.

De belangenverstrengeling ging verder. Hoen werd in 1985 betaald adviseur van het bedrijf en 8 oktober 1985 kreeg hij 23.000 gulden op zijn rekening gestort door BLM. Een 'overeenkomst van geldlening' heette het, alleen loste Hoen het bedrag nooit af. Intern boekte BLM de aflossingen af ten laste van de rekening 'acquisitie', bleek later tijdens het oriënterend onderzoek dat justitie tegen Hoen instelde. Bert Lieben kon ook rekenen op gemeentelijk directeur Joosten. Joosten was net als Hoen adviseur van BLM. Naar zijn zeggen pas nadat hij bij de gemeente vertrok. In het bedrijf stonden de adviseurs bekend als 'de vrienden van BLM'.

De dienst Financiën was dus geen struikelblok voor de entree van BLM. Alleen de dienst Openbare Werken kon nog dwarsliggen. Maar dat deed verantwoordelijk wethouder Gerard Peters (PVDA) niet. Hij had een goed gesprek met Lieben en pleitbezorger Joosten. Lieben zei tegen Peters dat hij hoopte dat zijn vertrek bij zijn vader niet betekende dat hij geen werk meer kreeg. De PVDA-wethouder liet zich overtuigen.

Het aandeelhouderschap van Hoen werd december 1988 publiek toen de wethouder opgave moest doen van zijn nevenfuncties. Daaruit bleek dat hij 31 maart 1988 zijn aandelen had verkocht. Niet omdat hij een einde wilde maken aan de verstrengeling van belangen, maar omdat vriend Bert Lieben zijn meerderheidsaandeel aardig kon verkopen aan de Gelderse aannemersfamilie Van den Biggelaar. Dus verkochten de vier andere kleine aandeelhouders, onder wie Hoen, eveneens. Politieke discussie leidde er in december 1988 toe dat Hoen ook zijn adviseurschap bij moedermaatschappij BLM Participaties BV, nog deels eigendom van vriend Lieben, neerlegde. In een brief aan BLM schreef Hoen dat hij zijn adviseswerk stopte 'omdat bij anderen de vermeende schijn van vermenging tussen functies doorslag geeft in hun beoordeling tot afwijzing hiervan'. In de brief benadrukte Hoen dat hij BLM helemaal niet kon bevoordelen omdat het aanbestedingsbeleid 'geobjectiveerd' werd uitgevoerd. Hoen meldde niet dat het aanbestedingsbeleid doorgestoken kaart was. Bij elke aanbesteding kwamen de vijf – en later dus zes – bedrijven keurig hun enveloppen inleveren. Welke bedragen daarin stonden wist iedereen allang. Vanaf het voorjaar 1980 mochten Baars, Lieben, Vissers, Kunicon en Lintzen van de gemeente alle opdrachten onderling verdelen. De vijf wegenbouwers legden de verdeling in een overeenkomst vast. De grote bedrijven kregen 22 procent van het werk en de kleinste (Kunicon) 12 procent. Ze spraken ook af tegen welke prijs zou worden ingeschreven. Met een computer hielden de wegenbouwers bij wie aan de beurt was.

 Nadat BLM mocht meedoen, sloten de wegenbouwers een nieuwe overeenkomst. Die werd 22 november 1983 getekend. BLM kreeg voortaan jaarlijks automatisch 8 procent van het werk. De overeenkomst werd 1 januari 1986 veranderd. Vanaf toen kreeg BLM, net als Kunicon, 12 procent. Iedere wegenbouwer ontving het afgesproken deel en de concurrentie werd door het college van B en W meer dan tien jaar vakkundig buiten de deur gehouden.

Wat de wegenbouwers deden, konden de aannemers natuurlijk ook. Dus ook zij maakten onderling afspraken over de verdeling van de gemeentelijke opdrachten. In het geheim verdeelden de aannemers, waaronder Jongen, Cremers/Bouw Combinatie Maastricht (BCM), Smeets, Laeven en Hobru, de bouwprojecten in de stad. Ze werden allemaal in de 'pool Maastricht' gedaan: de uitbreiding van de Keuringsdienst van Waren, de renovatie van het antieke Dinghuis, de nieuwbouw van de Toneelacademie, de economische faculteit, de busremise, het Theater aan het Vrijthof en de jeugdherberg. Samen goed voor meer dan 60 miljoen gulden.

Bij de huiszoeking in het kantoor van aannemersgroep Jongen in Landgraaf, tijdens het onderzoek naar burgemeester Vossen, ontdekten rechercheurs een notitie van een gesprek dat directeuren H. Jongen en A. Gordijn van de aannemersgroep Jongen en directeur H. van 't Hoofd van Hobru op 20 augustus 1985 hadden met Jan Hoen en Jules Joosten. Alle grote projecten zouden in de pool Maastricht gaan. In een notitie van december 1985, opgesteld na een gesprek tussen de aannemers onderling, staat dat met Hoen en Joosten de afspraak gemaakt was dat alle projecten 'de pool' in gingen.

Bij de aanbesteding van de busremise dreigde het opzetje van de aannemers even aan het licht te komen. De aanbesteding werd begeleid door een commissie waarin ook directeur J. Dorren van het streekvervoerbedrijf VSL zat. VSL betaalde mee aan de remise. Dorren zag de offertes van de vijf aannemers en vond dat de prijzen wel erg dicht bij elkaar lagen. Alleen aannemer Smeets was beduidend goedkoper. Dorren zei in een vergadering tegen commissievoorzitter Jules Joosten, dat hij het gevoel had dat het afgesproken werk was tussen de aannemers. Smeets was klaarblijkelijk aan de beurt om te bouwen. Dorren pleitte voor de inschakeling van een vreemde aannemer om het kartel te doorbreken. Joosten wimpelde de argwaan van Dorren weg: 'het resultaat van de aanbesteding was héél normaal'. Smeets mocht bouwen.

Het gemeentebestuur heeft altijd ontkend iets geweten te hebben van de praktijken van de wegenbouwers en de aannemers. Dat klopt niet. In het college was Hoen immers aardig op de hoogte van de laatste ontwikkelingen in de wegenbouwwereld. Collega Jo In de Braekt van openbare werken wist eveneens van de werkverdeling door de wegenbouwers. De wethouder kreeg, verklaarde een van de wegenbouwers tegenover *De Limburger*, vlak na zijn aantreden medio 1990, van Baars een computeruitdraai die de actuele stand van de werkverdeling weergaf. Uit de lijst kon opgemaakt worden wie van de wegenbouwers aan de beurt was. De andere wegenbouwers – één van de zes zag tijdens een werkbezoek tot zijn verbazing de werkverdeling op het bureau van de wethouder liggen – waren boos op Baars. Het was tegen de afspraak om de feitelijke werkverdeling naar buiten te brengen. De wegenbouwers – met uitzondering van Baars – vergaderden daarop in het kantoor van Vissers' Wegenbouw. Vissers ging met Baars praten. Later verhuisde de administratie van de werkverdeling van Baars naar Lieben.

Hoen had meer vrienden dan Lieben. Een van hen was de Maastrichtenaar Benoit Wesly. Een zakenrelatie van de gemeente. Hoen en Wesly waren bestuurslid van de stichting Toda Rabba (zie 9 Reislust en smeerkunst). Wesly was vrijgevig, stond altijd klaar om de wethouder van Economische Zaken te helpen. In 1988 kreeg Hoen van Xelat Participaties BV, een bedrijfje van Wesly, een renteloze lening van 48.000 gulden. Dat ontdekte justitie in het onderzoek tegen Hoen. In 1992 zat de wethouder opnieuw krap bij kas, en weer verstrekte Xelat 25.000 gulden. Hoen genoot een rentevoordeel van 5000 gulden per jaar. Wat interessanter was: niets wees erop dat hij de lening had terugbetaald. Hoen had naast BLM en Wesly nog andere geheimzinnige geldschieters. In zijn belastingaangiften over de jaren 1986, 1987 en 1988 gaf hij renteloze schuldbedragen op van 105.000 gulden, 95.320 gulden en 93.000 gulden.

Een mogelijke verklaring voor de gulheid van Wesly is het hotelbeleid van de stad. Maastricht voerde jarenlang een terughoudende koers bij de toelating van nieuwe hotels. Dat gold niet voor Wesly. Zijn plan voor een nieuw vijf-sterrenhotel werd opgenomen in de gemeentelijke hotelnota. Andere plannen sneuvelden, zoals een kant-en-klaar-plan voor een luxe hotel van de Duitse Dorint-groep. Verantwoordelijk voor het hotelbeleid tussen 1990 en 1994 was Jan Hoen.

Hoen was niet een man van starre procedures. Daar waar hij een vriend een helpende hand kon toereiken, deed hij dat. Schildersbedrijf Van Wersch uit Heerlen hielp hij aan werk als onderaannemer van bedrijven die opdrachten van Maastricht kregen. Directeur Harrie van Wersch was een goede vriend. De wethouder regelde voor het bedrijf onder meer de opdracht om het nieuwe, gemeentelijke Theater aan het Vrijthof te schilderen. Rechtstreeks kreeg Van Wersch nooit opdrachten van de gemeente. Het aanbestedingsbeleid gaf de voorkeur aan plaatselijke schilders. De wethouder slaagde erin om via een omweg zijn vriend aan opdrachten te helpen. Als de gemeente een bouwopdracht inclusief schilderwerk uitdeelde aan een aannemer, sprak Hoen de aannemer aan. Tegen *De Limburger* vertelde Harrie van Wersch hoe dat ging: 'Jan Hoen belt voor mij dan de aannemer, en zegt: "goh, bekijk die Van Wersch eens een beetje serieus." Kijk, dat werkt.'

Voor de schilderklus van het Theater aan het Vrijthof benaderde wethouder Hoen manager Mark Roex van aannemer Laeven. Dat bedrijf bouwde het theater tussen 1990 en 1992 samen met aannemer Hobru in opdracht van de gemeente. Van Wersch had Hoen om hulp gevraagd. 'Jan, dat theater, dat betalen jullie. Kijk eens of ik daaraan mee kan doen.' Tijdens een thuiswedstrijd van MVV – Van Wersch is sponsor – nam Hoen de schilder mee naar Roex. Hoen zei: 'Kom mee, bij die moet je zijn.' De wethouder introduceerde zijn vriend. Van Wersch hoorde Hoen tegen Roex zeggen: 'Je weet wie dit is. Doe mij een plezier, stuur hem een aanvraag voor het schilderwerk en behandel hem normaal.' Van Wersch: 'Op dat moment weet die Roex natuurlijk dat ik Jan Hoen goed ken. Roex had Hoen ook weer nodig. Dus ik heb dat werk gekregen.'

Manager Roex was royaal. Hij deelde snoepreisjes en andere beloningen uit aan ambtenaren en bestuurders die zijn bedrijf hielpen. Ook Hoen reisde met Roex. De trip ging naar het Italiaanse Rimini waar een disco bezocht werd. Met Hoen en Roex reisde de directeur van een amusementsbedrijf mee naar Italië. Die wilde in Maastricht een superdisco bouwen en Laeven wilde bouwen. Hoen was als wethouder betrokken bij de plannen. Toch was het geen dienstreis; de gemeente betaalde niet. Hoen noemde het een privéreis en verklaarde, met de hand op zijn hart, zelf de kosten betaald te hebben.

De wethouder ontmoette overal sympathie, ontdekte justitie in het onderzoek tegen Hoen. Zoals bij Ger Ruijters, eveneens een gemeentelijke relatie. Assurantiekantoor Ruijters BV had in 1990 een vordering van 1920 gulden op Hoen. Een jaar later was het als 'oninbaar' afgeboekt.

Hoen was niet de enige wethouder die persoonlijk profiteerde van de nauwe banden met bedrijven die van het college bescherming kregen. In de Braekt nam na zijn komst in het stadhuis giften aan van Baars en van de bedrijven Tillie en Hogenboom, die ook op opdrachten van Maastricht konden rekenen. Met zijn echtgenote reisde de wethouder met en op kosten van Baars naar Egypte en Wenen. Met en op kosten van Tillie en Hogenboom verbleef hij in Düsseldorf. En met en op kosten van Laeven was In de Braekt in Rome. In ruil voor de tienduizenden guldens kostende reizen zorgde de wethouder voor de instandhouding van de politieke afscherming. Bovendien speelde In de Braekt voortijdig gegevens over aanbestedingen, projecten, rapporten over marktsituaties en bodemsaneringen door. Voor hij wethouder werd, was In de Braekt hoofd Interne Zaken bij de provincie Limburg. Ook in die functie had hij al een innige relatie met de bedrijven.

Behalve Hoen en In de Braekt was er nog een derde probleemgeval in het zeven leden tellende college: de VVD'er Piet Neus. Opgevoed in de cultuur zoals die gegroeid was, liet ook hij zich fêteren door huisaannemers en maakte hij gebruik van zijn positie. De wethouder van aanbestedingen en grondzaken liet zijn huis in 1991 voor 42.000 gulden verbouwen door Tillie, Hogenboom en installateur Melotte. Hij betaalde niet – Neus sprak over een uitgestelde betaling – en reisde daarna op kosten van Tillie en Hogenboom naar Parijs. Een reisje naar een wijnfeest in het Franse Eguisheim namens de gemeente deed hij in de Daimler van Tillie. Neus knoeide daarna met zijn declaratie. Hij liet de gratis kilometers in de Daimler nog eens uitbetalen door de gemeente.

De heimelijke werkverdelingen door wegenbouwers en aannemers en de politieke bescherming stonden niet op zich. Ze waren ingebed in een uitgebreid systeem van voor-wat-hoort-wat. De Limburgse hoofdstad voerde dertien jaar lang een protectionisch beleid met maffiose trekjes. Alleen de misdaad ontbrak. In ruil voor de politieke bescherming betaalden de wegenbouwers en aannemers 'belasting'. Dat was voor de wegenbouwers jaarlijks steevast 2 procent van hun Maastrichtse omzet, oftewel tweehonderdduizend gulden. Een deel van het geld vloeide naar de plaatselijke CDA-afdeling en de CDA-wethouders. Zo vroeg het Steuncomité F. Corten in 1990 wegenbouwers en aannemers geld voor de herverkiezingscampagne van de wethouder. Corten kon met een fors budget een flamboyante campagne ('Cort en Krachtig') voeren, compleet met billboards, affiches en talloze advertenties. De CDA-afdeling inde, via een omweg, geld van onder meer de beschermde wegenbouwers en aannemers. Dat gebeurde door de in 1975 door de KVP-Statenkring Maastricht opgerichte stichting Civitas. Die sluisde, en sluist, het geld door naar de verkiezingskas. Oud-wethouder Pierre Verhagen is vicevoorzitter van Civitas. Hij benaderde in de maanden vóór de verkiezingen de bedrijven en vroeg een donatie van zo'n duizend gulden per bedrijf. Verhagen was in 1981 en 1982 wethouder voor openbare werken en verkeer, om daarna gedeputeerde te worden.

Volgens de statuten heeft Civitas ten doel 'het bevorderen van de toepassing van de christen-democratische beginselen, zoals geformuleerd door het CDA in de politieke besluitvorming binnen Maastricht'. Aldus voert het CDA in Maastricht al jaren campagne met geld van het bedrijfsleven, hoewel de partijrichtlijn zei dat het niet mocht. In het Civitas-bestuur zitten conservatieve CDA'ers. Elk jaar haalt Civitas naar eigen zeggen tienduizend gulden op bij bedrijven. Vleugels en Verhagen zijn ook bestuurslid van het Nolensfonds (zie 6 *Regenten en hun geld*).

Het merendeel van deze door de wegenbouwers aan zichzelf opgelegde 'belasting' was bestemd voor doelen die de wethouders aanwezen: stichtingen, evenementen en de lokale voetbalclub MVV. Corten deed als voorzitter van de stichting Ontvangstcomité Euromarathon in 1989 niet tevergeefs een beroep op de wegenbouwers. Ze betaalden ieder duizend gulden. Hoen schraapte voor de stichting Zesdaagse Maastricht elk jaar sponsorgelden bijeen. Het wielerevenement kostte de zes wegenbouwers ieder meer dan tienduizend gulden per jaar. Hoen was bestuurslid van de stichting Zesdaagse, samen met onder meer directeur Financiën Jules Joosten. Het was Hoen die het contact met de wegenbouwers onderhield. Een van hen kreeg midden jaren tachtig een telefoontje van de wethouder. Hoen belde met de boodschap dat hij van het bedrijf HWZ, dat niet mee mocht doen in het wegenbouwkartel, een aanbieding had van honderdduizend gulden voor de Zesdaagse. Het probleem was dat de gemeente dat bedrijf dan ook werk moest geven, zei Hoen tegen de wegenbouwer. Dat zou ten koste van de groep van zes gaan. Met andere woorden: of ze samen hun sponsorbedrag niet wilden verhogen tot honderdduizend gulden. Dat wilden ze wel.

Dat hij de wegenbouwers belde voor een sponsorbijdrage, vond – en vindt – Hoen niet vreemd. Ze waren een vaste relatie van de gemeente, kregen werk, dus mochten ze ook wel eens de beurs trekken. 'Maatschappelijke betrokkenheid' heet dat. De wegenbouwers en aannemers betaalden het geld alleen omdat er werk tegenover stond in Maastricht. Het was een systeem van geven en nemen, waarbij de macht uiteindelijk bij de wethouders lag. Ze hadden een stok achter de deur. Een wegenbouwer mocht best een keer niets geven. Twee keer weigeren kon mischien ook nog, maar drie keer niets geven als de wethouder daarom vroeg, kon niet. Dus gaf iedereen, al dan niet mokkend.

Het was de hemel op aarde: de wegenbouwers hadden vast werk zonder scherpe concurrentie en de wethouders – zij die wisten hoe het werkte – maakten goeie sier met sponsorgelden. Met het uitdelen van de geïnde belasting bouwden ze een ongekende populariteit op in het verenigingsleven. Dat zagen ze weer vertaald in een massa stemmen bij raadsverkiezingen. Waar de sponsorgelden vandaan kwamen? Niet uit de eigen zak van de wegenbouwers. De twee procent 'belasting' werd op de prijs van het werk gezet. Zo subsidieerde de stad zonder het te weten het CDA en allerlei evenementen en activiteiten die anders vrijwel zeker nooit (hoge) subsidies hadden gekregen. Dat alles ter meerdere eer en glorie van de wethouders die met foto in de krant kwamen bij de opening van alweer een evenement.

Het systeem van geven en nemen in de gemeente hield ook en vooral voetbalploeg MVV op de been. De club was onder het bestuur van VVD-Kamerlid Max Tripels in een financiële afgrond gegleden. De schuld was in 1983 opgelopen tot 4,5 miljoen gulden. Op verzoek van Tripels begon in 1984 de miljonair Leon Melchior aan een reddingsoperatie. Hij saneerde de schulden en regelde een nieuw stadion, in samenwerking met lokale grootheden als Joosten, Lieben, chirurg Co Greep en Sphinx-topman Bert Kaptein. De gemeente legde in 1986 3,7 miljoen op tafel voor de nieuwbouw en schonk het oude stadion met de grond aan MVV.

De aanbesteding van het nieuwe stadion in 1986 was een farce. Bij voorbaat stond vast dat aannemer Ballast Nedam ingeschakeld zou worden. Dat bedrijf was door het ministerie van WVC uitverkoren om het landelijk plan 'terugploeg-experiment betaald voetbalaccommodaties' uit te voeren. Ballast Nedam kon overal in Nederland een claim neerleggen waar het ministerie subsidies uit de terugploegregeling uitdeelde. In twee telexberichten aan Leon Melchior op 3 mei 1984 toonde L. Voslamber van de Ballastgroep begrip voor de lokale verhoudingen: 'Voorts merken wij ter verduidelijking op dat bij ons geen enkel bezwaar bestaat tegen het bij het project betrekken van andere aannemersbedrijven (sponsors van MVV)' en: 'Als blijk van onze grote interesse en ons vertrouwen in de haalbaarheid van vermelde plannen stellen wij u voor met een bijdrage van ƒ 75.000 als mede-sponsor van uw vereniging op te treden.'

In het financieel gezond maken van MVV paste ook de jaarlijkse bijdrage van honderdduizend gulden uit de 'belasting' die werd opgebracht door de beschermde wegenbouwbedrijven die hun werk zelf mochten verdelen. Lieben was van 1989 tot 1992 voorzitter van de voetbalclub. Hij werd opgevolgd door Karl Dittrich, toen vice-voorzitter van het college van bestuur van Rijksuniversiteit Limburg, thans Universiteit Maastricht. De PVDA'er raakte verstrikt in zijn eigen relatieweb. In 1993 werd bekend dat hij adviseur was van de in Maastricht 'poolende' aannemer BCM. Dat bedrijf ontving ook opdrachten van de universiteit. In strijd met interne afspraken had Dittrich zijn band met het bedrijf niet verbroken toen BCM in 1992 zonder concurrentie een opdracht van een miljoen gulden van de universiteit kreeg. BCM had een jaar eerder ook de woning van Dittrich verbouwd. BCM, dat voorheen Cremers heette, had toen al een zakelijke relatie met de universiteit. In 1989 kreeg Cremers, na een openbare aanbesteding, samen met een andere aannemer een opdracht van 51 miljoen gulden voor de bouw van de medische faculteit. *De Limburger* vroeg in 1994 meer informatie over de privé-verbouwing, maar Dittrich weigerde: 'Die verbouwing is gewoon afgerekend. Maar ik vind niet dat ik u daarvan rekeningen of betaalbewijzen moet laten zien. Dat is een privé-zaak.' Daarna stapte hij op als adviseur van BCM, omdat de schijn van belangenverstrengeling niet te vermijden bleek.

Iedereen had met iedereen van doen: directeur en aandeelhouder van BCM was Dittrichs MVV-collega Fons Cremers. De helft van de aandelen van BCM waren van wegenbouwer BLM, het bedrijf van oud-MVV-voorzitter Bert Lieben en de Van den Biggelaargroep. Die naam dook op in de zwart-geldaffaire van MVV in 1993.

De affaire ontstond terwijl de ster van MVV net weer begon te fonkelen. De club was uit de financiële problemen toen een administrateur van MVV een boekje opendeed tegenover justitie en

FIOD. De man was aangehouden nadat MVV tegen hem aangifte had gedaan van verduistering van een paar ton. Dat gaf hij toe. Maar hij was niet de enige geweest, bekende hij. Op 15 november 1993 deed justitie huiszoeking in het stadion. Directeur Ron Weijzen en oud-voorzitter Bert Lieben werden aangehouden. Tijdens het gerechtelijk vooronderzoek bleek dat MVV er een valse administratie op na hield en gefraudeerd had met ziekengeld.

In de administratie vond justitie een aanwijzing voor de juistheid van de meest pikante bekentenis van de administrateur. MVV zou FC Utrecht hebben omgekocht op 16 juni 1991, in de laatste wedstrijd van het seizoen. Dankzij de 1-1 uitslag bleef MVV in de eredivisie. Dat gaf meteen een Italiaanse dimensie aan de MVV-affaire. Maastricht had alles al gehad, maar omkoping van een voetbalclub overtrof de stoutste verwachtingen.

Een week na de inval in het stadion nam justitie het complete bestuur van MVV, onder wie Dittrich en Cremers, in verzekerde bewaring. In de twee dagen dat hij in de cel zat, bekende Dittrich dat over omkoping gesproken was in een bestuursvergadering, ná de wedstrijd tegen FC Utrecht. Volgens *De Limburger*, die het nieuws onthulde, zou Dittrich verklaard hebben dat toenmalig voorzitter Bert Lieben in de vergadering melding maakte van 'een regeling met FC Utrecht'. Lieben zorgde eind 1991 voor de financiële afwikkeling. Vice-voorzitter Dittrich verzette zich niet tegen de deal met FC Utrecht.

Het onderzoek in de administratie van MVV en BLM leverde een betaallijn op tussen MVV en FC Utrecht. BLM, eigendom van Bert Lieben en de aannemersfamilie Van den Biggelaar, bracht bij MVV 19.500 gulden in rekening voor een nooit door dat bedrijf aangelegde parkeerplaats. BLM boekte 19.500 gulden over aan het bedrijf Van den Biggelaar. Van den Biggelaar kocht voor 19.500 gulden drie business-seats bij FC Utrecht.

Justitie had niet voldoende bewijs om een oorzakelijk verband te kunnen leggen tussen de betaallijn en de uitslag van de wedstrijd. Behalve Dittrich zei iedereen, tot oud-directeur Hans Ooft van FC Utrecht in Japan toe, van niets te weten. De 19.500 gulden waren geen bedankje voor de soepele houding van FC Utrecht.

Notulen van de vergadering waren er overigens niet. Het bewijzen van omkoping van de voetbalclub leverde net zo veel problemen op als het verzamelen van voldoende bewijzen tegen een corrupte bestuurder.

De club, de directeur en de vier bestuursleden hoefden niet voor de rechter te verschijnen. Ze betaalden een door justitie aangeboden schikking van 210.000 gulden en nog eens bijna acht ton aan de belastingen. Justitie concludeerde dat er wel een valse rekening was, maar 'dat omkoping niet is komen vast te staan'. Voor de valse rekening betaalde de directeur van BLM een schikking van 3000 gulden. Lieben kocht zijn rechtszaak af met 3750 gulden. Ex-wethouder Jan Hoen volgde in 1995, na zijn vertrek uit het stadsbestuur, Dittrich op als voorzitter bij MVV. Dittrich had zijn bekomst van de voetballerij. Een jaar later schoof Hoen het voorzitterschap door naar zijn vriend Wesly. Hoen werd directeur van MVV.

De corruptie- en fraudeaffaires tastten de glans van het met zoveel elan omhoogstrevende Maastricht aan. De stad bouwde na 1992 een reputatie op als het 'Palermo aan de Maas'. Geen andere Limburgse gemeente was zo het toonbeeld van belangenverstrengelingen tussen openbaar bestuur en bouw. De winkelstraten waren weliswaar nog altijd vol, maar de rest van het land maakte zich vrolijk over het gesjoemel. Na de glorieuze opmars in de jaren tachtig worstelde de stad met een imago-probleem: twee wethouders veroordeeld wegens corruptie, een derde wethouder voortdurend in opspraak, wegenbouwers hadden opdrachten stiekem mogen verdelen en notabelen waren in de cel gegooid vanwege fraude bij de lokale voetbalploeg.

De schande werd nog groter. De organisatie en de administratie in het gemeentehuis bleek van hetzelfde kaliber als die bij MVV. Tot 1985 vertoonde de financiële administratie van de gemeente nog de meeste overeenkomst met de boekhouding van een vereniging. Nadat 'mister Maastricht' Joosten vertrokken was naar een directeursbaan bij aardewerkfabriek Sphinx, kon de gemeente orde op zaken stellen. Topambtenaar J. Meertens van de afdeling financiën wond er in 1988 tijdens de presentatie van de jaarrekening over 1985 geen doekjes om. De administratie van de gemeente was ronduit ouderwets. De regels dateerden uit de jaren vijftig. Doordat al die jaren het systeem niet aangepast werd, was het mogelijk dat de tekorten waren opgelopen. Maastricht moest drastisch bezuinigen.

In 1993 was het nog steeds een rommeltje. De ambtenarenvakbonden AbvaKabo en CFO uitten in de pers hun ongenoegen over de gemeentelijke organisatie. De bonden hadden geruchten vernomen over ontoelaatbare beloningen, neigend naar fraude en over bevoordeling van individuele ambtenaren.

Het door corruptie aangetaste college kon geen nieuwe affaires gebruiken. Burgemeester Philip Houben vroeg zijn partijgenoot oud-CDA-minister Cees van Dijk een 'diepgaand onderzoek' in te stellen. Ondertussen probeerden B en W zich justitie en de belastingdienst van het lijf te houden.

Ook de belastingdienst wilde onderzoek doen. Dat zat Van Dijk niet lekker. Hij dreigde zijn opdracht terug te geven. De oud-minister wilde niet het risico lopen dat de twee onderzoeken eindigden met verschillende conclusies. Na bemiddeling van burgemeester Houben ging de belastingdienst ermee akkoord dat een niet-Limburgs accountantsbureau onder leiding van Van Dijk het onderzoek zou doen. De kwestie had de volle aandacht in Den Haag. Hirsch Ballin (Justitie) en Kok (Financiën) wilden persoonlijk periodiek geïnformeerd worden.

Van Dijk was geknipt voor de taak. Aan de RSV-enquête had hij het imago van doortastende onderzoeker overgehouden. In Limburg trad hij in 1993 en 1994 op ingehuurd door partijgenoten. In januari 1994 zou hij na een onderzoek de ondoorzichtige financiering van het CDA-Limburg toedekken. In Maastricht begon hij in 1993 zijn onderzoek met een merkwaardige mededeling: het opbiechten van strafrechtelijke feiten zou zonder gevolgen voor de betrokken ambtenaren blijven. Echter, van ruggespraak met justitie was geen sprake geweest.

Het onderzoek zelf bestond uit een maanden durend boekenonderzoek en gesprekken met ambtenaren die iets te melden hadden. Van Dijk liet zich in de vertrouwelijke gesprekken bijstaan door twee gemeente-ambtenaren. De vakbonden constateerden dat het college van B en W 's avonds wist wie wat overdag tegen Van Dijk gezegd had.

Het eerste, voorlopig onderzoek van Van Dijk liet weinig heel van de opmerkingen van de bonden. Van Dijk concludeerde dat er 'geen ongeoorloofde of onrechtmatige handelingen' van ambtenaren hadden plaatsgevonden. Het tweede, diepgaander onderzoek van de oud-minister kon ook de vermoedens van de vakbonden niet helemaal bevestigen. Van Dijk zei geen aanwijzingen te hebben gevonden voor fraude en corruptie. Wel waren in de ambtelijke organisatie de regels voor beloningen, declaraties en vergoedingen onvoldoende en zelfs niet nageleefd, was er weinig controle en waren bijzondere toelagen aan hoge ambtenaren zwart uitbetaald. Enkele ambtenaren hadden bovendien ontoelaatbare bijbanen. De rapportage van Van Dijk was verbloemend en vaag, namen werden niet genoemd. De gemeenteraad deed in maart 1994 collectief boete. Het college nam alle schuld op zich en betaalde een schikking die de belastingdienst aanbood. Daarin zaten boetes en naheffingen, ook die de ambtenaren anders hadden moeten betalen. In totaal vierhonderdduizend gulden.

Het onderzoek van Van Dijk was een cover-up. De gemeenteraad kreeg nooit te horen wat Van Dijk precies had gevonden. Met het 'rapport Van Dijk' verdwenen onsmakelijke feiten over de hoogste ambtenaren in een la en kon het college de politieke verantwoordelijkheid ontlopen. De toedek-operatie kostte 1,6 miljoen gulden. Het gros ging op aan het inhuren van topadvocaten en belastingdeskundigen.

De officieren van justitie Van der Bijl en Van Atteveld hadden na het tweede onderzoek van de oud-minister een gesprek met Houben en Van Dijk. Ze wilden alle feiten hebben die Van Dijk had aangetroffen. Op dat moment waren de kaarten al geschud. Hoofdofficier Fransen had toegezegd dat er geen vervolging zou komen. Dat was niet vreemd. Van Dijk had immers publiekelijk gezegd dat er 'geen ongeoorloofde of onrechtmatige handelingen' waren geconstateerd, net zo min als fraude of corruptie. De belastingdienst en justitie hadden een deel van die feiten echter wél ontdekt. Ambtenaren hadden zich met het vervalsen van declaraties schuldig gemaakt aan valsheid in geschrifte. De gemeente en de ambtenaren hadden belastingfraude gepleegd door de inkomsten niet op te geven. De gemeentesecretaris, de adjunct-gemeentesecretaris, de directeur van de dienst stadsontwikkeling en vijf van zijn ambtenaren hadden beloningen in natura gekregen. In enkele gevallen was het college van B en W op de hoogte. Het ging om vakantiereizen die als dienstreis waren opgevoerd, een schilderbeurt voor een privéwoning, een vouwwagen, stereo-installaties, een schilderij en andere spullen. De ambtelijke top was royaal voorzien van douceurtjes, buiten de loonadministratie om. De kosten waren op creatieve wijze geboekt en de belastingdienst was bedrogen. De vermoedens van de vakbonden waren niet onterecht geweest.

11 De koning van het circuit

Het rondneuzen in het imperium was nog niet begonnen of het lekte al uit. Direct na het eerste telefoontje naar de gemeente Geleen werd de baas in zijn Maastrichtse kantoor aan de Maas getipt. Een journalist met lastige vragen over de parkeergarage. Het werd terstond doorgebriefd.

Drs. Ger Ruijters (1931) kan nog altijd rekenen op vrienden binnen de muren van de Limburgse gemeentehuizen. En vrienden hééft Ruijters. De doctorandus die in de jaren zestig een vastgoed- en makelaarsimperium opbouwde in Limburg, geldt als een van de machtigste en invloedrijkste ondernemers. Met exclusieve politieke contacten.

Wie onderzoek doet naar Ruijters merkt dat niemand in Zuid-Limburg openlijk zijn mond open durft te doen. Praten oké, maar dan niet met naam en toenaam erbij. Toch valt zoveel te vertellen, vooral over de verwevenheden tussen politiek en bouw. Maar ja, het is een kleine wereld, en één woord te veel kan wel eens verkeerd vallen in het kantoor aan de Maas. Ruijters heeft vrienden in allerlei posities. Hij weet mensen aan zich te binden. Dat geeft hem macht en weerhoudt velen ervan openlijk te praten. Want zo werkt het systeem: de rekening krijg je later altijd gepresenteerd.

Het concern Ruijters is vandaag groter dan ooit. De multimiljonair, met een vermogen van tientallen miljoenen, is eigenaar van een imposant bolwerk. Vanuit zijn kantoor aan de Wyckerbrugstraat in Maastricht trekken hij en zijn schoonzoon/directeur Ward Vleugels aan de touwtjes van meer dan vijftig vennootschappen, leiden zij een omvangrijk bedrijf in beheer, ontwikkeling en handel in onroerend goed, exploiteren ze tientallen parkeergarages in Nederland en ontwikkelen ze al dan niet gevraagd centrumplannen en stadsuitbreidingen.

Een onderzoek naar de omvang van het imperium is een zoekplaatje. Bij het doornemen van de dossiers van de Kamers van Koophandel duiken telkens nieuwe BV'tjes op met fantasievolle namen als Xenion, Noach, Paidesi (Grieks: voor de kinderen) en Xapro. Een ondoorzichtige waaier van bedrijfjes heeft zo zijn voordelen. Het spreidt de risico's en zorgt ervoor dat nieuwsgierigen zich te barsten moeten werken voordat ze zich een beeld kunnen vormen. Bovendien is het imperium voortdurend in beweging: BV's verhuizen van de ene naar de andere tak en aandeelverhoudingen wisselen. Met wat doorzetten valt uiteindelijk toch een stamboom te tekenen met vijftig vennootschappen.

In de goeie tijd, vóór de affaires, keek niemand in Limburg op van een belangenverstrengeling meer of minder. Directeur bij Ruijters en tegelijk politicus? Adviseur bij een bouwstichting van Ruijters en tegelijk wethouder of gedeputeerde? Ruijters had een netwerk van medestanders, vrienden en personeelsleden in colleges, Staten, gemeenteraden en overheidsdiensten. Een projectontwikkelaar die het moest hebben van snelle informatie over bouwplannen en stadsuitbreidingen zat daarmee op de eerste rij.

'De strategie van Ruijters was om overal mensen in de gemeenteraden te hebben. Dat was hier in Schinnen meneer Pijls', zei oud-wethouder Jos Limpens tegen *De Limburger*. Hij was een van de weinigen die met naam in de krant zijn mening durft te zeggen. 'Ik ben principieel tegenstander van dit soort boeven met hun volstrekt ongecontroleerde invloed op de politiek. Ruijters en Pijls vertegenwoordigen een maatschappelijke mentaliteit die ik niet pruim.' Limpens stelde zich als wethouder onafhankelijk op. Hij was net benoemd, toen hij een kerstpakket van Ruijters kreeg: groot bloemstuk met een handeltje wijn. Het pakket ging via de gemeentesecretaris linea recta terug. Dat zijn kritische houding tegenover Ruijters heeft meegespeeld in de motie van wantrouwen die de CDA-fractie uiteindelijk tegen Limpens indiende, sluit hij niet uit.

Tot de politieke contacten van Ruijters behoort zijn ex-directeur Toon Willems. Hij nam in 1994 ontslag om wethouder van financiën en economische aangelegenheden in Kerkrade te worden. Daarvoor was hij twintig jaar raadslid namens het CDA. Ruijters is ook in Kerkrade betrokken bij een centrumplan. In Maastricht had Ruijters nauwe banden met mensen als Verhagen, Hoen en Joosten. Nog steeds heeft hij veel contacten. In Beek kan hij voortreffelijk opschieten met de burgemeester, in Sittard is hij bevriend met de man die twintig jaar directeur stadsontwikkeling was en in Heerlen met de wethouder die jarenlang dezelfde portefeuille had. De lijnen naar de gemeentehuizen zijn er nog steeds. De macht van het concern Ruijters is groter dan ooit, en is niet alleen meer gebaseerd op Ger Ruijters zelf. Onderhand heeft zijn concern zoveel know-how en invloed dat gemeenten vanzelfsprekend aankloppen. Het bureau loopt voorop in het bedenken van nieuwe plannen, die vervolgens door de gemeenten gekocht worden.

Ruijters is het boegbeeld van de Limburgse manier van zakendoen. Onbetwist koning van het relatiecircuit. Als een van de eersten zag hij de voordelen van een CDA-lidmaatschap en een nauw contact met de top die partij. Geen ander die zich zo thuis voelt in de Limburgse circuits. Dat is ook de reden waarom de Maatschappij voor Bedrijfsobjecten (MBO) N.V. (driehonderd miljoen basiskapitaal), onderdeel van de ING-Groep, eind jaren tachtig in zee ging met Ruijters. Daarmee verschafte het concern zich direct toegang tot de Limburgse markt. MBO had het geld, Ruijters de regionale contacten. Een gouden duo, dat samensmolt tot MBO-Ruijters BV Het bedrijf heeft inmiddels een vaste greep op alle belangrijke planologische ontwikkelingen in Limburg.

Het enig kind van het kleermakersgezin uit Puth-Schinnen was een slimme jongen. Oud-klasgenoot Ben Reijmers zag al vroeg dat de handelsgeest er in zat. 'Hij was goed in handelsrekenen en economie. Geen uitgesproken leiderstype, maar hij stond zijn mannetje. Gerrit was geliefd in de klas.' Aan het Bisschoppelijk College in Sittard haalde Ruijters in 1948 zijn HBS-A met gemiddeld een zeven. Daarna deed hij elf jaar over zijn studie sociale economie aan de Katholieke Hogeschool Tilburg. Voor zijn kandidaats schreef hij de scriptie 'Vrijetijdsbesteding van studenten van hbs'en en gymnasia in Limburg'. Het was een vrolijk leven en Ruijters deed er contacten op die later beslissend zouden zijn voor zijn carrière.

Hij begon als directie-secretaris bij aannemersconcern Marcel Muyres in Sittard. Ruijters wilde meer. Al in april 1964 liet hij bij de Kamer van Koophandel zijn eerste Sittardse eenmanszaak inschrijven: Assurantiekantoor Drs. Ruijters. De doctorandustitel moest vertrouwen wekken. Een jaar later begon hij in de projectontwikkeling, in 1968 volgde de woningbouw en in 1971 ging hij in de makelaardij. Een jaar later stapte hij in de parkeerbusiness met Ruijters Parking BV. Die BV werd opgericht voor de parkeergarage onder het Vrijthof in Maastricht.

Het eerste grote project voor Ruijters, dankzij zijn relatienetwerk. Vriend Muyres mocht bouwen. Ruijters kreeg voor vijftig jaar de exploitatie van de garage op basis van een lucratief contract: hij betaalt 370.000 gulden huur per jaar. De gemeente draagt de exploitatielasten en betaalt zelfs het vervangen van kromgereden slagboompjes. Dat kost jaarlijks 430.000 gulden. Maastricht schiet er dus per saldo 60.000 gulden bij in. Hoeveel Ruijters eraan verdient? Dat is bedrijfsgeheim, maar een winst van één miljoen gulden per jaar lijkt een goede schatting.

De jaren zestig waren gouden tijden voor projectontwikkelaars en aannemers. Het kabinet wilde in 1964 snel een einde maken aan de woningnood en gaf het startsein voor een massale bouwstroom. De vraag was enorm, maar er waren nauwelijks genoeg aannemers om te bouwen. Ruijters troefde zijn concurrenten af, want hij kon huizen plannen, verkopen èn, dankzij de afspraken met Muyres, snel bouwen. Samen met Muyres deed hij in heel Nederland goede zaken in de woningbouw. In Purmerend kocht hij met een vooruitziende blik of met voorinformatie samen met Muyres begin jaren zeventig honderdvijftig hectare landbouwgrond. Later bleek waarom: het gebied kreeg van de rijksoverheid de bestemming groeikern en dat betekende op termijn de bouw van twintigduizend huizen. Na een fikse ruzie met de gemeente sleepten de Limburgers er in 1974 een bouwgarantie voor zeshonderd huizen uit.

De groei van het Ruijters-imperium was nauwelijks bij te houden. Eind jaren zeventig omvatte het concern, voor zover bekend, al twaalf bv's en eenmanszaken in Limburg en drie deelnemingen in bedrijven in België en Frankrijk. Het bleef Ruijters voor de wind gaan, onder meer dankzij de relaties met de stichtingen SBDI en Oos Hoes. Deze zusterstichtingen bouwden woningen, de SBDI (*Stichting tot Bevordering van bijzondere en algemene woonvormen en Dienstverlenende Instituten*) met overheidssubsidies. De naam *Stichting ter bevordering van het eigen woningbezit Oos Hoes* suggereert dat het om een ideële club gaat. Als doelstelling had de stichting 'het belang der volkshuisvesting'. Het was echter niet meer dan een bouwcoördinator, nauw verbonden aan Ruijters.

De stichtingen werden bestuurd door vrienden van Ruijters, zwaargewichten van het toenmalige Limburgse CDA: Verhagen, Lebens, Tops en Derks. De vrienden hielpen Ruijters, en Ruijters hielp zijn vrienden. Ze stonden bij hem op de loonlijst als adviseur of mochten geld verdienen aan onroerend-goedtransacties. De bestuursleden kenden elkaar vorstelijke vergoedingen toe.

Met SBDI en Oos Hoes sloot Ruijters overeenkomsten die hen aan hem bonden en waarmee hij fors geld verdiende. Zo mocht SBDI alleen woningen van de Ruijtersgroep kopen, die daardoor een vaste afzetmarkt had. Ruijters dicteerde de prijzen. Het verhuren van de woningen deed de makelaarspoot van Ruijters. Het beheer van de woningen liet SBDI tegen een forse betaling doen door KAS BV, een dochterbedrijf van Ruijters waar Toon Willems de scepter zwaaide. En de assurantiepoot van Ruijters mocht het hele woningbezit verzekeren.

Door zijn relatienetwerk wist Ruijters in de jaren zeventig en tachtig precies waar hij bouwgronden moest kopen. En mooi voorbeeld is Maastricht, waar hij blijkbaar prima op de hoogte was van het voornemen van de gemeente om de nieuwe woonwijk De Heeg te bouwen. Ruijters kocht samen met Muyres gronden en in 1976 sloot de gemeente een exploitatie-overeenkomst met Ruijters. SBDI zou later in De Heeg 284 onverkoopbare huizen en garages overnemen.

In Geleen wist Ruijters via constructies met BV'tjes in alle stilte dertien hectare grond te kopen in het uitbreidingsgebied Dassenkuil. Maar hier stuitte hij op verzet van toenmalig burgemeester Th. Elsenburg. Die wilde in 1981 dat de gemeente de ontwikkeling van het plan in eigen hand zou houden, om zelf de vrijheid te hebben bij aanbestedingen. Hij verzocht de gemeenteraad dan ook de gronden te onteigenen. In het vooroverleg met de gemeente had Ruijters nog aangevoerd dat hij in twintig gemeenten tot wederzijdse tevredenheid werkte. Op de vraag van een wethouder of hij wellicht in staat was extra woningcontingenten los te peuteren bij volkshuisvesting in Maastricht, beklemtoonde Ruijters dat hij 'goede contacten' had bij de inspectie van de volkshuisvesting in Limburg. Ruijters sprak de waarheid. Hij had inderdaad een uitstekende relatie met de hoofdingenieur-directeur (HID) persoonlijk, de CDA'er Fons Jacobs.

De snelheid waarmee Ruijters kon bouwen en de lange duur van een onteigeningsprocedure deden burgemeester Elsenburg uiteindelijk het onderspit delven. Ruijters kreeg de overeenkomst. Elsenburg vond dat onjuist, dat handjeklap spelen. Op den duur moest dat volgens hem leiden tot Zuid-Amerikaanse toestanden. Elsenburg merkte dat Ruijters over voorwetenschap beschikte. Een uur nadat een plan in het college van B en W was besproken, was het al bekend bij Ruijters. Hij was zó goed geïnformeerd, dat hij precies wist waar Geleen huizen wilde bouwen.

Eind jaren zeventig klapte de huizenmarkt in elkaar. Dat bracht het Ruijters-imperium aan de rand van de afgrond. Ruijters had grote bouwprojecten en zijn huizen waren onverkoopbaar. Als niet snel iets gebeurde dreigde een faillissement.

Het was tussen de bitterballen en de pils aan de bar van hotel Du Casque in Maastricht dat in het voorjaar 1980 het reddingsplan voor Ruijters werd geboren. Die avond was de maandelijkse bijeenkomst van het TAEK-netwerk (zie 8 *Netwerken*).

De anderen waren die avond al naar huis, toen Ruijters en zijn getrouwen Derks, Tops, Becker en Verhagen een bitterballetje prikten. Al pratende kwam het gezelschap tot de oplossing voor de problemen van Ruijters. Derks en Tops zouden met hun stichting SBDI alle onverkoopbare huizen van Ruijters overnemen en gaan verhuren. Staatssecretaris van Volkshuisvesting Gerrit Brokx bood daartoe vanaf 13 mei 1980 de mogelijkheid met een subsidieregeling om premie-koopwoningen om te zetten in premie-huurwoningen. Daar kon je creatief mee omgaan. Ruijters was een van de eersten die gebruik maakte van de regeling. SBDI was bereid ruim duizend woningen ver boven de marktwaarde over te nemen. Over de prijs werd niet onderhandeld. Het ministerie betaalde toch.

De concurrentie was jaloers op de gouden greep van de doctorandus. Het ministerie kreeg een telefoontje vanuit Limburg. Of men ook zo'n leuke stichting mocht oprichten? In Den Haag ging een lampje branden. Onderzoekers van het ministerie legden in 1982 de verstrengelingen tussen de SBDI, de Ruijters-groep en de CDA-kopstukken bloot. De conclusie in een in 1985 gepubliceerd rapport was dat Ruijters 16,5 miljoen gulden brutowinst gemaakt had bij met de transactie. Een onderzoek van de rijksaccountantsdienst wees daarna weer uit dat er geen sprake was van winst. Hoe dan ook, Ruijters was zijn huizen kwijt. De SBDI-affaire zorgde voor koppen in de krant. Daar bleef het bij. Brokx hield in de Tweede Kamer een boekenonderzoek bij Ruijters tegen en justitie deed geen onderzoek. De SBDI kwam door de aankopen van Ruijters in grote financiële moeilijkheden. De overname van SBDI door de stichting WBL zou leiden tot een nieuwe affaire, beschreven in 'Het Scheperspaleis'.

De woningverkoop gaf slechts Ruijters tijdelijk lucht. Na de SBDI-affaire ging het weer mis. De woningmarkt herstelde maar niet en Ruijters' naam had een bijsmaak. Hij kon zijn schuldeisers niet meer betalen. Een commissie van goede diensten bemidddelde om het schip weer vlot te krijgen. Hulp kwam uit hoge regionen. Commissie-voorzitter was de financiële topman van DSM, Ad Timmermans. De commissie dokterde een plan uit om het concern te redden. Voor de verlieslijdende moedermaatschappij werd een sterfhuisconstructie opgezet. De winstgevende onderdelen gingen eruit en kwamen begin april 1985 onder meer onder de paraplu van een andere BV. Ruijters moest een deel van zijn aandelen verkopen. En het concern moest afslanken. Ruijters deed gronden van de hand en sloot kantoren in Eindhoven en Venlo. Van de negentig personeelsleden stond de helft op straat. Mede door de bemiddeling van de commissie was de Rabo-bank uiteindelijk bereid het bedrijf opnieuw krediet te geven.

Na de 'renovatie' begon Ruijters aan een nieuwe klim. De woningbouw zei hij aanvankelijk vaarwel en hij concentreerde zich op vastgoed-management en commercieel vastgoed. Daarin is hij de grootste in Limburg. Groot is hij ook in plan- en projectontwikkeling. Ruijters ontwikkelt plannen vooral voor gemeenten, op eigen initiatief of op verzoek. Het bedrijf timmert of timmerde aan centrumplannen in onder meer Heerlen, Roermond, Sittard, Beek en Geleen. Belangrijke bron van inkomsten zijn parkeergarages, een groeimarkt. Sinds 1 januari 1996 werken ING Vastgoed en Ruijters op deze markt samen. Schoonzoon Vleugels, door Ruijters als opvolger in de zaak gehaald, houdt zich in heel Nederland onder de naam Q-Park BV bezig met de exploitatie van parkeergarages met in totaal twintigduizend parkeerplaatsen. In Limburg exploiteert Q-Park garages in Maastricht, Venlo, Heerlen, Roermond en Geleen. De greep van Ruijters op het parkeren in Nederland groeit. MBO-Ruijters kocht in 1995 zeven parkeergarages van de gemeente Den Haag. Ruijters nam van de gemeenten Venlo en Venray het hele parkeerbeheer over. Met andere gemeenten praat Ruijters over het privatiseren van parkeertaken.

Dan zijn er nog de traditonele makelaardij-, taxatie- en assurantiepoot. Ruijters doet de onroerend-goedtaxaties in veel Limburgse gemeenten. Voor marketing, reclame en promotie heeft Ruijters een eigen adviesbureau.

Het meeste geld gaat om in MBO-Ruijters BV, dat zich bezighoudt met de ontwikkeling van commerciële projecten. Zo is MBO-Ruijters een van de partners die het ambitieuze Cityplan in Heerlen (465 miljoen) realiseren. In Maastricht is MBO-Ruijters betrokken bij de bouw van een woonwijk op het Céramiqueterrein (600 miljoen).

Het gaat het imperium financieel voor de wind. Ruijters kan zich weer diepte-investeringen permitteren, zoals het wegkopen van know-how uit gemeentehuizen. Topambtenaren uit Eindhoven, Geleen, Heerlen en Venlo – met wie Ruijters onderhandelde over contracten voor parkeergarages of stadsontwikkelingsprojecten – verhuisden van de ene op de ander dag naar de andere kant van de tafel. De topambtenaar van de gemeente Den Haag, die in 1994 een raadsvoorstel opstelde voor de verkoop van parkeergarages aan MBO-Ruijters, aanvaardde – in de tijd dat hij het voorstel schreef – een baan bij het bedrijf.

Ruijters' macht in Limburg was nog nooit zo groot. Dat wordt duidelijk in Heerlen. Op straat heeft Ruijters de bijnaam 'de burgemeester van Heerlen'. Het concern heeft de stad in een greep. Ruijters heeft grote bouwlocaties in handen, beheert de parkeergarages, heeft als partner van het Cityplan exclusieve rechten op de bouw van kantoren, winkels en woningen, is eigenaar van het grootste winkelcentrum en de Woonboulevard, adviseert de gemeente welke bedrijven zich mogen vestigen, is mede verantwoordelijk voor het centrummanagement en bepaalt de randvoorwaarden voor kunst en architectuur in de binnenstad. Ruijters bemoeit zich tot in detail met wonen, winkelen en werken. De machtspositie is bovendien vastgelegd in langjarige contracten met de gemeente.

Zijn succes dankt Ruijters aan zijn zakeninstinct, zijn relaties en zijn talent mensen voor zich te winnen en in te palmen. Ruijters begon in de goeie tijd, trof de goeie mensen en kent bij het uitbreiden van zijn contacten geen scrupules richting politiek en ambtenarij. Hij is joviaal, vrienden kunnen altijd bij hem aankloppen. Ger regelt het wel. Hij onderhoudt als geen ander zijn contacten. Heeft een eindeloos repertoire aan recepties. Kent zijn mensen, weet feilloos aan wie hij wat heeft en waar wat speelt. Ruijters verstaat de kunst om gebruik te maken van ontmoetingen.

Ruijters laat de mensen die hij nodig heeft niet los. Elke Kerst stuurt hij heel attent een presentje. Dat is de laatste jaren meestal een luxe leren zakagenda met wijnjaar-kalender en de naam van de geadresseerde alvast in goudkleur voorgedrukt op de kaft. (Het aardige daarvan is dat zakenlui, ambtenaren, politici en journalisten die voor Ruijters van belang zijn, er zo uit te halen zijn.) Geen moment gaat voorbij of Ruijters is met zijn relaties bezig. Hij is lid en vooral donateur van een onafzienbare rij clubs en verenigingen. De laatste jaren vertoeft hij graag op het paardenfestijn jim in Maastricht. Vroeger was dat de wielerzesdaagse in de Eurohal. Ruijters was een van de sponsors en strooide royaal met vrijkaarten. Tussen alle amusement liet zich gemakkelijk zaken doen.

Accountant Becker speelt een belangrijke rol in het reilen en zeilen van het imperium. Dat Ruijters groot is geworden, is mede aan hem te danken. Hij is nu commissaris bij Ruijters, maar helpt daarnaast zowat iedereen in het Ruijters-circuit.

Behalve zakagenda's en wijn heeft het Ruijtersconcern in het buitenland vier appartementen waar relaties onbekommerde vakanties kunnen doorbrengen. Het hele jaar door is het druk (zie 9 Reislust en smeerkunst). Voor een selecte groep relaties van Ruijters waren er de uitstapjes naar bordelen in de Limburgse grensstreek. Het verteer was er op kosten van Ruijters. Hij maakte zo vrienden voor het leven. En hij bond ze tegelijk op een speciale manier.

Tegenwoordig is het wat stil in het riante landhuis De Ark in Berg en Terblijt van Ruijters. In de Limburgse politiek wordt nog met smaak verhaald over de uitbundige feesten die hij thuis gaf. Daar kwam de fine fleur: burgemeesters van kleinere plaatsen, raadsleden en wethouders, topambtenaren, zakenlieden, en ook een handjevol journalisten. Het halve college van GS hief er het glas met Ger. Tops en Derks waren er altijd. Net als Fons Jacobs.

Die begon 1 januari 1981 als hoofdingenieur-directeur van de volkshuisvesting in Limburg (HID). Hij had daarmee rechtstreeks controle op de verdeling van bouwsubsidies. Een sleutelpositie.

De Nationale Woningraad, het overkoepelend orgaan van woningcorporaties, sprak er in 1983, na de SBDI-affaire, schande van dat Jacobs en diens mensen geen betere controle uitgeoefend hadden op de klakkeloos betaalde declaraties. Terwijl Jacobs wist van de verstrengelingen tussen Ruijters en de stichtingen. Toen de storm rond de SBDI voorbij was, vertrok Jacobs. Medio 1986 kreeg hij een baan als burgemeester van Nederweert. Daarna volgde hij Riem op als burgemeester in Brunssum.

Jacobs blijkt al bij binnenkomst in Limburg ingepalmd te zijn door het Ruijters-netwerk. Net in dienst kocht hij op 23 februari 1981 voor 220.000 gulden in Maastricht een ruwbouw-woonhuis van de stichting Oos Hoes, door tussenkomst van Ruijters. Om het gemakkelijk te maken kocht Oos Hoes Jacobs' oude woning in Alphen aan den Rijn op hetzelfde moment voor 205.000 gulden. Namens Oos Hoes zette Ruijters' zwager Jo van der Krogt voor de notaris zijn handtekening onder de contracten. Van der Krogt verklaarde het geld van Jacobs te hebben ontvangen. De overdracht kostte Jacobs niets. De stichting nam graag de kosten van de akte en eigendomsoverdracht voor haar rekening.

Intrigerend is dat de kersverse hoofdingenieur-directeur op die 23ste februari helemaal niet afrekende met Oos Hoes. Dat kon ook niet want pas negen dagen later, op 4 maart, passeerde de notaris de hypotheekakte voor de nieuwe woning. Die dag volgde ook de afrekening. Toen kon Jacobs pas de hypotheek op zijn huis in Alphen aan de Rijn aflossen en Oos Hoes betalen. De kersverse hid stond dus negen dagen in het krijt bij een bouwstichting, die exclusieve banden onderhield met Ruijters. Aan de affaire kleeft geen kwalijk geurtje, bezwoer Jacobs' advocaat P. Belt in *De Limburger*: 'Het is op z'n Zuid-Limburgs geregeld. U weet wel hoe dat gaat. Gemoedelijk.'

12 Bestuurlijke octopus

Het management van Tooley & Company zat er klaar voor die ochtend. In het torenhoge kantoor aan Wilshire Boulevard in Los Angeles zou President J. Reijnen van 'the ABP', het Algemeen Burgerlijk Pensioenfonds in Heerlen, zijn opwachting maken. Tooley was een van de grootste projectontwikkelaars op de kantorenmarkt aan de Amerikaanse Westkust. Voor het op één na grootste pensioenfonds ter wereld had Tooley die woensdag, 6 februari 1991, iedereen opgetrommeld. Chairman William Tooley was er, net als president Craig Ruth. Aan de wortelnotenhoutentafel ook Robert N. Ruth, vice-president van Tooley.

Hoe lang het gezelschap ook wachtte, President Reijnen verscheen niet op de afspraak. De voorzitter van het ABP-bestuur had er op het laatste moment de voorkeur aan gegeven om een tocht langs huizen van Hollywood-sterren te maken.

Het was een veelzeggende dienstreis die Reijnen in februari 1991 dwars door de Verenigde Staten maakte. Veelzeggend over de persoon Reijnen. De reis was door de afdeling onroerend goed van het ABP georganiseerd voor de bestuursvoorzitter om de marktverhoudingen in de VS te leren kennen. Het programma voorzag in ontmoetingen met investeerders, bankiers en kantorenbouwers. In plaats van besprekingen te voeren, gaf Reijnen er de voorkeur aan de trip een toeristisch karakter te geven. Uit een evaluatie die het ABP-kantoor in de VS later opstelde, blijkt dat Reijnen bijna alle afspraken liet schieten. Vice-presidents, financial officers en bankers in Los Angeles, San Diego en Vancouver wachtten tevergeefs op Jan Reijnen, in de evaluatie van het Amerikaanse ABP-kantoor 'J.R.' genoemd. Reijnen maakte liever een trip naar Hollywood en Sea World of deed uitgebreid inkopen.

De reis was het onschuldigste onderdeel van een zwartboek ('ABP bestuurlijke octopus?') dat november 1991 was geschreven door het management van de afdeling onroerend goed. Nog dezelfde maand kregen de twee vice-voorzitters van het bestuur, P. Holthuis (ministerie van Onderwijs) en C. Vrins (AbvaKabo) het zwartboek vertrouwelijk aangeboden.

Het was even slikken voor Vrins en Holthuis. De laatste keer dat een medewerker van de afdeling onroerend goed een zwartboek had geschreven, had dat geleid tot een geruchtmakende affaire. Middelpunt van die ABP-affaire van acht jaar eerder was de toenmalig directeur beleggingen geweest, Ed Masson, door justitie verdacht van corruptie, chantage en dubieuze transacties. De affaire bracht het pensioenfonds in grote verlegenheid. Financiële kringen in het land schamperden dat de corruptie bij het pensioenfonds begonnen was na de verhuizing van het ABP naar Heerlen.

Ook dit keer waren de beschuldigingen niet mals. Reijnen had zich in strijd met interne regels bemoeid met onroerend-goedtransacties van het pensioenfonds. Bij onderhandelingen en aanbestedingen schoof de voorzitter bedrijven naar voren waarmee hij persoonlijke contacten onderhield. Ook drong hij de afdeling onroerend goed bedrijven op. Daarmee had hij het ABP vaker in juridische problemen gebracht en was hij verantwoordelijk voor prijsverhogingen die ongewenst of laakbaar waren. Het zwartboek was gedocumenteerd met notulen en brieven.

Reijnen bemoeide zich jarenlang eigenzinnig met transacties, daarbij geholpen door J. Goslings, lid van de hoofddirectie. Zo wilde Reijnen in 1991 bij de bouw van het Haagse stadhuis (eigendom van ABP) Dura Aannemingsbedrijven uit Rotterdam tegen de regels in aan werk helpen. Het bedrijf moest op last van Reijnen, die Goslings inschakelde, in de aanbestedingsprocedure betrokken worden. De directie van de afdeling onroerend goed weigerde. Voorzitter Reijnen volhardde. Hij nodigde daarna de beoogde hoofdaannemer Wilma uit in zijn kantoor. Reijnen zei dat hij het op prijs zou stellen als Wilma Dura zou opnemen in het bouwteam.

De afdeling onroerend goed weigerde opnieuw de opdracht van Reijnen uit te voeren. Adjunct-directeur onroerend goed, F. Seyffert, belde 1 juli 1991 met Daan Dura, voorzitter van de raad van bestuur van Dura Aannemingsbedrijven. Seyffert wilde Dura, een oude studiekameraad, inlichten over het standpunt van zijn afdeling. De notulen van Seyffert: 'Ik heb hem gezegd dat wij als oude rotten in het bouwvak beiden weten dat een interventie van een opdrachtgever in dit stadium van de aanbestedingsprocedure niet kan worden verwacht. […] De heer Dura stelde, na eerst enige tegenwerping gemaakt te hebben, dat hij ons geen ongelijk kon geven, maar dat wij hem niet kwalijk moesten nemen dat hij een contact met de heer Reijnen had benut om te proberen een opdracht binnen te krijgen.'

Reijnen bemoeide zich ook met een grondverkoop in het Heerlense uitbreidingsplan Geleendal. De afdeling onroerend goed verkocht de grond door een openbare inschrijving. Het zwartboek: 'Door de hoofddirectie [Goslings, JD] en uw bestuursvoorzitter werd, al dan niet op initiatief van de burgemeester van Heerlen, deze procedure doorkruist.' Het duo introduceerde 'een oneigenlijke partij', de gemeente Heerlen. Die deed niet mee met de inschrijving, maar mocht uiteindelijk toch de grond kopen. Het leidde tot een juridische procedure en een schadeclaim van een benadeelde projectontwikkelaar die als laagste had ingeschreven bij de aanbesteding.

Reijnen doorkruiste ook de besprekingen over een lease-constructie voor het provinciehuis in Utrecht. De afdeling onroerend goed was al in onderhandeling toen Reijnen persoonlijk ingreep en verordonneerde dat de onderhandelingen via een externe bemiddelaar, G. Sellman, moesten lopen. Die zou de zaak hebben 'aangebracht'. Dezelfde Sellman mocht van Reijnen ook bemiddelen tussen ABP en Rodamco, een omstreden deal in 1991. ABP kocht voor 2 miljard gulden 15 procent van de Rodamco-aandelen. De Algemene Rekenkamer constateerde later dat het ABP veel te veel betaald had. De afdeling onroerend goed, die al een jaar in gesprek was met Rodamco, werd opvallend buiten de onderhandelingen gelaten.

Reijnen verplichtte de afdeling onroerend goed ook zijn buitenlandse en Nederlandse zakenrelaties te ontvangen. Het ging om een lange rij bemiddelaars en adviseurs die graag voor het ABP wilden werken. In een ander geval ging Reijnen op eigen houtje onderhandelen met een vastgoedbedrijf over de aankoop van een pand aan de Rue CaMBOn in Parijs, een project dat al was afgewezen door de afdeling onroerend goed.

Reijnen begaf zich op de onroerend-goedmarkt als de man 'die de zaak regelde', daarbij de directie onroerend goed voor de voeten lopend. Het zwartboek drong er bij het bestuur op aan orde op zaken te stellen. Vrins en Holthuis informeerden de rest van het bestuur die de formele conclusie trok dat Reijnen zich niet schuldig gemaakt had aan strafbaar of laakbaar gedrag. Intern kreeg de voorzitter een paar tikken op de vingers. 'We hebben toen heel diep op hem ingepraat en hem nog eens duidelijk gemaakt aan welke grenzen hij zich heeft te houden', herinnerde Vrins zich in het *Limburgs Dagblad*. Orde op zaken werd er niet gesteld. Reijnen bleef zitten en kreeg zelfs een verlenging van zijn ambtstermijn tot 1 januari 1994. Aan de vooravond van de privatisering van het pensioenfonds moest een bestuurscrisis vermeden worden. De schrijvers van het zwartboek stapten, op één na, gedesillusioneerd op bij het pensioenfonds.

De affaire rond Reijnen was tot dan toe buiten de publiciteit gebleven. Januari 1993 bezorgde de post twee bruine enveloppen bij *Elsevier* en *De Limburger*: het zwartboek. Reijnen overleefde de deining die tot in de Tweede Kamer toe ontstond. Hij bleef tot 1994 voorzitter. Daarna speldde minister Dales van Binnenlandse Zaken hem de onderscheiding van ridder in de Orde van de Nederlandse Leeuw op.

Reijnen had in 1986 bij zijn afscheid als burgemeester van Heerlen ook al een koninklijke onderscheiding ontvangen. Hij werd toen officier in de Orde van Oranje Nassau. Bij de uitreiking sprak toenmalig commissaris der koningin Kremers: 'Ondanks uw functioneren als burgemeester...'

Reijnen was negen jaar burgemeester van de hoofdstad van de mijnstreek. Toen hij opstapte en naar het ABP ging slaakte politiek Heerlen een zucht. 'De man interesseerde zich nergens voor', herinnerde oud-wethouder Jo Andriesma zich in *De Limburger*. 'Als hij er was, was hij vriendelijk. Maar daar bleef het bij. Reijnen heeft Heerlen geen goed gedaan. En dat negen jaar lang, in een periode waarin Heerlen een burgemeester die voor de belangen van de stad opkwam juist hard nodig had. Heerlen is daarmee gestraft.'

Heerlen had in 1976 net de laatste mijnschacht dichtgegooid, toen Reijnen aantrad. In plaats van zich daadkrachtig op het herstel van de stad in nood te storten, was Reijnen vooral veel op reis. Voor een van zijn dertien bijbaantjes. Heerlen interesseerde Reijnen niet. De stad was tweede keus, na een mislukte sollicitatie in Den Haag.

Het pikantste onderdeel van het zwartboek over Reijnen had de anonieme ABP-bron niet in de bruine enveloppen gedaan. Het betrof de banden tussen Reijnen en de Limburgse aannemer Martin Meijsen. Ze kenden elkaar uit de periode dat Reijnen burgemeester in Heerlen was.

Bij de afdeling onroerend goed van het ABP bestond al jaren grote ergernis over het lekken van strategische informatie. De 'markt' wist vaak in een vroegtijdig stadium wat het pensioenfonds van plan was. Daardoor liep het ABP projecten mis of werd de prijs opgedreven. De organisatie was lek, en dat was niet alleen de schuld van Reijnen. De schuld lag ook bij de procedures die de afdeling moest volgen. De commissie Polak adviseerde in 1984, na de affaire-Masson, de werkstructuur te veranderen. Een directeur mocht niet meer ongecontroleerd transacties afwikkelen.

De nieuwe richtlijnen bepaalden dat ieder plan of voornemen door de afdeling onroerend goed moest worden doorgegeven aan hoofddirectie, onroerend-goedcommissie, beleggingscommissie en accountantsdienst. Alles moest in vijftigvoud rondgestuurd worden. Dat bleek onwerkbaar. Het nieuwe beleid zorgde voor lange procedures en voor het uitlekken van vertrouwelijke informatie. De directie onroerend goed wist heel goed dat zowel in de commissies als in het bestuur lekken zaten, maar kon dat nooit hard maken. Tot 1990.

De afdeling onroerend goed wantrouwde Reijnen al een tijd. Bekend was dat hij relaties naar voren schoof en zich bemoeide met transacties. De voorzitter bezorgde zijn relaties echter ook vertrouwelijke informatie, zo ontdekte de afdeling. Die had hij in stapels op zijn bureau liggen. Toen hij in 1986 begon als voorzitter eiste Reijnen dat hij persoonlijk een afschrift van alle voorstellen kreeg. Reijnen was telkens in het vroegste stadium geïnformeerd, zo ook over de geplande verkoop van bungalowpark Vosseven in het Midden-Limburgse Stramproy.

De Heerlense makelaar Stienstra zocht in 1988 namens het ABP een koper voor het park. De makelaar kwam in contact met Meijsen. Het ABP vroeg 5,5 miljoen gulden voor het bungalowpark. Toen Meijsen daarop met een bod van 3,9 miljoen kwam, reageerden zowel de makelaar als de ABP-onderhandelaar verbaasd. Dat was geen prijs om over te onderhandelen. Meijsen daarentegen schermde met de wetenschap dat het ABP toch een bodemprijs van 3,8 miljoen had. Dat had hij zelf vernomen van bestuursvoorzitter Reijnen, kreeg de verbouwereerde onderhandelaar van het pensioenfonds te horen. Meijsen ontkende later dat hij dat gezegd had.

De afdeling onroerend goed kapte de onderhandelingen met Meijsen af. Vosseven ging voor 5 miljoen gulden naar iemand anders. De directie van de afdeling onroerend goed liet onderzoek doen naar het uitlekken van de gegevens. Wat bleek? Bij het ABP had een document gecirculeerd met het bodembedrag van 3,8 miljoen voor Vosseven. Maar dat bedrag was een verouderde waardetaxatie. Het document was intern verspreid, onder meer aan voorzitter Reijnen. In een later document was de prijs opgetrokken, maar dat had voorzitter Reijnen niet bereikt. Voor onroerend-goeddirecteur W. Bleijenberg was de maat vol. Hij stapte in 1988 naar de hoofddirectie met de verklaring van Meijsen, en de resultaten van het interne onderzoek. Reijnen had Meijsen vertrouwelijke informatie verstrekt. Bleijenberg legde de bewijzen op tafel. De hoofddirectie deed niets.

De directie onroerend goed informeerde daarop de beleggingscommissie over het op grote schaal weglekken van vertrouwelijke informatie. De naam van Reijnen viel in die vergadering niet. De beleggingscommissie reageerde wel ontstemd op het besluit van de directie onroerend goed om bij belangrijke onderhandelingen intern geen vijftig copietjes meer rond te sturen. Eind 1991 deed het management van onroerend goed een laatste poging en overhandigde de vice-voorzitters van het bestuur Vrins en Holthuis het zwartboek over Reijnen. Zonder succes.

Wat de opstellers van het zwartboek niet wisten, was dat Reijnen op de loonlijst stond bij Meijsen toen het ABP en de Limburgse aannemer onderhandelden over het bungalowpark. Sinds 1 januari 1988 was hij commissaris en tegenwoordig zelfs president-commissaris bij M. Meijsen Holding BV in het Utrechtse Vleuten. Rijksambtenaar Reijnen overtrad daarmee het ambtenarenreglement. Dat bepaalt dat een ambtenaar geen nevenfunctie mag hebben die conflicterend is. Zoals een commissariaat bij een bedrijf waarmee het ABP zaken doet. Niemand wist echter van de nevenfunctie. Reijnen had de bijbaan, voor zover bekend, niet gemeld in het ABP-bestuur.

De bestuursvoorzitter had niet alleen een relatie met Meijsen. Reijnen was ook bevriend geraakt met makelaar Henk Stienstra. De vriendschap dateerde uit de tijd dat Reijnen nog burgemeester was in Heerlen. Na zijn vertrek naar het ABP bleef de relatie goed. Dat Stienstra een zakenrelatie was van het ABP weerhield Reijnen er niet van enkele weken per jaar gratis vakantie te vieren in een huis van Stienstra in het Zwitserse Davos-Dorf.

Ondertussen schoof Reijnen Stienstra naar voren als mogelijke koper van een complex van 250 huurwoningen in Heerlen. Dat zei een voormalig manager van de afdeling onroerend goed tegen *De Limburger*. Het pensioenfonds was van plan de huizen te verkopen aan de huurders, maar Stienstra wilde het complex hebben om de woningen één voor één te kunnen doorverkopen. De transactie tussen ABP en Stienstra ging uiteindelijk niet door. De directie onroerend goed gaf er de voorkeur aan zelf de woningen aan de huurders te verkopen.

Nog voor zijn vertrek als bestuursvoorzitter bij het ABP, regelde Reijnen de oprichting van een eenmanszaak: Jan A.M.

Reijnen adviseur Bedrijfsleven-Overheid. Het bedrijf is sinds 1 januari 1994 gevestigd in een kantoor van Stienstra in Den Bosch. Reijnen doet sindsdien wat hij als ABP-voorzitter niet laten kon, blijkt uit de doelomschrijving van de eenmanszaak: dienstverlening en bemiddeling bij grote financiële transacties en het uitoefenen van commissariaten en adviseurschappen, onder meer bij Stienstra. Reijnen heeft ook een nieuwe publieke functie: consul van Hongarije.

Zo fout als het tot 1994 zat in de top van het ABP, zo fout zat het ook bij de afdeling onroerend goed zelf. Begin 1992 stapte de directeur van installatiebedrijf TBN uit het Limburgse Nieuwstadt naar Jef Palmen, toen waarnemend directeur onroerend goed. De ondernemer vertelde hoe een objectbeheerder in de regio Zuid-Oost Nederland sjoemelde met aanbestedingen. Palmen maakte er werk van. De man ging eruit.

Terwijl het fonds de handel en wandel van de objectbeheerder onder de loep nam, werd een objectbeheerder van de regio Zuid-West betrapt. De directie schorste hem 24 december 1992, op kerstavond. De man had op kosten van een randstedelijk installatiebedrijf per privé-jet reisjes gemaakt naar Zweden en Italië, en in ruil daarvoor een ABP-opdracht geregeld.

Op 5 januari 1993 kreeg recherche- en adviesbureau Broshuis BV uit Lelystad van de directie onroerend goed opdracht onderzoek te doen naar de twee geschorste medewerkers. Het onderzoek wees uit dat ook de regiomanager voor onroerend goed in Zuid-Oost Nederland, Toine Kerkhoff, vuile handen had. Hij had giften en diensten aangenomen van bedrijven waarmee hij zakelijk van doen had. Bovendien waren er aanwijzingen dat hij de bedrijven bevoordeeld had. Kerkhoff had een machtspositie in Zuid-Oost Nederland, met een onroerend-goedbeleggingsportefeuille van 2 miljard gulden.

De affaire-Kerkhoff maakte duidelijk dat de Limburgse corruptie was doorgedrongen tot alle regionen van het ABP-hoofdkantoor aan de Oude Lindestraat in Heerlen. Het 27 pagina's tellende rapport van Broshuis over regiomanager Kerkhoff is een gênante aaneenrijging van corruptie, valsheid in geschrifte en vriendjespolitiek. Kerkhoff bouwde tussen 1989 en 1991 in Heerlen een riante villa. Daarbij maakte hij dankbaar gebruik van bedrijven die, onder zijn verantwoordelijkheid, opdrachten kregen. Architecten, schildersbedrijven, makelaars en zelfs een wethouder, allemaal stonden ze in de rij om de regiomanager een dienst te bewijzen. Broshuis becijfert in het rapport dat Kerkhoff minstens voor honderdduizend gulden in zijn zak gestopt heeft. In ruil behielden de bedrijven hun riante positie als huisaannemer, mochten ze bouwen of werden ze bevoordeeld bij transacties van het fonds. Het ABP was van alles de dupe. Het betaalde tienduizenden pensioenguldens te veel.

De Geleense architect Wauben was zo vriendelijk geweest de villa gratis te ontwerpen en de vergunningen aan te vragen. 'Ach, een vriendendienst', vertelde ir. B. Wauben tegen onderzoeker Broshuis. Wat hij niet verklapte was dat zijn bureau belangrijke opdrachten van Kerkhoff kreeg. Houtverwerkende industrie Dirks uit Hoensbroek leverde ramen en deuren ter waarde van 50.000 gulden. Kerkhoff kreeg een rekening van 26.000 gulden, maar dat bedrag hoefde de ABP'er uiteindelijk niet te betalen.

De villa moest een keuken hebben. Kerkhoff klopte aan bij Bruynzeel Keukens in Bergen op Zoom. Dat bedrijf leverde keukens voor ABP-woningen. Kerkhoff kreeg 60 procent korting. Bruynzeel bekende later dat vijftien tot twintig ABP'ers korting kregen. Hoe hoger de functie, hoe hoger de korting. Iemand die 'in de positie was beslissingen te kunnen nemen' kreeg van Bruynzeel een superkorting.

Zowat alles aan de villa was met een fikse korting of gratis aangebracht. Aannemersbedrijf Hobru, door Kerkhoff betrokken bij ABP-projecten, had de tegelvloer gelegd. Tijdens een bijeenkomst van de Lions Club Hoensbroek had hij tegen Hobrutopman H. van 't Hoofd geklaagd dat hij geen tegelzetter kon vinden. Van 't Hoofd hielp daarna zijn Lions-vriend uit de brand en vergat een rekening te sturen. Die kwam pas nadat Broshuis begon te speuren.

Met medewerking van de Heerlense wethouder Hub Savelsbergh

en projectontwikkelaar Stienstra kon Kerkhoff bouwgrond kopen op een van de betere lokaties om zijn villa op te bouwen. Opnieuw was het voordeel groot. Stienstra berekende een prijs per vierkante meter van 72 gulden, een flink stuk lager dan de 150 tot 200 gulden voor omliggende percelen. Van de bouwkosten van de villa betaalde Kerkhoff de laatste termijn van 65.000 gulden niet aan aannemer Jacobs. Kerkhoff vloog er in augustus 1993 uit. Dankzij het oude jongens netwerk van de Lions Club in Hoensbroek had hij meteen een nieuwe job: directeur van de Woningstichting Hoensbroeck die het gros van de opdrachten aan Hobru gaf.

Het was eind augustus 1994 toen interim-directeur M. Reissenweber van de afdeling onroerend goed de tweehonderd medewerkers ernstig toesprak over de aan het licht gekomen corruptiezaken. Hij hamerde erop dat het voor het ABP van levensbelang is dat bij het doen van zaken zo verantwoord mogelijk wordt gehandeld. Iedereen moet zich aan de regels houden, zei Reissenweber. Hij riep het personeel op om 'eventuele twijfelachtige handelingen uit het verleden' alsnog te melden. De oproep leidde niet tot een stormloop. Dat is op het eerste gezicht vreemd. De drie betrapte ambtenaren waren geen uitzondering, had het recherchebureau ontdekt. Tijdens het onderzoek waren ook tegen andere medewerkers van de bedrijfseenheid onroerend goed verdenkingen gerezen. Dat was nog maar het topje van de ijsberg. 'Bij niet systematische aanpak ervan zullen ze zich blijven herhalen', concludeerde Broshuis. 'De bedrijfscultuur en de werkwijze van het ABP bieden te veel mogelijkheden tot ongecontroleerd en normafwijkend gedrag.' Daarom was volgens het recherchebureau het ombuigen van de bedrijfscultuur 'een dwingende voorwaarde' om corruptie en fraude in de toekomst te voorkomen. Wat Broshuis op de bedrijfseenheid Zuid-Oost, de afdeling van de ontslagen Kerkhoff, aantrof was bij de andere drie regio-afdelingen niet anders.

Dat de medewerkers van de afdeling onroerend goed desondanks niet massaal naar de directie stapten om fraude en corruptie te melden, hoefde geen verbazing te wekken. Zeker gezien de sfeer die Broshuis aantrof tijdens zijn onderzoek. Op de afdeling was een gebrek aan openheid, informatie moest er door Broshuis beetje bij beetje uitgetrokken worden of werd gewoon niet gegeven. Ook bij de bedrijven ondervond Broshuis weinig hulp. Bedrijven bleven liever trouw aan individuele ABP'ers dan aan het pensioenfonds. Broshuis verzuchtte: 'Men is van mening dat dit de zoveelste affaire is die – na enig onderzoek – vanzelf weer overgaat. Meermalen is de opmerking gehoord: het ABP blaft wel, maar bijt nooit.'

Kerkhoff is nooit strafrechtelijk vervolgd. Op 15 mei 1996 maakte het openbaar ministerie in een persbericht bekend dat 'na zorgvuldige afweging' besloten was geen strafrechtelijk onderzoek in te stellen tegen de ex-ambtenaar. Kerkhoff ontsprong de dans vanwege het tekort aan onderzoekscapaciteit bij de rijksrecherche. Zijn zaak lag sinds 16 november 1993 klaar. Oriënterend onderzoek had bevestigd dat Kerkhoff voor een ton bevoordeeld was. Maar de rijksrecherche kwam handen tekort. Het dossier bleef liggen. In 1996 concludeerde de Maastrichtse hoofdofficier H. Overbosch, opvolger van de gepensioneerde Fransen, dat er te veel tijd verstreken was om nog een strafrechtelijk onderzoek te doen. Tegen de tijd dat de zaak ter zitting zou komen, kon Kerkhoff wel eens met succes een beroep doen op het Verdrag van Rome. Volgens dat verdrag moeten verdachten binnen redelijke termijn vervolgd worden. Die termijn leek inderdaad overschreden, nadat tweeëneenhalf jaar niets met het dossier gedaan was.

13 Robin Hood

Februari 1991. In de schouwburg van Heerlen hing op de verkiezingsavond van de PVDA-Limburg een bedrukte sfeer. De partij stond vlak voor de Statenverkiezingen op verlies. Tussen alle somberheid was het de Limburgse lijsttrekker Henk Riem die het lukte het publiek op te vrolijken. Hij hield een bevlogen toespraak.

Diezelfde avond prees voorzitter Arie Kuijper van het PVDA-gewest Limburg hem als 'de Robin Hood van de Limburgse politiek'. Het was Riem gelukt zijn partij een plaats te geven in de door het CDA gedomineerde Limburgse politiek.

Henk Riem was een buitenbeentje. De langharige onderwijzer ontpopte zich eind jaren zeventig als gesoigneerd, onaantastbaar gentleman-bestuurder. Riem oogstte waardering. Blonk uit als spreker en strategisch denker, stond bekend als bekwaam provinciaal bestuurder en onderhandelaar. Het CDA had het niet gemakkelijk bij de coalitiebesprekingen.

Hij had ook een minder aardige kant. Riem was autoritair, kon een tegenstander genadeloos neersabelen. Riem leek, vond menig arbeider, veel op het altijd bevochten establishment. Met zijn snelle en dure levensstijl, gebruinde gezicht, Italiaanse pakken en duikvakanties. Het bezorgde Riem een naam als dandy en charmeur.

Riem werd in 1941 in Rotterdam geboren als jongste van negen arbeiderskinderen. Vader was filterwachter bij het gemeentelijk waterleidingbedrijf. Henk speelde aan de oevers van de Maas, bij de scheepswerven van Smit. Zoonlief had ambities. Ging naar de kweekschool, haalde de hoofdakte en gaf les aan een school in IJsselmonde. Vier jaar later werd hij hoofd van een school in Charlois. Met 24 jaar was hij Rotterdams jongste schoolhoofd.

Toen Riem op een morgen om half vijf wakker werd, scherven op zijn dekens omdat de ruiten het door een ontploffing van een raffinaderij hadden begeven, hield hij het in Rotterdam voor gezien. Met zijn Limburgse vrouw, die nooit had kunnen wennen in de stad, verhuisde hij in 1970 naar Maastricht. Hij had een benoeming op zak als directeur van nutsschool Pierre Kemp, een progressieve school in een conservatieve stad. Riem zat vol idealen. De kinderen kregen een kinderboerderij, de ouders inspraak. Riem, nog met volle baard, schoor persoonlijk de schapen van de kinderboerderij. In *De Limburger* zei Riem over die stap: 'Het was in het begin niet makkelijk als Rotterdammer, in die wat introverte stad Maastricht. Om wat aan sociale netwerkvorming te doen, ben ik toen lid van de PVDA geworden.' Zijn collega's van de Pierre Kemp-school bespraken hem in het weekblad *Vrij Nederland* met een mengeling van gevoelens: 'Hij was inspirerend. Een gedreven man, die al zijn idealistische ideeën op school kwijt kon. Maar hij was ook ijdel en leefde graag in luxe. Er wordt nu gezegd dat hij op geitenwollen sokken naar Limburg kwam, dat is niet waar. Hij kwam in een pak van Dick Holthaus, wat toen je van het was. Niets van dat arbeideristische, dat toen in de mode was.'

Riem maakte snel carrière: afdelingsbestuurder, gewestelijk bestuurder, medewerker van de Limburgse Kamerleden A. Oele en J. Knol. Riem reisde door de provincie, bezocht fanatiek vergaderingen. Het was weinig verbazingwekkend dat het gewest hem in 1974 hoog op de kandidatenlijst voor de Statenverkiezingen zette. Riem schoof meteen door als fractievoorzitter. Zijn inzet en liefde voor de school verdwenen. In 1978 nam hij ontslag als schooldirecteur, na zijn benoeming tot gedeputeerde.

Zijn positie als politiek leider stond nooit ter discussie. Ook al was er onvrede over de houding van de fractietop tegenover het CDA. De PVDA mocht een, en één periode zelfs twee van de zeven GS-zetels hebben. In ruil eiste het CDA loyaliteit. In het college van Gedeputeerde Staten had die partij het voor het zeggen.

De loyale houding van Riem bleek in de jarenlange discussie rond de uitbreiding van vliegveld Beek. Landelijk was de PVDA tegen nachtvluchten op regionale vliegvelden. In Limburg was de PVDA-top vóór nachtvluchten, het standpunt van het college van GS. Tot onvrede van veel lokale afdelingen. Riem had grote invloed binnen de partij. Hij wist zich door dik en dun gesteund door de tweede PVDA-gedeputeerde Ger Kockelkorn en door fractievoorzitter en opvolger Jan Tindemans.

Riem had de touwtjes in de fractie stevig in handen. Tijdens fractievergaderingen kon de gedeputeerde zich opwinden als de fractie niet zijn zienswijze volgde over onderwerpen als het vliegveld of de ontgrindingen. Het werd toegeschreven aan zijn enthousiaste vasthoudendheid.

Riem mocht zich aanvankelijk binnen GS bezighouden met weinig zwaarwegende taken als de provinciale reclame-verordening, de drank- en horecawet en volksgezondheid. Hij brak in 1982 door, toen hij de portefeuille ruimtelijke ordening, volkshuisvesting en stads- en dorpsvernieuwing kreeg. De PVDA'er bevond zich opeens in het blikveld van lobbyende baggeraars en aannemers. Tot zijn portefeuille behoorden de ruimtelijke aspecten van het ontgrondingenbeleid. Riem bepaalde mee waar wel en waar niet gebaggerd mocht worden. Verantwoordelijk voor de ontgrondingen zelf was tussen 1982 en 1986 CDA-gedeputeerde Verhagen. Diens partijgenoot Piet Hilhorst had de portefeuille tussen 1986 en 1991. Weinigen wisten dat Riem, hoewel grind niet in zijn portefeuille zat, begin 1988 in de avonduren gesprekken had met de grindproducenten. Daarover zei Riem later in *De Limburger*: 'Het maatschappelijk draagvlak daar ebde duidelijk weg, terwijl ik mij niet kon voorstellen dat er geen maatschappelijk nuttige uitweg zou zijn.' In 1991 nam Riem de ontgrondingen en de herinrichting van ontgrondingsgebieden over van Hilhorst.

Vanaf het moment dat Riem deze zware portefeuille had, was hij onderdeel van 'het systeem'. Gedeputeerden onderhielden nauwe contacten in de Limburgse bouwwereld. Riem paste zich aan. Een van zijn relaties was projectontwikkelaar Joop Thomas.

Diens toenmalige bedrijf, Bureau Wyckerveste in Maastricht, was een van de aandeelhouders van Aqua Terra NV. Die onderneming had in 1986 van de provincie Limburg na schimmige onderhandelingen in één keer duizend hectare land en tweeduizend hectare Maasplassen gekocht. Vanaf het begin waren er vraagtekens. Eén aandeelhouder bleek een Panamese postbusfirma te zijn, en Aqua Terra had het immense gebied, drie keer de Loosdrechtse plassen, wel érg goedkoop kunnen kopen. Verantwoordelijk was Verhagen. Was het koosjer verlopen? Geen mens kon aantonen dat er gesjoemeld was. Dat was ook moeilijk. Cruciale documenten bleken zoek in het archief van het provinciehuis of waren er nooit geweest.

Wyckerveste kreeg een jaar na de deal met Aqua Terra op voordracht van Riem een mooie opdracht van GS. Wyckerveste mocht als onafhankelijk adviseur de ontwikkeling en begeleiding doen van de nieuwbouw van het Researchinstituut voor Bedrijfswetenschappen (rvb). Dat instituut was door Kremers vanuit Leiden naar Maastricht gehaald.

Thomas en Riem waren bevriend geraakt. Ze gingen samen op vakantie. En vrienden helpen elkaar. Toen de inmiddels gescheiden Riem financieel moeilijk zat met het betalen van alimentatie, nam Thomas diens ex-vrouw in dienst als secretaresse.

Uit 1987 stammen ook Riems eerste contacten met Baars. Bij de huiszoeking in het kantoor van Baars vonden rechercheurs daar jaren later bewijzen van. Riem fungeerde als adviseur en informant. Hij voorzag de wegenbouwer van strategische informatie en hielp hem waar hij kon. Het contact werd steeds nauwer. Riem ontmoette Baars tientallen keren per jaar, ging met zijn vrouw op bezoek bij de wegenbouwer, bezocht diens wijn- en jachtfeesten en wierp zich op als belangenbehartiger van het bedrijf. Dat ging zover dat Riem in 1988 voor Baars een bezwaarschrift aan GS op papier zette. Toen Baars in 1989 de nieuwbouw van zijn vestiging in Haelen klaar had, kwam Riem die natuurlijk openen. De stukken grond die Baars in het Maasdal had, zouden op initiatief van Riem met voorrang ontgrond worden. En buiten kantoortijd was de gedeputeerde bezig met het voorbereiden van de verhuizing van het bedrijf van Baars.

Riem was een lid van de generatie jonge PVDA'ers die in de jaren tachtig het CDA wilden beconcurreren met middelen en methoden waarvan die partij zich bediende. De PVDA moest zich net als het CDA beter verankeren in maatschappelijke organisaties. Riem, maar ook iemand als Karl Dittrich, die het nog tot voorzitter van het college van bestuur van de Universiteit Maastricht zou gaan schoppen, bouwden aan maatschappelijke netwerken. Dittrich nam de voorzittershamer van de Maastrichtse voetbalvereniging MVV ter hand. Riem werd voorzitter van de Maastrichtse harmonie Ster der Toekomst. Dat had een positief effect. Zo kreeg voorzitter Jean Eijssen van het uniformenfonds van de harmonie een telefoontje van wegenbouwer Baars. 'Ik wil sponsoren', zei Baars, 'Wat dacht u van vijfduizend gulden?' Toen Eijssen niet snel reageerde, riep Baars: 'Zevenduizendvijfhonderd gulden dan?' 'Ho, ho', zei Eijssen, 'vijftienhonderd gulden is meer dan genoeg.' PVDA-Tweede-Kamerlid Rein Hummel kwam het geld een paar dagen later brengen. Hummel verrichtte hand- en spandiensten voor Baars. Hij zorgde vaker voor het spekken van de kas van de harmonie. In 1986 haalde hij voor 'de Ster' drieduizend gulden op bij aannemer Hobru. Dat lekte uit. Hummel werd door de Limburgse en Haagse partijtop scherp bekritiseerd. De 'uniformenkwestie' leidde tot een breuk tussen Hummel en de PVDA. Het was not done voor PVDA-politici om geld bij bedrijven op te halen. Wat niemand wist, was dat Riem in zijn gloriedagen als politiek leider van de Limburgse PVDA precies hetzelfde deed. Hij peuterde, voordat hij in 1990 ontslag nam als voorzitter van de harmonie, twee keer vijfduizend gulden los bij aannemer Van den Biggelaar en directeur Th. Krans van de gezamenlijke Limburgse grindproducenten, verenigd in de Panheelgroep. Met Van den Biggelaar en Krans had hij als gedeputeerde zakelijk van doen. Riem zei later, in zijn hoger beroep voor het hof in Den Bosch: 'Ik heb zoiets vaak gedaan. Dat doen ze allemaal in Limburg.'

Na de uitputting van de steenkool is het grind in het Maasdal

Limburgs grootste bodemschat. In de grindwinning gaan jaarlijks honderden miljoenen om. De provincie is nagenoeg de enige leverancier van grind in Nederland. Sinds mensenheugenis halen bedrijfjes het uit het Maasdal. Na de oorlog gebeurde dat op grote schaal, toen grind en zand nodig waren voor de wederopbouw. Het werd een miljoenenbusiness die tot een wildgroei van baggergaten leidde.

In de regio verzetten bewoners en actiecomités zich tegen wat openlijk de grindmaffia genoemd wordt. 'Een zekere vergelijking met de maffia gaat ook wel op', vond advocaat R. baron van Hövell tot Westerflier, woordvoerder van het actiecomité 'Stevol Nee', in *De Limburger*. 'Net als de echte maffia hebben de grindboeren een structuur ontworpen waardoor ze overal greep op hebben. Hun invloed reikt tot in de hoogste regionen. En bovendien wordt door de grindbedrijven net als de echte maffia smeergeld betaald, zelfs openlijk.'

'Stevol Nee' verzet zich sinds 1987 koppig tegen de afgraving van 220 hectare natuur- en landbouwgebied tussen Stevensweert en Ohé en Laak. Het comité beschikt over aanwijzingen dat bestuurders en ambtenaren in het grindwinningsgebied zich hebben laten kopen door grindbedrijven. In ruil stelden ze zich bereidwillig op ten aanzien van grindwinning. De belangenverstrengeling tussen lokale overheden en grindbedrijven gaat ver. Het comité ontdekte dat de advocaat van baggeraar Dekker, die in 1990 een hinderwetvergunning van Ohé en Laak wilde, van B en W zèlf de tekst van de vergunning mocht schrijven.

De grindproducenten deelden openlijk smeergeld uit. Stevensweert, Ohé en Laak en Maasbracht mochten en mogen voor miljoenen wegen en fietspaden aanleggen op kosten van de grindboeren. Er was telkens één voorwaarde: de gemeenten mochten zich niet verzetten tegen de ontgrindingen en moesten meewerken aan het verlenen van vergunningen. Deden ze dat niet, dan moesten ze wegen en fietspaden alsnog zelf betalen. De bestuurders lieten hun gemeenten in een vrijwillige houdgreep nemen door de grindboeren.

De grindsector kocht ook het culturele en maatschappelijke

leven in Midden-Limburg. Een kogelvanger voor de schutterij, een video-set voor de lagere school, een donatie voor een voetbalclub met kastekort. Een door de grindbazen opgericht bedrijfje, Grindmeren BV, zorgt voor het uitdelen van het geld. Wie centen wil, moet wel een vlag van Grindmeren uithangen.

Grindmeren voert een ruimhartig beleid. Zo ontving de peuterspeelzaal in Heel ongevraagd duizend gulden. Ook de afdeling van Jong Nederland, de atletiekvereniging en de harmonie in Heel konden geld opstrijken. In ruil organiseert de atletiekclub een Grindmerenloop en komen de harmonieën bijeen voor een Grindmerenconcert waar een zilveren Grindtrompet te winnen is.

Om een einde te maken aan de wildgroei van baggergaten maakten provinciebestuur en baggeraars in de jaren tachtig een afspraak. Die bepaalde waar gebaggerd mocht worden en regelde de herinrichting van de grindgaten tot recreatiegebieden. Om dat te betalen deden de baggeraars voor elke ton grind één gulden in een grindfonds, dat beheerd zou worden door de provincie. De afspraken waren moeilijk te controleren. Vooral de besteding van de honderden miljoenen uit het grindfonds en de afdrachten aan dat fonds. De herinrichting is in handen van één concern: Van den Biggelaar.

Gedeputeerde Kockelkorn wilde begin jaren tachtig de democratische controle op de grindwinning regelen in een ontgrondingenplan. Tot dan toe hadden GS het alleen voor het zeggen. Kockelkorn wilde Provinciale Staten zeggenschap geven over waar voortaan ontgrond zou worden. Omdat te veel partijen baat hadden bij het wegblijven van democratische controle, kwam het ontgrondingenplan er niet. Wel gingen GS in 1988 met minister Smit-Kroes praten. Dat leidde tot een convenant. Limburg zou nieuwe gebieden voor de winning van zeventig miljoen ton grind aanwijzen. Toen bewoners en milieugroepen daartegen in opstand kwamen, volgden nieuwe onderhandelingen. In april 1990 sloten GS een nieuw convenant met de minister. Limburg hoefde nog maar vijfendertig miljoen ton grind te leveren voor de nationale behoefte. Nog belangrijker was dat voor het eerst vastgelegd werd dat het de laatste tonnen waren. Iedereen was blij, behalve de grindsector.

Maar nog was niet alle hoop verloren. In dezelfde maand dat het convenant was gesloten, presenteerde een kleine commissie van de PVDA-fractie in Provinciale Staten de nota 'De ooievaar terug in Limburg'. De Grensmaas tussen Maastricht en Maasbracht moest een paradijs worden van kreken, stroomgeulen en moerassen. Om dit plan te verwezenlijken moest er gebaggerd en verbreed worden. De opbrengst van het gewonnen zand en grind zou de natuurontwikkeling kunnen betalen. Animator van de kleine commissie was Henk Riem. Opmerkelijk was dat het plan de mogelijkheid openliet om meer dan vijfendertig miljoen ton grind te winnen. Directeur Krans van de Panheelgroep, waarin de in Limburg werkzame baggeraars verzameld zijn, was onmiddellijk gecharmeerd van het plan. 'Het initiatief strookt met onze ideeën. Zelf zijn wij ook bezig met een totaalplan voor de Maas. De beide plannen lopen parallel', zei hij in *De Limburger*. Het comité 'Stevol Nee' had zijn bedenkingen. Volgens het comité probeerde de PVDA langs een omweg grindwinning blijvend mogelijk te maken in Limburg. 'Als de PVDA grind wil winnen, laten ze er dan eerlijk voor uitkomen. Nu krijgen we de grindwinning verpakt in een natuurpapiertje.' De PVDA zorgde onder leiding van Riem voor een opmerkelijke zwenking in het provinciale beleid. Uit berekeningen bleek dat het plan Ooievaar maximaal tweeënzeventig miljoen ton grind kon opleveren. Twee keer zoveel als met Smit Kroes in het tweede convenant was afgesproken. Riem, die net de portefeuille ontgrindingen van gedeputeerde Hilhorst had overgenomen, loodste in oktober 1991 het PVDA-plan door GS.

De man die Limburg aan een nieuwe grindpolitiek hielp, vertrok een maand later om burgemeester te worden van Brunssum, een stadje in de mijnstreek met nauwelijks dertigduizend inwoners. Een vreemde overstap, vond menigeen. Maar er was weinig keus. Riem had liever de zekerheid van een burgemeestersbaantje dan de onzekerheid van zijn deputéschap. Na deze vierde ambtstermijn als gedeputeerde zou Riem naar een andere functie moeten omzien. Het was nog maar de vraag of er dan een bestuurdersstoel klaar stond. Om Riem in Brunssum te krijgen, had commissaris der koningin Mastenbroek het unanieme negatieve advies van de vertrouwenscommissie naast zich neergelegd. Mastenbroek was het wat waard om zijn oud-collega te helpen. Bij zijn vertrek als gedeputeerde op 15 november 1991 kreeg Riem uit handen van de gouverneur de hoogste onderscheiding van de provincie.

Een maand eerder was de telefoon gegaan in het kantoor van Riem in het provinciehuis aan de Maas. Het was directeur C. Kraaijeveld van Dekker Bedrijven in IJzendoorn. Hij had gehoord dat de gedeputeerde in was voor een bijbaan in het bedrijfsleven. Aan alle kanten werd aan Riem getrokken. De Panheelgroep wilde hem, net als Ankersmit en Dekker. Kraaijeveld maakte een afspraak met Riem op 30 oktober 1991 in hotel Centraal in Den Bosch.* Kraaijeveld kende Riem vluchtig. Ze hadden elkaar drie jaar eerder ontmoet op een liefdadigheidsfeest voor Unicef in Maastricht.

Tijdens het gesprek in Den Bosch zei Kraaijeveld tegen Riem dat hij hem wilde hebben voor zijn bedrijf. Hij wilde hem ook alléén hebben en liefst in een openbare functie als commissaris. Dekker Bedrijven had goede ervaringen met een voorganger van Riem. Oud-gedeputeerde Verhagen stond al jaren als adviseur op de loonlijst. Verhagen, die tussen 1982 en 1986 als deputé van ontgrondingen miljoenencontracten sloot met Dekker en de andere baggeraars, had zijn advieswerk niet aan de grote klok gehangen.

Riem had wel oren naar een betaalde bijbaan bij Dekker Bedrijven. 'Maar', zei hij, 'er is ook belangstelling voor mij van andere bedrijven, zoals de Panheelgroep.' Kraaijeveld herinnerde zich later, toen hij verhoord werd door de rijksrecherche, dat Riem

---

* De informatie over de contacten tussen Riem en de grindsector is gebaseerd op getuigenverklaringen en op het strafrechtelijk onderzoek tegen Riem.

ook gezegd had dat hij geld nodig had. Riem deed grote uitgaven: een huis van vier ton, een dure verhuizing, een verbouwing van vijftigduizend gulden en een nieuwe auto. Riem vroeg 120.000 gulden, wat Kraaijeveld veel vond.

De Panheelgroep lag inderdaad op de loer om de gedeputeerde in te lijven als adviseur en informant. Twee dagen voordat Riem zijn afscheid vierde in het provinciehuis, liet directeur Krans van de Panheelgroep bij de scheidend gedeputeerde een 'kistje geestrijk vocht' afleveren, zoals op het begeleidend briefje stond. Krans bedankte de gedeputeerde voor zijn inzet voor de grindwinning en wenste hem alle goeds in zijn nieuwe functie. 'Je toezegging dat je graag voor ons bereikbaar zult blijven, staat onderstreept in mijn notitieboekje.'

De dag dat de wijn bezorgd werd, had Riem in zijn werkkamer op het provinciehuis nog een gesprek met Krans, Van de Zande (Panheel) en Van den Biggelaar. Hij was al druk bezig met het opruimen van zijn bureau toen het trio kwam klagen over de weigering van ambtenaren om zestigduizend kubieke meter zand van de provincie ter beschikking te stellen aan de grindboeren. Riem liet twee ambtenaren opdraven. In het bijzijn van de klagers gaf hij opdracht een brief te sturen waarin het zand alsnog ter beschikking kwam. De ambtenaren voelden zich geschoffeerd.

Twee dagen na zijn installatie als burgemeester begon Riem met bijklussen. Hij stuurde een concept adviesovereenkomst naar Dekker. De wethouders en de gemeenteraad wisten van niets. Dat was maar goed ook, want dat paste niet in het profiel van de nieuwe burgemeester zoals de gemeenteraad had opgesteld. In de profielschets stond: 'Het uitoefenen van nevenfuncties door de nieuwe burgemeester wordt acceptabel geacht voor zover deze rechtstreeks gerelateerd zijn aan dan wel voortvloeien uit het burgemeestersambt, niet resulterend in ongewenste vermenging van functies en in principe onbetaald zijn.'

In februari 1992, drie maanden na zijn benoeming, nam Riem in het geheim de aandelen van een lege BV over van een accountant uit Weert. Bij het betalen van de koopsom voor de aandelen kwam hij overeen dat de aandelen pas definitief zouden worden overgedragen als naam, doel en vestigingsadres van de BV waren veranderd. Die wijzigingen voerde Riem pas 17 december 1993 uit, waardoor in het openbare register van de Kamer van Koophandel twee jaar lang onzichtbaar bleef dat de burgemeester, die geen commerciële nevenfuncties mocht hebben, een BV had. Ondertussen handelde hij wel als directeur van de BV. Zo deed hij begin april 1992 een rekening van 120.000 gulden op de post voor Dekker: 'Conform overeenkomst brengen wij u in rekening voor advieswerkzaamheden tot ultimo 1992.' Tegenover de rijksrecherche zou Riem later zeggen dat de helft van dat bedrag een lening was. Op papier was daarover echter niets vastgelegd, terwijl Riem wèl btw had berekend over de hele 120.000 gulden. 'Foutje', zei Riem later tegen justitie die dacht dat de zestigduizend gulden smeergeld was, één gulden voor elke kuub zand die Riem op de voorlaatste dag als gedeputeerde had weggegeven aan de grindproducenten.

Twee weken burgemeester, november 1991, ontmoette Riem Krans tijdens de receptie in het provinciehuis. Riem vertelde dat hij commissaris zou worden bij Dekker. 'Dat hoeft een adviseurschap bij de Panheelgroep toch niet in de weg te staan', opperde Krans. Krans nam al spoedig nader contact op met Riem. Op 10 december 1991 negen uur 's morgens hadden ze een gesprek in het gemeentehuis van Brunssum. Riem gaf meteen wat handzame informatie over de afwikkeling van grindzaken door de provincie. Per 1 april 1992 kreeg Riem een betaald adviseurschap bij de Panheelgroep. In de maanden daarna gebruikte hij zijn status als oud-gedeputeerde bij het vergaren van informatie in het provinciehuis. De contacten na zijn vertrek uit het provinciehuis waren prima. Slechts weinigen wisten dat hij op de loonlijst van de baggeraars stond.

Hij belde zijn oude collega's en ambtenaren en kreeg moeiteloos informatie los. Riem was precies op de hoogte van het verloop van GS-vergaderingen en wist Krans de uitslag van stemmingen binnen GS te melden. Riem speelde ook een spelletje met zijn opvolger en partijgenoot Jan Tindemans. Over Tindemans zei Riem tegen Krans toen die 22 mei 1992 weer eens een kop koffie kwam drinken in Brunssum: 'Het probleem met Tindemans is dat hij aan het begin van zijn politieke carrière staat, dat hij goede sier wil maken met het natuurontwikkelingsplan. [...] Een vooropgezet plan, ten eerste omdat het de PVDA politiek gewin kan bezorgen en ten tweede omdat er ambtenaren zijn die het interessant vinden om eens met andere dan grindproducenten in zee te gaan.'

Riem had het provinciehuis verlaten, maar van binnenuit werd hij royaal voorzien van vertrouwelijke documenten die hij in zijn adviespraktijk kon gebruiken. Tussen de stukken zaten ook orginele documenten uit de werkkamer van zijn opvolger Tindemans. Een justitie-onderzoek naar de bron binnen het provinciehuis leverde in 1995 niets op. Wel was duidelijk dat de dader zich moest bevinden in een kleine groep: de leden van het college van Gedeputeerde Staten, de griffier en zijn adjunct, een handjevol ambtenaren en een enkele secretaresse.

Griffier Oppenhuis de Jong verklaarde later tegen de rijksrecherche van Riem gehoord te hebben dat hij iemand had binnen de provincie van wie hij provinciale stukken ontving. Riem ontkende dat weer en zei dat hij dat nooit zo stellig bedoeld had. 'Ik zal in mijn gesprek met Oppenhuis de Jong de heer Klaas Slijkhuis bedoeld hebben. Voor zover ik mij herinner heb ik wel eens een stuk van hem ontvangen. Ik wil echter opgenomen zien dat ik hiermee niet de stukken bedoel die u bij de huiszoeking heeft aangetroffen. Deze stukken heb ik van diverse kanten en ook anoniem ontvangen.' Slijkhuis, hoofd afdeling water en ontgrondingen, ontkende op zijn beurt in zijn verhoor dat hij Riem ooit één stuk gegeven had. Hij was toch ook met Riem en de grindproducenten naar een thuiswedstrijd van MVV gaan kijken, hield de rijksrecherche hem voor. 'Dat staat mij niet meer bij', zei Slijkhuis.

Na zijn vertrek had Riem weinig contact met zijn opvolger Tindemans. Ze zagen elkaar op de verjaardag van Kockelkorn, op een eet- en drinkfestijn in Maastricht, het Preuvenemint, en tijdens de afscheidsreceptie van Mastenbroek. De gouverneur had vlak voor zijn pensioen Riem nog een brief geschreven waarin hij hem vroeg het commissariaat bij Dekker op te geven. Riem had hem die nevenfunctie gemeld. Van de adviseurschappen en leningen die niet op papier stonden, wist Mastenbroek niets. Riems voormalige secretaresse hield ondertussen regelmatig contact met haar vroegere baas. Ze had ook wel eens iets voor Riem gecopieerd. Wat dat was, wist ze niet meer toen de rijksrecherche dat later vroeg.

Als kopstuk was Henk Riem op 3 maart 1993 vanzelfsprekend aanwezig op de bijeenkomst van Limburgse PVDA-bestuurders in Roermond. Die avond kwam minister Dales praten over corruptie. Riem zat in het zaaltje van de Oranjerie naast het Maastrichtse raadslid Jean Eijssen. De burgemeester bietste sigaretten uit het pakje van Eijssen – hij had weer eens geen sigaretten bij zich. Eijssen ergerde zich daar altijd aan. In het zaaltje klonken verontruste stemmen over de lange duur van de corruptieonderzoeken. Het openbaar bestuur dreigde verlamd te raken, klaagden de Limburgers. Dales zou op spoed aandringen bij haar collega van justitie, beloofde ze. 'Een diepgaand onderzoek naar corruptie is absoluut noodzakelijk', waarschuwde de minister met opgeheven vinger, 'Ook al is het een pijnlijk en hardnekkig proces. Als we dit fenomeen niet aanpakken tornen we aan het fundament van de rechtsstaat.' Iedereen knikte, ook Riem. Zeven weken later stond de rijksrecherche in alle vroegte op de stoep bij zijn villa in Brunssum. Conform de lijn die door de PVDA was uitgezet, trad hij tijdelijk terug als burgemeester. Gepensioneerd burgemeester J. Matti nam het ambt waar.

Het zou bijna twee jaar duren, tot 20 maart 1995, voordat Riem voor de rechtbank verscheen. In de tussentijd stonden de kranten vol. Steeds meer feiten kwamen aan het licht. Steeds meer adviseurschappen bleken nooit gemeld aan de gemeenteraad. Voor de meeste opschudding zorgde zijn adviseurschap bij het mergelverwerkende bedrijf Ankersmit in Maastricht. Dat was pikant, want één maand voordat Riem als gedeputeerde van ontgrondingen vertrok, hadden GS op zijn voorstel een omstreden besluit genomen over de afgraving van een deel van het plateau van Margraten ten behoeve van Ankersmit. Het GS-besluit betekende het verdwijnen van het gehucht 't Rooth. Pikant was ook dat twee jaar daarna, bij huiszoeking in de woning van Ankersmit-adviseur Riem, een geheime GS-nota was gevonden over de bestuurlijke keuze rond de uitbreiding van groeve 't Rooth. De nota was twee maanden eerder gemaakt in opdracht van Tindemans en behandelde de juridische risico's die de provincie liep bij het alsnog beperken van de afgraving van het plateau. Tindemans wilde Ankersmit minder laten afgraven. Hij had al eerder het vermoeden dat iemand Ankersmit had geïnformeerd. Tijdens de vergadering waarop GS de nota bespraken arriveerde een fax van Ankersmit. Uit die fax bleek dat dat bedrijf al op de hoogte was van de inhoud van de nota.

In de vroege ochtend van dinsdag 5 oktober 1993, bijna zes maanden na het begin van het onderzoek, haalden rechercheurs Riem thuis op voor een nieuw verhoor. Officier van justitie Van Atteveld hield hem aan en liet hem overbrengen naar een cel van het politiebureau in Eindhoven. Tegelijkertijd arresteerden de rechercheurs ook Krans, Van den Biggelaar en Kraaijeveld. Zij kwamen na enkele uren weer vrij. Riem bleef elf dagen vastzitten.

Donderdagavond 31 maart 1994. Limburg maakte zich op voor Pasen. Even tevoren had justitie een tip gekregen dat ten behoeve van Riem collegebesluiten waren vervalst. Rechercheurs verhoorden de vier wethouders, de gemeentesecretaris en Riem. Zij zouden in 1993 collegebesluiten zo op papier gezet hebben dat het leek alsof ze een jaar eerder waren genomen. Daaruit moest blijken dat B en W toen al akkoord gingen met een reis naar Israël op kosten van de gemeente en met Riems bijbanen. Het was echt allemaal in 1992 besproken, was het verweer, alleen was het nooit op papier gezet. Dat was dus later alsnog gebeurd. Justitie geloofde er niets van en nam het complete college in hechtenis. Brunssum was stuurloos, alleen waarnemer Matti was nog op zijn post. Hij wist niets van de collegebesluiten. De wethouders mochten Goede Vrijdag weer naar huis, de gemeentesecretaris en Riem pas Eerste Paasdag.

De gemeenteraad voelde zich onderwijl aardig bedot. Hoe het nou precies zat met de valsheid in geschrifte van de wethouders en de secretaris, daarover bestond verwarring. (Later zouden ze door de rechter worden vrijgesproken van deze beschuldiging.) Iedereen was het er over eens dat Riem de boel belazerd had met zijn geheime adviseurschappen en BV'tje. Op 28 juni nam de raad unaniem een motie van wantrouwen aan tegen de thuis zittende Riem. In een brief aan minister De Graaff-Nauta van Binnenlandse Zaken vroeg de raad 'met spoed een einde te maken aan de bestuurlijke impasse en de benoemingsprocedure voor een nieuwe burgemeester te starten'. Gouverneur baron Van Voorst tot Voorst had De Graaff-Nauta na de arrestatie van Riem ook al het advies gegeven hem zo snel mogelijk te ontslaan. Riem was volgens Van Voorst zo omstreden geraakt dat 'hij nimmer het vertrouwen terug zou kunnen winnen als burgemeester', zelfs al zou hij worden vrijgesproken. De brief en de inhoud van een deel van het strafrechtelijk dossier, waren voor De Graaff-Nauta op 12 augustus 1994 aanleiding Riem oneervol te ontslaan.

Tot vlak vóór de rechtszaak in 1995, toen al bekend was dat hij vertrouwelijke provinciale documenten in zijn bezit had, wenkten de bodes bij de bestuursingang van het provinciehuis Riem vriendelijk toe en was griffier Oppenhuis de Jong zo aardig hem wat laatste informatie toe te stoppen voor de verdediging.

Op 20 maart 1995 begon het proces Riem. Vier jaar daarvoor had zijn hoofd nog op alle verkiezingsborden van de PVDA in Limburg gehangen. Nu nam hij plaats in het verdachtenbankje. Oneervol ontslagen als burgemeester, psychisch getroffen. De verdenkingen, het twee jaar durende onderzoek, de verhoren en bovenal de publiciteit. Het had Riem en zijn gezin geraakt. In een gesprek met *De Limburger* voor de zitting wilde Riem nog wel iets kwijt over zijn beweegredenen. 'Dat had te maken met mijn buitengewone gedrevenheid met ontgrondingen. Dat was de reden waarom ik bestuursfuncties in de bagger- en bouwwereld had. Gedreven ook, door de ergernis dat in deze provincie het CDA in 1989 bij monde van voorzitter Lex Magielsen niet verder kwam dan te zeggen: wij draaien de knop van de grindwinning om.

Terwijl iemand met enig verstand kon weten dat het op middellange termijn niet afgelopen kòn zijn. Mijn ergernis kwam ook voort uit het feit dat in opdracht van Den Haag alleen maar gaten gegraven konden worden. Zonder dat er iets maatschappelijk nuttigs mee werd gedaan. Dat was mijn grote drijfveer. Daarom heb ik ondernomen, wat ik ondernomen heb.' Dat had niets met corruptie te maken? 'Absoluut niet.'

De officier van justitie Van Atteveld eiste na zes dagen proces tweeëneenhalf jaar gevangenisstraf, waarvan tien maanden voorwaardelijk, en een boete van honderdduizend gulden. Het laatste woord was voor Riem: 'Mann schlägt den Sack und meint den Esel. Als die zak, zo voel ik me.'

Rechtbankpresident J. Huinen had 18 april 1995 anderhalf uur nodig om het vonnis voor te lezen. De rechtbank liet weinig heel van de verdenkingen. De officier van justitie had niet bewezen dat de oud-politicus steekpenningen had aangenomen, evenmin dat Riem de uit het provinciehuis gestolen stukken had doorgestuurd en ook niet dat hij valsheid in geschrifte had gepleegd met de collegebesluiten. Hij werd vrijgesproken. Enkel het indienen van een valse declaratie over een reis naar Israël achtte de rechtbank bewezen. Tegelijk ontsloeg de rechtbank Riem op dit punt van rechtsvervolging.

De rechtbank vond dat geen verband was aangetoond tussen de betalingen die Riem kreeg als adviseur en commissaris van de baggerbedrijven en zijn werk als ambtenaar. De vergoedingen waren weliswaar giften, maar uit niets bleek dat Riem er als burgemeester iets onoirbaars tegenover had gesteld. Toen Riem zijn afspraken maakte met het baggerbedrijf Dekker, was hij immers nog gedeputeerde van ontgrondingen. Op het moment dat hij de gift inde was hij burgemeester. Als burgemeester had hij niet de gelegenheid informatie of stukken aan de baggeraars te verstrekken waar hij al als gedeputeerde over beschikte, oordeelde de rechtbank. Riem ontsnapte ternauwernood.

Het gerechtshof in Den Bosch vond een jaar later ook dat Riem niet veroordeeld kon worden voor corruptie en het schenden van zijn ambtsgeheim. Het hof achtte op 16 juni 1996 in hoger beroep wel wettig en overtuigend bewezen dat Riem als burgemeester opzettelijk gebruik maakte van een vervalste rekening van het reisbureau van de Maastrichtse zakenman Wesly. Riem diende de rekening in bij de gemeente Brunssum toen hij de kosten declareerde van een reis van de stichting Toda Rabba naar Israël (zie 9 *Reislust en smeerkunst*). Het gerechtshof legde Riem een geldboete op van 2500 gulden. Het liet in de strafoemeting meewegen dat van een burgemeester strikte integriteit mag worden verwacht bij de uitoefening van zijn ambt.

Ook al kreeg Riem op de belangrijkste punten vrijspraak, de gevolgen van de veroordeling waren groot. De kans op toewijzing van een schadeclaim tegen de Staat werd er een stuk kleiner door.

Riem was met vakantie op de dag dat het hof uitspraak deed. 'Ik denk dat Riem blij is met deze uitspraak', zei zijn raadsman Marchal tegen *De Limburger*. 'De veroordeling vanwege die declaratie is een wissewasje vergeleken bij de omvang van deze zaak en het optreden van justitie en politie.' Al met al struikelde Riem over een bijkomstigheid. Een toevalstreffer ook. Marchal: 'Die rekening hebben ze alleen gevonden omdat ze zijn huis en het hele gemeentehuis overhoop gehaald hebben.'

14 Het Scheperspaleis

Geleen noemt het spottend het Scheperspaleis, het hoofdgebouw van de noodlijdende woningcorporatie Woningbeheer Limburg (WBL). Het had de glorieuze bekroning moeten worden van het imperium dat de Geleense oud-wethouder Wim Schepers in dertig jaar opbouwde.

WBL ontstond in 1992 na een fusie tussen drie woningcorporaties: Het Zuiden, HBL en SBDI. WBL zat een jaar na de oprichting zó diep in de schulden dat het paleis verkocht moest worden. Als symbolisch einde van het imperium van de inmiddels bejaarde 'onderkoning van Geleen'.

De WBL-affaire toont de verwevenheid van politiek, volkshuisvesting en bouw in Limburg. Het WBL-dossier, in 1995 en 1996 onderzocht door een parlementaire onderzoekscommissie, gaat over steekpenningen, bestuurlijke onkunde, vriendjespolitiek, gebrekkig rijksbeleid en vooral over macht en geld.

De inspecteurs Hordijk en Derksen van het ministerie van VROM pluisden in april 1993 in het Scheperspaleis met rode oortjes de boeken van WBL uit. Ze waren naar Geleen gestuurd door CDA-staatssecretaris Enneüs Heerma (Volkshuisvesting). Die vroeg zich af hoe nauwelijks één jaar na de fusie van de Stichting Huisvesting Bejaarden Limburg (HBL), Het Zuiden en SBDI tot WBL de boel al bijna failliet kon zijn. Grote haast met het ophelderen van die vraag had de staatssecretaris overigens niet. De Limburgse gemeenten die toezicht hielden op WBL vroegen Heerma in het voorjaar 1993 tevergeefs om in te grijpen. De staatssecretaris stuurde wel de twee inspecteurs naar Geleen om onderzoek te doen bij WBL. Het duurde een jaar voordat hun inspectierapport klaar was. VROM had de inspecteurs maar voor halve dagen vrijgemaakt. Meer prioriteit was er niet.

Ondertussen zat WBL met een snel oplopend negatief vermogen. De corporatie klopte voor hulp bij het ministerie aan. Dat stak geen hand uit en verwees de WBL door naar de stroppenpot in volkshuisvestingsland: het Centraal Fonds Volkshuisvesting. Die had vanaf 1993 de verantwoordelijkheid voor saneringen overgenomen. WBL vroeg 112 miljoen gulden steun aan het fonds, maar ook dat hield de knip op de beurs: de aanvraag was niet voldoende onderbouwd. WBL zakte weg in het moeras. Het verlies liep met honderdduizend gulden per werkdag op en zou uiteindelijk 175 miljoen gulden bedragen.

Heerma had niet ingegrepen bij WBL, en ook zijn opvolger Dick Tommel wachtte nog een jaar voordat hij Ben Kempen als crisismanager aanstelde. Kempen was dan wel een late keus, maar geen slechte. De oud-directeur van de Nationale Woningraad had verstand van zaken en geen binding met het ons-kent-ons circuit in de Limburgse volkshuisvesting.

In het Scheperspaleis legden de twee inspecteurs in 1993 het bestuur, en met name voorzitter Schepers en zijn vertrouweling, burgemeester Van Goethem, het vuur aan de schenen. Het waren geen ter zake kundige bestuurders, niet slagvaardig bovendien. Met een gebrek aan kennis en visie. Bestuurders die goede adviezen in de wind sloegen. Bestuurders ook die rapporten naar hun hand zetten en, niet in de laatste plaats, zichzelf voor al het werk royaal beloonden. Van Goethem had alleen al in het fusiejaar 1992 bijna zestigduizend gulden opgestreken aan bestuursvergoedingen. Een veelvoud van wat gemiddeld bij corporaties betaald wordt.

Het financiële verval van WBL was voor een belangrijk deel te wijten aan het bestuur, luidde dan ook de conclusie van het inspectierapport van voorjaar 1994. Dat de inspecteurs Hordijk en Derksen ook kritiek hadden op het beleid van VROM stond niet in de definitieve versie. Op last van hogerhand waren de passages die de mede-verantwoordelijkheid voor de problemen bij het ministerie legden uit de concept-versie geschrapt.

Wat overbleef was het beeld van een bestuur voor wie de fusie een maatje te groot was gebleken. Bestuursleden hadden door de hoge vergoedingen bovendien veel zitvlees. In het bestuur zat iemand van tachtig jaar. Al met al weinig slagvaardig. Het bestuur verzuimde krachtig te saneren, zoals bij de fusie beloofd was. In plaats daarvan kwam er een omvangrijk onderhoudsprogramma en werd het technisch failliete woningbedrijf Eygelshoven lichtzinnig overgenomen. Om te besparen hadden honderden woningen verkocht moeten worden, wat niet gebeurde. Leningen met een hoog rentepercentage hadden moeten worden omgezet in nieuwe, goedkopere leningen. Wat ook al niet gebeurde.

Wat de ambtenaren verbaasde, was het gehannes met prognoses over het verlies. Het bestuur manipuleerde de cijfers. Al naar gelang het nodig was, werd het bedrijfsresulaat opgepoetst of afgezwakt. Zo werd op last van Van Goethem de toelichting op de jaarrekening 1992 op onderdelen aangepast. Van Goethem vond dat er een 'onnodig negatief en pessimistisch beeld' uit naar voren kwam. De accountant van WBL was het er niet mee eens: hij weigerde de jaarrekening goed te keuren. Dat het uiteindelijk toch gebeurde, kwam omdat het bestuur hem onder druk zette, meldden de inspecteurs.

Topambtenaren van VROM hielden de feiten in mei 1994 voor aan het WBL-bestuur. Het werd een verhit gesprek. Schepers kreeg te horen dat hij beter kon opkrassen. Hij en zijn medebestuursleden hadden 'inadequaat' gehandeld. Schepers reageerde als door een wesp gestoken. Hij accepteerde de term inadequaat niet. De verwijten waren ook niet terecht, vond hij. Want het samenvoegen van de drie organisaties bleek moeilijker dan verwacht, en de samenwerking met de vijf gemeenten – die wettelijk toezicht houden op WBL – was een regelrecht probleem, riep Schepers. Hij was het niet eens met de beschuldigende vinger naar het bestuur. 'U en het Centraal Fonds moeten ons maar vertellen hoe we er uit komen.'

De boodschap tijdens het gesprek was duidelijk: het bestuur moest weg. Maar voordat het gesprek was uitgewoed, kreeg ook de raad van toezicht van WBL ervan langs. Dat was als controleorgaan 'absoluut ondermaats' vonden de VROM-ambtenaren. Het werd na de fusie volgestopt met bestuursleden van de drie fuserende woningcorporaties. In de raad zaten veertien mensen. 'Niet wat veel', vroeg directeur-generaal volkshuisvesting L. Kokhuis snerend. Schepers, verbaasd over zoveel onbegrip voor de Limburgse situatie: 'U moet zich bedenken dat wij na de fusie zaten met overtollige bestuursleden die een baantje nodig hadden.'

Het toppunt van mismanagement was de bouw geweest van het peperdure hoofdkantoor van WBL in Geleen, het Scheperspaleis. Het speelde een hoofdrol in het ontstaan van WBL en in het ontstaan van de problemen. Uit de bestuursnotulen blijkt dat het gebouw er koste wat kost moest komen. Grootste ijveraar was Schepers. De 8 miljoen gulden bouwkosten legde WBL in één keer uit eigen middelen op tafel. Een zware last. Tegelijk met de opening van het centrale kantoor besloot het bestuur om vijf bijkantoren te openen. Dat bijgevolg de helft van het nieuwe hoofdkantoor leeg bleef, daar paste voorzitter Schepers een mouw aan. Hij vulde het door een andere stichting waarvan hij bestuurslid was, naar het gebouw te dirigeren.

De dienst recherchezaken van het ministerie van VROM vond in 1994 aanwijzingen dat de aanbesteding van het gebouw doorgestoken kaart was. Het onderzoek begon na signalen over het mogelijk aannemen van twee ton aan steekpenningen door Van Goethem en Schepers. Het smeergeld zou betaald zijn door het Sittardse bouwbedrijf Muyres. Dat kreeg in 1990 de opdracht voor de bouw van het nieuwe kantoor. Muyres had goede contacten met Van Goethem en Schepers, zoveel was duidelijk. Muyres bouwde niet alleen de WBL-nieuwbouw, maar ook het kantoor van het Bouwfonds Limburgse Gemeenten waarvan achtereenvolgens Schepers en Van Goethem voorzitter waren. Muyres was bovendien een van de huisaannemers van WBL.

VROM concludeerde dat de geruchten over steekpenningen 'ten dele op waarheid berusten'. De aannemer had Schepers en zijn familie voor bijna dertigduizend gulden fitnessapparatuur, een bed en een perzisch tapijt cadeau gegeven. Muyres was ook zo vriendelijk om te helpen bij twee verbouwingen van de familie Schepers, ter waarde van zestigduizend gulden. Betalingsbewijzen ontbraken. Onduidelijk bleef of Van Goethem smeergeld had aangenomen, stond in het rapport. Daarnaar moest justitie in Maastricht een nader onderzoek doen. In het onderzoek konden meteen andere belastende feiten over Van Goethem meegenomen worden. VROM ontdekte dat de burgemeester de stichting Huisvesting Bejaarden Limburg (HBL), een van de WBL-fusiepartners, voor meer dan dertigduizend gulden benadeeld had. HBL-voorzitter Van Goethem had zijn vergoedingen laten uitbetalen aan zijn bedrijfje, GB Consultancy BV. Dat leverde Van Goethem een belastingvoordeel op. Omdat de BV 17,5 procent btw moest berekenen over de door directeur Van Goethem geleverde adviezen, schroefde bestuurslid Van Goethem, met instemming van de andere bestuursleden, de bedragen die de stichting aan zijn BV betaalde op met 17,5 procent. De conclusie was dat huisvestingsgelden gebruikt waren voor een aantrekkelijke constructie.

De recherchedienst uitte in het rapport kritiek op de houding van het Openbaar Ministerie in Maastricht. Het parket had het onderzoek geen strafrechtelijk karakter willen geven. De recherchedienst mocht enkel een 'bestuurlijk feitenonderzoek' doen. Het rapport: 'Door deze keuze was het voor ons niet mogelijk om gebruik te maken van de wettelijke bevoegdheden. Het ontbreken hiervan heeft het onderzoek in ernstige mate bemoeilijkt.'

Het rapport ging in mei 1995 naar justitie met het verzoek alsnog een strafrechtelijk onderzoek te doen. Na lang stilzwijgen liet de hoofdofficier weten dat niet te zullen doen. Vanwege onder meer de hoge leeftijd van Schepers en de geringe bedragen. Staatssecretaris Tommel was teleurgesteld, volgens hem waren de gevonden onregelmatigheden hard genoeg. Hij vroeg collega Sorgdrager van justitie de kwestie alsnog te bekijken. Sorgdrager liet echter weten definitief van vervolging af te zien.

Was bij de WBL-fusie het verlies niet te voorzien geweest en hoe kon het zo snel oplopen? Vóór de fusie waren er waarschuwingen dat er verlies dreigde. Een waarschuwing was het rapport van accountant Coopers & Lybrand, in 1991 gemaakt op verzoek van de drie fuserende corporaties. 'Niet overnemen die woningen van SBDI', was het advies op basis van bedrijfseconomische gegevens. Zou om volkshuisvestingsredenen toch gefuseerd worden, dan moest voldaan worden aan een viertal voorwaarden. De fusie kwam er, maar het bestuur voldeed niet aan de voorwaarden.

Het móést doorgaan. De fusie was een door alle partijen omhelsde oplossing voor de netelige SBDI-affaire (zie 11 *De koning van het circuit*). Eigenlijk had VROM de technisch failliete SBDI zelf moeten saneren, maar het ministerie speelde handig in op de expansiedrang van HBL en Het Zuiden. VROM-inspecteur Blonk, belast met SBDI, had de top van zijn ministerie het advies gegeven zelf de boel te saneren. Maar die risicovolle operatie had tenminste 100 miljoen gekost, terwijl de Limburgers graag bereid bleken geld op tafel te leggen. Heerma kon volstaan met een bruidschat van 10 miljoen gulden. Een koopje.

In de SBDI-affaire had de hoofdingenieur-directeur van de volkshuisvesting in Limburg, Fons Jacobs, het creatieve gebruik van de regels door SBDI en Ruijters laten passeren. Dat leverde hem toen kritiek op van de toenmalige directeur Nationale Woningraad Ben Kempen, de crisismanager die door Tommel in 1995 werd ingehuurd om schoon schip te maken.

Bij de overname van SBDI door HBL en Het Zuiden was Jacobs adviseur. De onderhandelingen voor de overname verliepen moeizaam tussen corporaties en staatssecretaris Heerma. Jacobs trad van 1990 tot 1992 op als bemiddelaar. Als oud-topman van volkshuisvesting liep hij zo binnen bij het ministerie. Jacobs vertelde rond dat Heerma hem ingehuurd had als adviseur. In werkelijkheid was hij door Schepers gevraagd de overname te regelen. Jacobs en Schepers kenden elkaar. Ze waren allebei bestuurder bij de Limburgse afdeling van het Nederlands Christelijk Instituut voor Volkshuisvesting (NCIV), de christelijke woningkoepel. Sinds zijn vertrek bij volkshuisvesting stond Jacobs ook op de loonlijst bij Schepers, als adviseur van Het Zuiden.

Jacobs pakte de WBL-fusie positief aan, tegen betaling van

twaalfduizend gulden per jaar. Hij zag – ondanks aarzelingen bij HBL en Het Zuiden – kansen voor de overname van het héle woningbezit van SBDI. Het kritische rapport van Coopers & Lybrand werd door hem gebagatelliseerd in een bestuursvergadering van Het Zuiden. De notulen:

> Bestuurslid Perlitius vraagt: is de exploitatie na 1999 negatief?
> Jacobs: Coopers heeft dit aspect negatief benaderd. De SBDI-cijfers luiden anders.
> Bestuurslid Van Montfoort concludeert daarna dat ook na tien jaar minstens twee miljoen per jaar bijgelapt moet worden. Hij heeft twijfels.
> Jacobs: De zaken worden op voorhand zodanig afgesproken dat de exploitatie-uitkomst na tien jaar nihil is.
> Van Montfoort: Dit is tegenstrijdig met het rapport Coopers.
> Jacobs: Het rapport Coopers gaat uit van nu, en houdt geen enkele rekening met acties welke wel gedaan worden.

Op 29 maart 1991 tekenen de woningcorporaties met Heerma het convenant over de overname van het SBDI-bezit. Toen HBL en Het Zuiden daarna nog eens rekenden, kwam er toch weer twijfel. Het convenant werd opgezegd, tot woede van Heerma. Die dreigde met de rechter. Op 28 oktober 1991 – Heerma was twee dagen in Geleen om de zaak af te handelen – moesten knopen doorgehakt worden. De staatssecretaris wilde 2 miljoen gulden extra geven, om negatieve gevolgen van enkele landelijke maatregelen te compenseren. Maar de besturen van HBL en Het Zuiden hadden geen vertrouwen meer in het toekomstig volkshuisvestingsbeleid en wilden afhaken. Het was Jacobs die de zaak doordrukte. De notulen: 'De heer Jacobs is nog wel bereid in de besturen een nadere toelichting te geven. Financieel is een en ander volgens hem voldoende afgedekt.'

Heerma kwam uiteindelijk, mede door de inzet van Jacobs, met weer iets meer geld over de brug. De fusie ging door en binnen een jaar lag daar de onverwachte steunaanvraag van 112 miljoen gulden. 'Ik kan daar weinig over zeggen', zei oud-adviseur Jacobs tegen *De Limburger* op de vraag waarom niemand dat tekort voorspeld had. 'Achteraf kan ik alleen constateren dat het tekort veel groter is geworden dan begroot. De bedragen waarover nu gesproken wordt, zijn mij volkomen onbekend. Toen ik na de fusie in de krant las dat het bestuur de steunaanvraag had gedaan, fronste ik mijn wenkbrauwen. Als dat klopt moeten er hele gekke dingen gebeurd zijn. Ik kan het niet anders verklaren dan dat maatregelen die waren afgesproken niet zijn uitgevoerd door het bestuur. Dat de cijfers niet juist zouden zijn geweest, dat kan ik me niet voorstellen.'

Schepers en Van Goethem verlieten het zinkende WBL-schip in 1994. Schepers schoof als nieuwe WBL-voorzitter Jo Aarts naar voren, een man uit zijn netwerk.

De Tweede Kamer stelde in 1995 een commissie in om het WBL-debâcle te onderzoeken. Onder leiding van de VVD'er Pieter Hofstra las de commissie meters dossier en hoorde in het openbaar en achter gesloten deuren 46 getuigen. Belangrijkste vraag van de commissie: hoe kon het tekort zo snel oplopen? Het antwoord, kort gezegd: iedereen heeft fouten gemaakt, maar vooral de WBL-bestuurders en het ministerie van VROM. Het ministerie hield te weinig toezicht en greep niet in toen het mis ging. De bestuurders voldeden gewoon niet.

Het onderzoek moest ook de bestuurscultuur in de Limburgse volkshuisvesting blootleggen. Rechercheurs van VROM begaven zich daarvoor naar Kamers van Koophandel en kantoren van woningverenigingen om de netwerken te ontrafelen. Welke bestuurders trekken aan welke touwtjes? Wie krijgt van wie opdrachten?

Corporaties moesten opgave doen van alle bestuursleden sinds 1988 en de rechercheurs hebben veel vragen gesteld. Hoe is de bestuurscultuur? VROM-inspecteur Hordijk sprak tegenover de commissie over een 'voor-wat-hoort-wat-cultuur'. Er waren verschillen met de rest in Nederland. De kringetjes van mensen die het regelen in volkshuisvestingsland zijn er kleiner dan elders.

Zelfs binnen Limburg zijn verschillen. 'Meer naar het zuiden van de provincie worden de kringetjes steeds kleiner', zei commissievoorzitter Hofstra 20 april 1996 in *Vrij Nederland*. Twee dagen later zou hij aftreden als voorzitter. In het weekblad had hij kritiek geuit op de rol van Heerma en Tommel in de WBL-affaire, terwijl beiden nog niet door de commissie in het openbaar gehoord waren.

Het eindrapport van de commissie wees de WBL-bestuurders als hoofdschuldigen aan voor het drama. Kort gezegd waren ze niet op hun taak berekend en was er door de incestueuze benoemingenpraktijk weinig slagkracht. Van Goethem en Schepers domineerden WBL, kozen eigenhandig aannemers uit, negeerden het schaarse kritische geluid van de raad van toezicht en hadden vooral oog voor hun eigen vergoedingen. De commissie verweet vooral Van Goethem het innen van te hoge vergoedingen, laakbaar declaratiegedrag en het opzetten van een schijnconstructie om tegen de wettelijke regels in toch zijn bijbaan te kunnen behouden.

De WBL-cultuur is gemeengoed in de Limburgse volkshuisvestingswereld. Een van de kenmerken van die cultuur zijn de exclusieve banden die woningcorporaties onderhouden met aannemers. Drie voorbeelden. Woningstichting Hoensbroeck 'doet' het met de twee deuren verder gevestigde aannemer Hobru. Woningvereniging Sittard, waar de ontslagen Sittardse politiecommissaris E. Nicoll het voor het zeggen heeft, belt bij grote renovaties aannemer Irik. En jaren geleden herinnerden de bestuurders van de beruchte SBDI zich enkel de telefoonnummers van Ruijters en Muyres als er zaken gedaan moesten worden. De affaire, begin jaren tachtig, was een vingerwijzing dat het in Limburg goed fout zat in de volkshuisvestingswereld. De SBDI-affaire was symptomatisch voor de zieke verhoudingen. De kwestie is nooit uitgezocht, de intieme banden tussen andere woningcorporaties, aannemers en projectontwikkelaars zijn niet blootgelegd.

Niets wordt corporaties in de weg gelegd om miljoenenopdrachten keer op keer naar dezelfde, bevriende aannemer te schuiven. Het ministerie van VROM laat de aanbesteding van volkshuisvestingsprojecten over aan de corporaties. Er is geen richtlijn die zegt dat grote opdrachten openbaar moeten worden aanbesteed. Die vrijheid wordt ruim benut in Limburg.

Directeur P. Evers van de Woningstichting Midden-Limburg gaf in *De Limburger* toe dat de doorzichtigheid bij de aannemerskeuze wel eens tekortschiet: 'Ik vind dat er concurrentie moet zijn bij aanbestedingen. De affaires rond SBDI en WBL doen het voorkomen alsof het een grote troep is. Maar dat is niet de héle volkshuisvesting. Dat zijn restanten van de oude bestuurscultuur.'

Toch vinden de smeerpraktijken waarmee de politiek in Limburg in opspraak kwam, ook plaats in de volkshuisvestingswereld. Corporatie-bestuurders komen trouwens vaak uit de politiek, bij voorkeur uit het CDA. Het is een wereld die zich kenmerkt door een opeenstapeling van baantjes en functies. De Limburgse hoofdrolspelers in de WBL-affaire voldoen royaal aan dat profiel. Ze zaten of zitten op sleutelfuncties. Als spinnen in een web. Bij corporaties, bij het Bouwfonds Limburgse Gemeenten en bij het NCIV. Dat is de landelijke koepel van christelijke corporaties. Het NCIV speelt een dominante rol in Limburg, tot de jaren negentig onder leiding van vooral Schepers.

Schepers trok aan vele touwtjes tegelijk in Limburg. Tussen 1965 en 1995 bekleedde de 'onderkoning van Geleen' een machtspositie op het gebied van volkshuisvesting, lokale omroep, kabeltelevisie en telecommunicatie. Hij was bestuurslid van zes verenigingen en twaalf stichtingen, en betaald adviseur, commissaris of aandeelhouder van zes bedrijven. In Geleen was hij van 1968 tot 1980 loco-burgemeester. Zijn 'roots' heeft Schepers in de volkshuisvesting. Meneer pastoor hielp hem in 1948 aan zijn eerste baantje als bestuurder bij woningvereniging Geleen. In de jaren zestig legden woningvereniging kabelnetten aan en zo stapte Schepers de kabelwereld in. Schepers bouwde in Zuid-Limburg een netwerk van hem toevertrouwde en door hem benoemde personen. Voor wat hoort wat, dat spel kende hij als geen ander. 'Ome Wim' ritselde en regelde het.

Van Goethem was een volgeling van Schepers. Hij verzamelde zoveel nevenfuncties, bijbanen, commissariaten dat hij het burgemeesterschap van Beek erbij deed. Van Goethem kwam in opspraak met een goedkope hypotheek, een beschuldiging van het aannemen van steekpenningen, een eigen bedrijfje, vakanties op kosten van zakenrelaties, buitensporige vergoedingen en een versluierde bijbaan als adviseur van een afvalverwerkingsbedrijf. Als een kat met negen levens overleefde hij, niet geplaagd door een kritische gemeenteraad.

De VROM-rechercheurs die de bestuurlijke netwerken ontrafelden, hadden slechte ervaringen met het NCIV in Limburg. In het onderzoek naar steekpenningen die WBL-bestuurders van aannemer Muyres zouden hebben aangenomen, waren in het NCIV-hoofdkantoor in Heerlen belastende stukken verdwenen. En NCIV-directeur Wolfs riep een medewerker ter verantwoording die in een rapport het betalen van steekpenningen had gemeld.

Het NCIV ontstond in de jaren zeventig na een fusie tussen drie christelijke woningkoepels, waaronder de vereniging Ons Limburg. Een reliek uit het rooms-katholieke volkshuisvestingsbolwerk. In 1911 opgericht door monseigneur Poels. Na de landelijke fusie tot NCIV, hielden de bestuurders van Ons Limburg een fonds met één miljoen gulden apart. Het geld bleef bij de vereniging Ons Limburg en is inmiddels gegroeid tot 5,5 miljoen gulden. Ons Limburg verzekert collectief de tienduizenden woningen van bijna alle (65) NCIV-corporaties in Limburg. Het personeel wordt ingehuurd bij het NCIV. Ons Limburg laat de Rabobank Geleen haar vermogen beleggen. De schoonzoon W. Visscher van Ons Limburg-bestuurder Schepers is er bestuurslid.

De volkshuisvesters houden zich, volgens goed katholiek gebruik, ook bezig met liefdadigheid. De Ons Limburg-prijs van dertigduizend gulden die de vereniging jaarlijks uitdeelt, ging in 1994 naar de Pepijnklinieken in Echt. Directeur van die instelling is – toeval – Schepers' schoonzoon Visscher. Hij is overigens ook bestuurslid van de woningvereniging Geleen. Waar schoonpa Schepers veertig jaar de scepter zwaaide.

Uit het sociaal fonds van Ons Limburg wordt jaarlijks twee- tot driehonderdduizend gulden uitgedeeld aan goede doelen. De afgelopen twaalf jaar ging het in totaal om 3 miljoen gulden. De besteding ervan is ondoorzichtig. Over de donaties wil het bestuur niets zeggen. Het jaarverslag 1994 geeft alleen een globale verdeling. Geen woord over wie welk bedrag kreeg en waarom. Ook aan de ledenvergadering wordt geen verantwoording afgelegd. Vragen stellen doet niemand.

Een van de goede doelen is bekend, dat is het dierenasiel Geleen. Ons Limburg-bestuurder Schepers is daar beschermheer. Schepers is samen met onder meer de WBL-bestuurder Jo Aarts verantwoordelijk voor het uitdelen van het geld. Daarvoor krijgen ze ieder zeven mille per jaar.

Als de statuten een donatie niet toelaten, wordt een creatieve oplossing bedacht. Zo werd Schepers in 1992 aangesproken door commissaris der koningin Mastenbroek. Een oud-medewerker van de Geleense staalfabriek Demy, tot het faillissement eigendom van de familie Mastenbroek, moest een nieuwe rolstoel hebben. 'Of Schepers niet het Ons Limburg-fonds kon aanspreken?' Helaas, de statuten van Ons Limburg lieten alleen donaties aan rechtspersonen toe. Maar Schepers bedacht een oplossing. De onderkoning van Geleen en de gouverneur richtten samen een nieuwe liefdadigheidsinstelling op: de stichting Uitleen Rolstoelen Limburg. De stichting kreeg een donatie van Ons Limburg en deelde een rolstoel uit aan de oud-medewerker van Mastenbroek. Een jaar later was de stichting al niet meer actief.

Het NCIV-Limburg is nog altijd deel van de oude cultuur waar twee handen op één buik liggen. Een cultuur die in stand gehouden is door directeur Ph. Wolfs. Tot 1 januari 1995 was hij directeur van het NCIV-regiokantoor in Heerlen. Daarna bracht de vereniging NCIV de dienstverlening aan de corporaties onder in het commerciële NCIV Advies BV, waarvan Wolfs sindsdien directeur is.

Wolfs nodigde eind 1991 directeuren en bestuursleden van negen woningcorporaties ('gewaardeerde NCIV-leden') uit voor een driedaagse vliegreis naar Berlijn. Niets aan de hand, ware het niet dat een aannemer en een fabrikant van kunststofkozijnen het gros van de kosten voor hun rekening namen. De ondernemers gingen mee om zaken te doen en de banden aan te halen. De uitgenodigde corporaties uit Heerlen, Maastricht, Sittard, Geleen, Voerendaal en Meerssen gaven en geven regelmatig grote opdrachten aan de twee ruimhartige bedrijven Irik Bouw BV en Transcarbo BV.

Irik en Transcarbo tastten royaal in de beurs in Berlijn. Alles werd betaald voor de bestuurders: de whisky's aan de bar, de cadeaus voor de dames thuis en – voor de liefhebbers – het bordeelbezoek. Op de terugreis werden er stoere verhalen over verteld.

De bedrijven betaalden volgens Wolfs tweederde van het 33.244 gulden kostende uitstapje. Het NCIV nam eenderde voor zijn rekening. Wolfs herinnerde zich geen bordeelbezoeken. 'Het was geen snoepreisje, maar een excursie. We hebben volkshuisvestingsprojecten bekeken. Het was een zwaar programma.'

Directeur P. Vranken van woningstichting Sint Mathias was erbij in Berlijn. 'Ik dacht dat het een reis was onder auspiciën van het NCIV', zei hij tegen *De Limburger*. 'Het was leuker geweest als Wolfs van te voren gezegd had dat aannemers het gros van de kosten betaalden. Maar ik heb overigens geen beklemmend gevoel. Iedereen die mij kent, weet dat ik niks te verbergen heb.'

Twee andere deelnemers waren voorzitter E. Nicoll van de raad van toezicht van woningvereniging Sittard en vice-voorzitter M. van Baardewijk van de Heerlense corporatie De Volkswoning. Ze zijn beiden bevriend met aannemer Irik. Nicoll en de echtgenote van Van Baardewijk waren in 1994 getuigen tijdens het huwelijk van Irik. Op het aansluitende feest stapte ook Wolfs binnen met een cadeau. Over oude cultuur gesproken.

DEEL III *Actie en reactie, effecten*

15 Tout politiek Limburg

Het was een welsprekend zwijgen. Als hazen in het koren wachtten de politici tot de justitiële jachtpartij voorbijgetrokken was. *De Limburger* had vanaf maart 1992 volgestaan met verontrustend nieuws over de manier waarop aannemers en wegenbouwers ambtenaren en bestuurders in de provincie omkochten. De politiek had de kans om de eigen stal uit te mesten, maar niemand deed het.

De veroordeling van een man die als provincie-ambtenaar Baars aan werk hielp in ruil voor smeergeld, leidde niet eens tot een rimpeling in het Papenwater, de zijarm van de Maas die de bestuursvleugel van het provinciehuis omgeeft. De provincie reageerde hautain op de veroordeling. Er was geen aanleiding voor een intern onderzoek naar de aanbestedingen. De officiële reactie op de veroordeling verdient een letterlijk citaat. Het provinciebestuur liet weten dat 'het feit dat een ex-ambtenaar in eerste aanleg verdacht wordt van frauduleuze handelingen, geen aanleiding is om het hele ambtelijke apparaat door te lichten op mogelijke fraudes bij aanbestedingsprocedures'.

De berichten hielden aan. Steeds nieuwe namen doken op. Na het aanvankelijke zwijgen volgde weerstand, ongeloof en verontwaardiging. Niet over de omkooppraktijken van Baars of over het aannemen van smeergeld door politici en ambtenaren. De kritiek richtte zich op de schade die de politiek opliep door de artikelen in *De Limburger*. Veronica Dirksen, PVDA-fractievoorzitter in Maastricht in De Groene Amsterdammer: 'Ik was laatst bij een demonstratie tegen de diverse tariefsverhogingen hier op het gemeentehuis. De mensen die daar stonden te protesteren, spraken me aan met een opmerking in de trant van: Nou, jij zal ook wel het nodige bijverdienen. Bij het publiek is het gevoel gaan leven dat alle politici zakkenvullers zijn.' Die kritiek leefde ook in het provinciehuis. In hetzelfde artikel in De Groene klaagde voorzitter Odile Wolfs van de PVDA-Statenfractie: 'Alles kan leiden tot verdenkingen. Zelfs een etentje of een kleine excursie naar een woningbouwproject elders in het land is al genoeg om aan de schandpaal genageld te worden.' Eerder had ze voor de microfoon van Omroep Limburg haar mening gegeven over 'die twee' journalisten van *De Limburger*: 'Steekpenningen aannemen is vreselijk, maar wat zij doen is nog erger.'

Na het zwijgen en de verontwaardiging zocht de politiek de dichtstbijzijnde verdedigingslinie op. Provincie en gemeenten lieten ambtenaren bekijken of de formele aanbestedingsregels gevolgd waren. Dat bleek te zijn gebeurd. Conclusie: niets aan de hand. Over de innige contacten tussen politiek en bouw geen woord.

CDA-fractievoorzitter M. Greweldinger vond, samen met een meerderheid van Provinciale Staten, een eigen onderzoek door de provincie niet nodig. Ze had met de CDA-top en het provinciebestuur gesproken. De gedeputeerden hadden haar verzekerd dat de aanbestedingen goed geregeld waren. Een eigen onderzoek, hoe zou zoiets ook moeten? Het hele provincieapparaat overhoop halen vanwege de uitspraken van Baars? Nee, dat ging haar veel te ver.

Tussendoor waren er schuchtere pogingen tot zelfreiniging. D66 vroeg GS na te gaan hoe Baars precies aan zijn opdrachten van de provincie kwam. De PVDA pleitte voor nieuwe regels bij aanbestedingen die corruptie moesten voorkomen. Eindelijk kwam er beweging.

Op 11 mei 1992 liet gouverneur Mastenbroek weten dat hij om een onderzoek van de rijksrecherche gevraagd had en dat een accountant het aanbestedingsbeleid ging onderzoeken. Aanleiding was een paginagroot artikel in *De Limburger* waarop politiek Limburg furieus gereageerd had. Het artikel beschuldigde Riem ervan een hulpje van Baars te zijn en beschreef hoe politiek Limburg zich liet fêteren door de wegenbouwer. In het artikel ook de naam van Mastenbroek. Hij had samen met Buck Baars aan een opdracht in Gulpen willen helpen.

De politiek moest wel reageren. Op de dag van de publicatie kwam de Limburgse PVDA-top bijeen. Voor het eerst was een PVDA'er in opspraak in de affaire-Baars. En wat voor een: Riem was de politiek leider in Limburg. Odile Wolfs, gewestelijk voorzitter Arie Kuijper en gedeputeerde Kockelkorn waren er het snel over eens dat Riem enkel verdacht gemaakt was. Heel kwalijk. Wolfs zou met haar coalitie-collega's van VVD en CDA Mastenbroek om een onafhankelijk onderzoek vragen. De lucht moest gezuiverd worden.

Gedeputeerde J. Tindemans stelde de PVDA-Statenfractie in een vergadering gerust. Er is niets aan de hand, zei hij. Het was een niet-onderbouwd artikel. Loze beschuldiging en verdachtmakingen. Niets om je zorgen over te maken. Henk Riem had verzekerd dat er niets van klopte. Het ongenoegen over de pers werd gedeeld door GroenLinks. Die partij vroeg om een onderzoek door een Statencommissie. Voorzitter Wim de Heer hoopte zo de reputatie van de oud-gedeputeerden te herstellen.

Het CDA was in staat van paraatheid. Mastenbroek was in het geding gebracht, en dat nam CDA-Limburg voorzitter Lex Magielsen hoog op. Hij sprak met Wim van Velzen. Het bestuur stuurde een open brief aan Mastenbroek waarin om een onafhankelijk onderzoek gevraagd werd. Ook wilde het bestuur dat onderzocht werd of kranten en de regionale omroep strafbaar gehandeld hadden met hun berichtgeving over de relaties van de gedeputeerden.

Het bedrijfsleven stond schouder aan schouder naast de politiek. Geen goed woord voor de pers. De schandalen werden gebagatelliseerd. Van het blad Limburg Management kreeg voorzitter Jan Smeets van de Limburgse Werkgeversvereniging de vraag hoe dat nou zat met die affaires en het imago van het bedrijfsleven. Smeets zei dat hij de zaken alleen kende uit de kranten. Hij had zich 'verschrikkelijk geërgerd aan de eindeloze herhaling van steeds dezelfde verhalen. Wat aantoonbaar fout is, hoort bekend te worden. Ik was er blij mee dat de provincie de rijksrecherche heeft ingeschakeld. Met uitzondering van wellicht Gulpen is tot op heden niets laakbaars door deze recherche aan het licht gebracht. Veel van wat journalisten hebben geschreven, had de reuk van Limburgs masochisme en bewuste nestbevuiling. Je kweekt een sfeer waarin een politieke gezagsdrager met niemand meer in het openbaar een pilsje mag drinken, los van de vraag wie het pilsje betaalt. Dat gaat mij veel te ver. Wij hebben in Limburg geen sjoemelcultuur.'

De affaire-Baars was een uitzonderlijk incident, legde voorzitter G. van Herrewegen namens de Nederlandse Vereniging van Wegenbouwers uit in NRC *Handelsblad*. Vooral de Limburgse pers bracht volgens hem de affaire-Baars gekleurd naar buiten. Er waren veel geruchten en weinig zekerheden. 'Maar ik kan met de hand op mijn hart verzekeren dat zaken, waar het nu over gaat, nergens in Nederland spelen, met uitzondering van een enkel incident. Dit incident speelt zich nu per ongeluk af in Limburg.'

Het bleek geen incident. *De Limburger* ontrafelde in een nieuw artikel op 25 mei 1992 de verregaande banden die gedeputeerden bijna dertig jaar hadden onderhouden met de bouwwereld. Baars was niet de enige geweest.

De muisgrijze BMW van de minister-president stopte om acht uur die ochtend voor het Roermondse stadhuis. Geen mens op straat. Ruud Lubbers spoedde zich naar binnen. Hij zou op die vierde juni 1992 de stad bezoeken die anderhalve maand eerder door een aardbeving was getroffen. Lubbers kwam kijken hoe het stond met het herstel van de schade. Het begin van dat bezoek was gepland om half tien. De anderhalf uur daarvoor waren ingeruimd voor vertrouwelijk overleg met de provinciale top van het CDA en voorzitter Elco Brinkman van de Tweede-Kamerfractie. De Limburgse partijgenoten maakten zich zorgen over de corruptie-affaires. Een week eerder was het provinciebestuur verdacht gemaakt.

In de kamer van CDA-burgemeester Herman Kaiser wachtten Brinkman, Magielsen, Greweldinger en Pleumeekers. De Limburgers vroegen om een snel justitieel onderzoek en versterking van het OM in Maastricht. Dat kon het werk klaarblijkelijk niet aan. Het was maatschappelijk niet verantwoord de affaires te laten sudderen, zei Magielsen. Dat was schadelijk voor Limburg, en schadelijk voor het CDA. Hoewel ook politici van VVD en PVDA in opspraak waren, was het toch vooral het CDA dat getroffen werd.

Lubbers maakte niet de indruk dat hij zich ernstig zorgen maakte. Magielsen hield aan het gesprek de smaak over dat de premier het maar een storm in een glas water vond. Lubbers deed geen toezeggingen maar zei dat hij de Limburgse boodschap met zijn steun zou doorgeven aan minister Hirsch Ballin van Justitie.

Vanaf het moment dat de affaires in de kranten stonden, was het CDA-Limburg in rep en roer. Het bestuur was verongelijkt. Partijgenoten werden, nog voordat ze veroordeeld waren, afgeschilderd als zakkenvullers. Het waren verdachtmakingen, uit hun verband gerukte feiten. Het bestuur was het er snel over eens: het was weer zover, de pers moest het CDA weer eens hebben.

De pers die over de affaires berichtte was belust op sensatie. Waar stopt onderzoeksjournalistiek en begint de sensatie, vroeg bestuurslid Frans Wilms zich hoofdschuddend af toen hij weer een artikel over een in opspraak geraakte partijgenoot onder ogen kreeg. Wilms volgde Magielsen in 1994 op als voorzitter van het CDA-Limburg. Hij dacht aan de persoonlijke schade die mensen opliepen. Het ging ook ten koste van de provincie. CDA'ers kwamen op straat mensen tegen die zich afvroegen of ze de politiek nog serieus moesten nemen. Politici die hun hoofd buiten de provinciegrens staken ontwaarden stekelige opmerkingen over het sjoemelende zuiden. De imago-schade was groot.

Later, toen zaken serieus bleken en justitie politici in de kraag vatte, groeide bij Wilms en andere bestuursleden het idee dat er ook positieve kanten zaten aan de berichtgeving: het reinigend effect, de discussie over integriteit en de relatie overheid/bedrijfsleven, de komst van transparante aanbestedingen.

Partijleider Pleumeekers had geen idee van de veelheid en breedheid van de belangenverstrengelingen. Hij was in 1992 op vakantie in zijn huisje in de Franse Alpen toen hij door zijn zoon gebeld werd met de boodschap dat zijn partijgenoot Vossen was opgepakt wegens corruptie. De eerste CDA'er. Pleumeekers viel van zijn stoel, dat had hij nooit gedacht. Hoe het zijn partij ook raakte, hij oordeelde al snel dat de affaires overwegend positief waren voor Limburg. Opeens lag de bestuurscultuur onder een vergrootglas, overgedimensioneerd. Opeens was tot in detail te zien wat er fout zat. Pleumeekers kon afmaken waarmee hij in 1986 met de andere vernieuwers in het CDA begonnen was.

De affaires zorgden voor een versnelling van de vernieuwing. In richtlijnen legde de partij nadruk op politieke zuiverheid. Perspectief 2000, het provinciale partijprogramma voor de Statenverkiezingen in 1995, kreeg een hoofdstuk over integriteit. Kernbegrippen waren zuiver gedrag, het garanderen van onafhankelijkheid en onbeïnvloedbaarheid, garanties tegen belangenverstrengelingen en openbaarheid. Meer dan vroeger werd van CDA'ers verlangd dat ze elke schijn vermeden. Waar vroeger werd aangenomen dat bestuurders te goeder trouw waren, werd na de affaires verwacht dat ze elke schijn van kwade trouw vermeden. Mede naar aanleiding van de berichtgeving over corruptie vond er een heroverweging plaats van de positie van het CDA.

In het CDA-partijkantoor in Sittard kwamen van 1992 tot 1995 duizend opzeggingen binnen. De daling vanaf 1992, het begin van de affaires, is opmerkelijk. Het CDA-Limburg had in de jaren daarvoor, tussen 1988 en 1992, een stabiel ledenaantal. Vóór 1988 was ook sprake van een snelle daling. Na het hoogtepunt van 9.199 leden in 1983 was het ledental gezakt naar 7.144 in 1987. In 1995 telde de secretaris nog 5.826 leden. Toch is het twijfelachtig of de uittocht van doen had met de corruptie-affaires. Landelijk had het CDA in dezelfde periode immers te maken met een procentueel even grote terugloop.

De affaires werkten wèl demotiverend op het partijkader. Dat moest zich verdedigen tegen kritiek op het gedrag van partijgenoten. Het ging om enkele rotte appels, niet meer. De aantijgingen waren dan ook fout, vond het bestuur. Het CDA als organisatie droeg geen verantwoordelijkheid voor individueel misbruik. Als burgemeesters of wethouders van het CDA iets fout deden, was nog niets met de partij aan de hand.

Lex Magielsen wist veel niet over de Limburgse bestuurscultuur toen hij naar Limburg was gekomen. Hij was geboren in Heerhugowaard en was werkzaam bij de de werkgeversorganisatie NCW. Aanvankelijk in Zeeland en vanaf 1980 in Limburg. Sinds 1984 werkte hij bij de investeringsbank LIOF. Magielsen kreeg bedrijven op bezoek die in ruil voor etentjes informatie of opdrachten wilden. Hij hapte niet en solliciteerde verder. Zestien maanden later was hij directie-secretaris bij DSM-Limburg. In 1987 werd hij voorzitter van het CDA-Limburg. Hij paste bij de vernieuwing die het CDA in 1986 was begonnen. De onbesproken Magielsen was de man om het fatsoen terug te brengen in de partij.

De vernieuwing was gaande toen de affaires zich aandienden. Voor Magielsen waren de onthullingen over graaiende ambtenaren en politici een eye-opener. Het was een stimulans om het proces van vernieuwing versneld door te voeren. Magielsen sprak avond na avond met de andere bestuursleden van het CDA-Limburg. Over de onrechtvaardige benadering door de pers en de negatieve gevolgen voor de partij. Het CDA was de grote boosdoener.

De affaires waren hèt gespreksonderwerp tijdens de algemene ledenvergadering van het CDA-Limburg op 28 september 1992 in Geleen. Magielsen wijdde er zijn toespraak aan. Hij riep bij de zaal de herinnering op aan 1986, toen de leden in het Landbouwhuis de bestuurders hadden gemaand tot meer openheid. Sindsdien had het CDA niet stilgezeten, zei Magielsen. Het CDA-Limburg was kandidaat-Statenleden gaan toetsen op mogelijke belangenverstrengelingen, de bestuurdersclub begon een discussie gericht op de 'aanscherping van het persoonlijk geweten' en het CDA-bestuur had partijleden-in-opspraak aangesproken op hun handelen.

De bemoedigende woorden van Magielsen namen niet weg dat de partij in een dal zat en het in de pers belabberd deed. Om daarover van gedachten te wisselen en advies in te winnen over de te nemen maatregelen, nodigde het algemeen bestuur twee buitenstaanders uit: decaan W. Albeda en hoogleraar ethiek F. Kimman van de Universiteit Maastricht. De discussie leverde weinig op. Albeda kwam met de suggestie om een code voor CDA'ers in te voeren. Dat idee werd weggewuifd door het bestuur. De wet en de eed bepaalden toch dat je niets mocht aannemen? Voor het tijdelijk terugtreden van iemand die in opspraak raakt, was geen gedragscode nodig. Zo iemand moet gewoon terugtreden, vond Magielsen. Als iemand niet wil, helpt ook een code niet. Die heeft geen wettelijke basis. Het CDA voerde geen code in. Dat de PVDA dat wel deed, vond Magielsen window-dressing. Later gaf Magielsens opvolger Wilms toch een advies voor CDA'ers-in-opspraak: als hun functioneren ernstig belemmerd wordt, moeten ze tijdelijk terugtreden.

Maar tegenover de CDA'ers die in opspraak raakten, nam Magielsen een koele houding aan. Met de gevallen wethouders en burgemeesters zocht hij nauwelijks contact. Eén keer telefoneerde hij uit medemenselijkheid naar de ontslagen Vossen, omdat hem dat vanuit Gulpen gevraagd was. Het werd een lang gesprek waarbij Vossen Magielsen waarschuwde oppervlakkig te blijven, omdat zijn telefoon getapt werd. Van Goethem kreeg bestraffende woorden na een artikel over zijn gratis vakanties. Aan de afdeling Maastricht gaf hij een negatief advies over een nieuwe ambtsperiode voor de in opspraak geraakte Jan Hoen. Diens collega In de Braekt kreeg niet meer dan een kort belletje. Met hem had Magielsen het minst te doen. In de Braekt had ook zijn partijgenoten belazerd.

De CDA-afdeling, de burgemeester, de wethouders, bijna alle politieke partijen verdedigden In de Braekt lang. De suggestie van *De Limburger* dat de wethouder zich had laten bevoordelen maakte de politiek kwaad. Pas een jaar na de eerste publicatie over

In de Braekt zegde het CDA-Maastricht en de rest hun vertrouwen in de wethouder op. Het verhaal dat hij had verteld, bleek niet te kloppen. Dat was een nare ervaring, zeker voor voorzitter Frans Groutars van de CDA-afdeling in Maastricht. Hij had In de Braekt een jaar lang de hand boven het hoofd gehouden. Groutars, in *De Limburger*: 'Een jaar lang ben je naar eer en geweten zo zuiver en eerlijk mogelijk bezig. En dan vindt er zo'n omslag plaats. Het vertrouwen valt helemaal weg. Voor mij persoonlijk was dat een hele ingrijpende ervaring. Ik voelde me wat... blöd.'

Vijf CDA'ers werden veroordeeld. Zij beschadigden de naam van de partij, maar tot een royement kwam het niet. Een enkeling stapte zelf op als lid. Magielsen gaf Vossen na zijn veroordeling in overweging de eer aan zichzelf te houden en zijn lidmaatschap op te geven. Het bestuur koos niet voor royeren. Het was de gemakkelijkste weg. Maatschappelijk hadden de partijgenoten een duw gekregen. Moest het CDA ze dan nog een trap na geven? Daarbij kwam dat de lokale afdelingen het initiatief voor zo'n procedure moesten nemen. Die namen dat initiatief niet.

Het was die zaterdagmiddag niet druk in het zaaltje van café National in Roermond. Slechts de helft van de vijftig Limburgse PVDA-bestuurders had gehoor gegeven aan de oproep van voorzitter Arie Kuijper om te praten over een gedragscode. Felix Rottenberg was er die twaalfde september 1992 bij, om mee te praten over onderwerpen als: hoe gaat een bestuurder om met het bedrijfsleven? Wat doet een PVDA'er die in opspraak is? Kuijper pleitte voor openheid. Een bestuurder moet zich niet in een moeilijke situatie manoeuvreren. Bij alles wat hij of zij doet moet de onafhankelijkheid voorop staan. Nodig ook eens een aannemer voor een etentje uit in het gemeentehuis, tipte Kuijper.

Raakt een partijgenoot in een aanhoudende stroom roddels of publicaties, dan moet hij of zij tijdelijk uit de functie treden om onderzoek mogelijk te maken. De PVDA'ers waren het met elkaar eens en Rottenberg zag Limburg niet als een probleemgebied, zei hij. In Limburg speelden kort achter elkaar wat kwesties. Die heb je overal.

Integriteit bleef een hot item bij de PVDA, vanuit Den Haag gestimuleerd door Ien Dales. De betrouwbaarheid van het openbaar bestuur beroerde haar. Ze hield in 1992 over het onderwerp lezingen in het land en zorgde ervoor dat integriteit en corruptie uit de taboesfeer kwamen.

De val van Riem kwam onverwacht. Eén jaar na het bekritiseerde artikel van *De Limburger* over de banden tussen Riem en Baars ging het nieuws over het strafrechtelijk onderzoek tegen Riem door Nederland. De ochtend van 22 april 1993 is elk PVDA-Statenlid bijgebleven. Er was verslagenheid, paniek in een enkel geval. De Statenleden waren perplex en belden elkaar vol ongeloof op. In Den Haag was Thijs Wöltgens stupéfait toen hij het hoorde. Hij kende Riem van partijbijeenkomsten. Meer niet, ze waren geen vrienden. Al kwamen ze uit dezelfde lichting in de partij.

Ook Wöltgens had nooit aan Riem gedacht. Als het iemand moest overkomen dan had menig PVDA'er geld gezet op Hoogland, Van Dijk of Hummel. Van hen was bekend dat zij niet krampachtig omgingen met het bedrijfsleven. De PVDA'er Ger Kockelkorn was het andere uiterste. Als gedeputeerde van verkeer en waterstaat leed hij liever honger dan dat hij met baggeraars in restaurant Au coin des bons Enfants ging eten. Ook voorzitter Arie Kuijper was zo iemand. De partij was kleurrijk samengesteld.

Op de dag dat Riem viel, kwam de gewestelijke PVDA-top bij elkaar in het provinciehuis. Jan Tindemans, gedeputeerde, Kockelkorn, Wolfs en Kuijper moesten hun positie bepalen, elkaar moed inspreken en een persverklaring opstellen. Kuijper liet weten geschokt te zijn. Riem zou, conform de pas ingevoerde gedragscode, gevraagd worden tijdelijk terug te treden. 'Mochten de in de verklaring van de Arrondissementsrechtbank Maastricht genoemde verdenkingen onverhoopt op waarheid berusten, dan zou dit voor de PVDA-Limburg eveneens een diepe teleurstelling betekenen', schreef Kuijper in de persverklaring. Op het partijkantoor in Sittard kwamen reacties binnen van verontruste leden uit de provincie. Het geloof van de basis in de leiding van de partij, geslonken door de wao-maatregelen, was opnieuw op de proef gesteld.

Kuijper belde met de partij in Den Haag. Kon Riem aanblijven als burgemeester? Hoe zat het met zijn lidmaatschap, moest hij geroyeerd worden? Kuijper sprak met Wöltgens. Die was in de verdediging gedrukt door collega-Kamerleden. In Haagse kringen werd meesmuilend gedaan over het zoveelste corruptieschandaal in Limburg. Als grapje werd gezegd: sinds ze het ABP naar Heerlen hebben gebracht is het daar ook niet pluis. De ondertoon die er in zat, daar kon Wöltgens niet om lachen. De neiging om het typisch Limburgs te vinden, was wijd verbreid.

De PVDA'ers in Limburg, die zich altijd verzet hadden tegen de ons-kent-ons-cultuur, vonden het aanvankelijk prima dat boven water kwam wat ze vermoedden. De Maastrichtse PVDA-wethouder Raymond Leenders stuurde in 1993 een felicitatiebriefje naar Langenberg en Dohmen na de toekenning van de Dagbladprijs. 'Als uw prijs er mede toe bijdragen kan dat het politieke métier in de toekomst in soberheid en zuiverheid kan worden voortgezet, dan kunnen we daar alleen maar gelukkig mee zijn', schreef Leenders. Hij sloot af met: 'p.s. Niet voor publicatie bestemd.'

Alle berichten over vriendjespolitiek en belangenverstrengelingen hadden tot dan toe de PVDA-Statenfractie bevestigd in het idee dat vooral CDA'ers zich te buiten waren gegaan. De verdenkingen tegen Riem waren een mokerslag.

Naarmate het strafrechtelijk onderzoek tegen Riem langer duurde, groeide de kritiek over de klaarblijkelijke lekken bij justitie naar *De Limburger*. De rol van het OM en de pers was het gesprek van de dag. Het verdrong in PVDA-kringen een discussie over de inhoud van de onthullingen. Al die maanden dat het onderzoek duurde groeide een gevoel van machteloosheid. Riem werd publicitair vermoord.

Binnen de fractie hield Riem steun, zeker in het begin. De groep medestanders slonk na de huiszoekingen en het bekend raken van steeds meer belastende feiten. De fractie raakte verdeeld. Bij een minderheid had Riem zijn krediet nog niet verloren. Zijn oud-collega en vriend Kockelkorn steunde hem in de moeilijkste momenten. Hij hield tijdens het onderzoek intensief contact. Kockelkorn bleef ervan overtuigd dat Riem niet corrupt was. Met de val van zijn vriend had hij geen rekening gehouden. Kockelkorn had niets geweten over de innige banden tussen provincie en bouw. Misschien naïef vond hij achteraf, maar het toonde ook hoe hij er al die jaren buiten gehouden was. Met hem viel toch niets te regelen.

Na de val van Riem op 22 april 1993 vroeg hij zich af: komen er nog meer affaires uit het provinciehuis? Hij wist het niet. In zijn aanval op de pers, vooral op *De Limburger*, was hij emotioneel. De kranten suggereerden telkens dat er veel meer aan de hand was. Veel meer dan hij wist. Veel meer dan GS wisten. Dat schepte een verlammende situatie. Door de omvang en de ernst van de incidenten die aan het licht kwamen, stond het bestuurlijk en politieke bestel in de provincie onder druk. Hij zag een wisselwerking tussen pers en justitie, die maand na maand het ene na het andere geval opdisten. Dat kon jaren gaan duren. Onderwijl hing een waas van corruptie boven Limburg. Het bestuur zou vleugellam zijn. 'Het politieke bestuur gaat zo naar de knoppen', zei Kockelkorn voor de microfoon van Omroep Limburg. 'Ik zeg dan ook: wie meer weet kom ermee voor de dag. Want zo kan het niet verder. Iedereen is verdacht. De druk wordt elke dag groter. Het bestuur verliest autoriteit en gezag. Kan niet meer goed besturen. Dat is fnuikend.' Kockelkorn zei wat iedereen al had begrepen: het openbaar bestuur verkeerde in een crisis.

Tot de critici van Riem in de PVDA-Statenfractie behoorde Willem Peeters. In het gewestelijk partijorgaan Blos wees hij met een beschuldigende vinger naar het bestuur, niet naar de journalisten. Die waren te danken vanwege hun ijver. Ze deden wat de politiek niet had gedaan, niet had gedurfd. Peeters pleitte ervoor dat politici maar eens roomser dan de paus moesten zijn. 'Het verbazingwekkende van al deze affaires is in feite, dat bestuurders èn bedrijfsleven zo weinig moeite blijken te hebben met de acceptatie van een cultuur waarin gesjoemel en omkoperij maar al te gemakkelijk optreden en die zo gesloten is dat zelfcorrectie niet of nauwelijks aan de orde is. Natuurlijk, het is hier in Nederland geen bende zoals in Italië. Maar in principe is er geen verschil. Het gaat om de verloedering van in zichzelf gekeerde systemen waarbinnen geen ruimte is voor kritiek op de heersende moraal en waarin hoofdrolspelers in de verdediging van hun posities tot bedenkelijke hoogten weten te groeien.'

Tijdens het strafrechtelijk onderzoek liet Riem zich niet zien op vergaderingen en bijeenkomsten van de partij. Maar bij officiële gelegenheden in het provinciehuis bleven hij en zijn vrouw nooit weg. Zoals bij het afscheid van Mastenbroek. Dat leidde tot pijnlijke situaties. Partijgenoten wisten zich geen houding te geven. Moesten ze wel of geen hand geven? Wel of geen praatje maken? Hoelang konden ze bij hem blijven staan? De meeste Statenleden deden koeltjes tegen Riem. De pijnlijke vraag 'Henk, heb je het nou gedaan of niet' bleef onuitgesproken.

Riem liep ook met vragen rond. Waarom hij? Waarom niet die andere gedeputeerden die veel langer aan het roer stonden? Collega's in wier cultuur hij gerold was. Riem kon een boekje open doen over de gang van zaken in het provinciehuis, maar deed dat niet.

De uitspraak van de rechter dat corruptie bij Riem niet bewezen was, leidde in 1995 tot een euforische stemming in de partij. Het laakbare gedrag van Riem leek vergeten door de partijtop. De behoefte om na twee jaar een einde aan de spanningen te maken was groot. De vrijspraak waste ook de smet weg op de PVDA. De reacties waren luchtig. Het was niet uitgesloten dat Riem weer een bestuursfunctie kreeg, zei de nieuwe gewestelijk voorzitter Ad Weiermars op de dag van de vrijspraak.

16 Loze beloften

Het Paleis van Justitie aan de Minderbroedersberg in Maastricht ademde rust begin jaren zeventig.* In deuropeningen van de tot rechtbank verbouwde kerk keuvelden ambtenaren op gedempte toon. Magistraten bewogen waardig door de gangen en het publiek zat met gepaste eerbied op de bankjes.

Eerbied had het parket in die tijd op zijn beurt voor hoogwaardigheidsbekleders. Die verdienden een respectvolle behandeling. De aanpak van fraude- en corruptiezaken waarbij bestuurders betrokken waren, was voorzichtig, zo niet terughoudend. Het deed afbreuk aan het overheidsgezag als een burgemeester, wethouder of gedeputeerde aan de schandpaal genageld werd. Dus bedekte justitie zaken met de mantel der liefde in plaats van ze publiekelijk af te wikkelen.

De aanpak van corruptie en fraude stond in de kinderschoenen in het arrondissement Maastricht. Ook landelijk was er nooit interesse in dat onderwerp geweest. Het parket in Maastricht had bijvoorbeeld geen officier die speciaal belast was met fraude en corruptie. Corruptie was geen item.

De meest geruchtmakende zaak tot dan toe was de Lockheed-affaire in 1976. Dat die zaak in de openbaarheid kwam, was niet te danken aan justitie in Nederland, maar aan een onderzoekscommissie van de Amerikaanse Senaat. In Nederland kwam de Commissie-Donner, ingesteld door het kabinet, tot de conclusie

---

* Dit is een reconstructie van de gang van zaken bij het parket Maastricht vóór en tijdens de affaires, onder meer gebaseerd op gesprekken met enkele betrokkenen

dat prins Bernhard zich schuldig gemaakt had aan 'onzorgvuldig handelen'. Dat hij de steekpenningen ontvangen had, zei de commissie niet te kunnen aantonen. Justitie hield in opdracht van het kabinet de handen er vanaf omdat een constitutionele crisis dreigde.

Het parket in Maastricht volgde in de jaren zeventig het beleid dat het verstandiger was corrupte bestuurders niet te vervolgen. De betrokkenen konden het best bestuurlijk aangepakt worden, bijvoorbeeld door een reprimande van de commissaris der koningin. In een uiterste geval trad een burgemeester of wethouder dan terug om gezondheidsredenen. Door het in de doofpot stoppen van corruptiezaken werd het gezicht van het openbaar bestuur gered, maar preventief werkte het niet. Het niet publiekelijk aan de kaak stellen moedigde het gesjoemel juist aan.

In een klimaat van gepaste terughoudendheid stapte officier van justitie J. Reijntjes in 1972 op dertigjarige leeftijd het Paleis van Justitie binnen. In de jaren zestig was hij een van de eerste bestuursleden van de soldatenvakbond VVDM en in 1978 was hij de eerste fraude-officier in Maastricht. Niet dat hij zijn handen vol had aan corrupte overheidsdienaren. Die waren er niet. Beter gezegd, die zaken belandden niet op zijn bureau. De fraude-officier was druk met steunfraudeurs en koppelbazen. De kranten stonden vol verhalen over louche aannemertjes die sjoemelden met sociale wetten.

Toch had Reijntjes ook van doen met Limburgse bestuurders. Ze probeerden wel eens druk uit te oefenen om vervolging te voorkomen. In zo'n geval lieten ze merken dat ze het prettiger vonden wanneer justitie zich niet te veel met een zaak bemoeide. Het gebeurde subtiel, maar soms ook bot. Het meest openhartig was nog die burgemeester die Reijntjes 's ochtends belde na een huiszoeking en riep: 'Wat doet u nou in mijn gemeente?'

Tegen het einde van de jaren zeventig was sprake van een ommekeer in het beleid van het OM in Maastricht. Of het een bewuste koerswijziging was, is achteraf moeilijk vast te stellen. In ieder geval kon Reijntjes in 1979 burgemeester J. Galiart van Geulle vervolgen. Het was de eerste Limburgse corruptiezaak die in de publiciteit kwam. Justitie was getipt over bijverdiensten van Galiart. De rijksrecherche, ter beschikking gesteld door de procureur-generaal in Den Bosch, ontdekte dat de burgemeester, toen hij nog wethouder was in Stevensweert, twee jaar op de loonlijst stond van een grindbaggerbedrijf. De onderneming had grote belangen bij het verkrijgen van nieuwe ontgrindingsgebieden in Stevensweert. Galiart werkte daar graag aan mee. De baggeraar boekte de loonkosten van Galiart als ontwikkelingskosten voor het project. Desondanks was het voor Reijntjes moeilijk te bewijzen dat de vijftienduizend gulden 'loon' van Galiart steekpenningen waren. Dus gebruikte Reijntjes een vangnet. Hij dagvaardde de burgemeester omdat die zijn inkomsten van de baggeraar niet opgegeven had aan de fiscus. Galiart kreeg twee maanden voorwaardelijk, maar kon na zijn veroordeling weer aan de slag. Niet lang daarna legde hij zijn functie 'om gezondheidsredenen' neer. Galiart ging niet af door de achterdeur. De Kroon verleende hem op 1 juli 1980 eervol ontslag. Voor de microfoon van de regionale omroep dreigde de ex-burgemeester een boekje open te doen. 'Er is veel meer aan de knikker dan waar het hier om gaat. Daar ben ik echter de schietschijf van geworden. Wanneer de tijd daarvoor rijp is, zal ik namen noemen. Nog meer koppen zullen rollen.' Of hij het alleen uit frustratie riep of dat hij meer achter de hand had, bleef in het midden. Namen heeft de inmiddels overleden Galiart nooit genoemd.

Het was in die tijd dat geruchten de ronde deden in het land over misstanden met onroerend-goedtransacties van pensioenfondsen. Bij tussenpersonen zouden stevige winsten blijven kleven. In 1988 kwam de grootste van die affaires, de affaire rond het Algemeen Burgerlijk Pensioenfonds (ABP) in Heerlen, tot een roemloos einde. De hoofdrolspelers, directeur beleggingen Ed Masson en zijn zakenvriend Kobus van Zon, gingen in hoger beroep vrijuit. Vijf jaar eerder was fraude-officier J. van Opstal, opvolger van Reijntjes en afkomstig uit de bouwwereld, vrolijk aan de tot dan toe grootste corruptie- en fraudezaak uit de Nederlandse geschiedenis begonnen. Rechercheurs klaagden over zijn aanpak. Van Opstal droeg het onderzoek over aan collega

J. Laumen. Die was na een avondstudie rechten op 41-jarige leeftijd officier van justitie geworden. Na Van Opstal was hij een verademing voor het onderzoeksteam. Laumen liep over van daadkracht en beet zich met emotie vast in de zaak.

De wil was er toen dus wel, maar materieel was het een puinhoop. In 1983, bij het begin van het ABP-onderzoek, was er niets geregeld. Het team moest bij andere korpschefs smeken om ondersteuning, typemachines zoeken, kopieerapparaten lenen. Een computer hadden ze niet, net zo min als genoeg deskundigheid en genoeg rechercheurs. Maar allereerst moest het onderzoeksteam dat de grootste corruptiezaak uit de Nederlandse geschiedenis ging ontrafelen op zoek naar een plek om te werken. Het team vond uiteindelijk een paar klaslokalen in de politieopleidingsschool in het Midden-Limburgse Horn. In de jaren zeventig en tachtig waren er geen middelen om omvangrijke corruptieonderzoeken te doen.

De ABP-zaak sleepte zich voort. Masson werd verdacht van het aannemen van smeergeld en dubieuze beleggingstransacties. Massons vriend Van Zon zou meegeprofiteerd hebben. Laumen zag zich geconfronteerd met een moeilijke bewijsvoering. De wet maakte het bijzonder moeilijk om corruptie adequaat aan te pakken, ook al lagen de zaken voor het gevoel duidelijk. Laumen stond voor de bijna onmogelijke taak om te bewijzen dat Masson steekpenningen had ontvangen en dat er een causaal verband was tussen zijn handelen en de steekpenningen. Het onderzoek was ingewikkeld. Met geldstromen in het buitenland en weinig hulp van belastingparadijzen als Liechtenstein.

Tijdens het onderzoek in de ABP-affaire bleek dat het pensioenfonds niet alleen slachtoffer van fraude geworden was, maar ook zelf gefraudeerd had. Het ABP had gesjoemeld met woningbouwsubsidies. Het onderzoek daar naar, onder leiding van fraudeofficier Reijntjes, kwam in 1986 in de openbaarheid. De Tweede Kamer stelde de parlementaire enquêtecommissie Bouwsubsidies in. Justitie gaf de resultaten van haar onderzoek in handen van de commissie. Voordat het onderzoek goed en wel begonnen was, moest CDA-staatssecretaris van Volkshuisvesting Gerrit Brokx opstappen. Hij was politiek verantwoordelijk voor zijn ambtenaren die het frauderen met bouwsubsidies oogluikend hadden toegestaan en hij had verzuimd maatregelen te nemen.

Dezelfde Brokx had eerder de SBDI-affaire zonder kleerscheuren overleefd. Dit Limburgse bouwschandaal kwam in de zomer van 1983 aan het licht en is in hoofdstuk 11, *De koning van het circuit*, beschreven. De affaire is in zijn volle omvang strafrechtelijk nooit uitgezocht. In Den Haag weigerde Brokx de rijksaccountantsdienst een boekenonderzoek bij Ruijters te laten doen. In Limburg hielden GS een onderzoek tegen naar de rol van gedeputeerde Verhagen.

De betrokkenen hadden het geluk dat de SBDI-affaire net na het begin van de ABP-affaire ontstond. Aan die al lopende zaak had justitie de handen méér dan vol. Na afloop van de ABP-affaire in 1988 was in het Paleis van Justitie in Maastricht terughoudendheid het devies. Justitie had even geen trek in nieuwe, tijdrovende en riskante onderzoeken naar omvangrijke netwerken.

In die sfeer diende zich in 1988 een kleine bouwaffaire aan. CDA-wethouder en makelaar F. Heuts uit Nuth had samen met de plaatselijke aannemer L. Habets kopers van negentien premiekoopwoningen een deel van de bouwkosten zwart laten betalen. De officiële koopprijs van de huizen bleef daardoor net binnen de subsidiegrens. Het OM, de schrik van de ABP-zaak nog in de benen, hield de zaak uit de rechtszaal. Officier Van Opstal bood Heuts, inmiddels Statenlid, en aannemer Habets een schikking aan van respectievelijk tienduizend en vijfentwintigduizend gulden.

De beslissing van Van Opstal wekte wrevel in politiekringen. In zijn appartement in Maastricht deed politieman Luud Geerlings in februari 1989 een boekje open tegenover Henk Langenberg. Geerlings was de enige fraude-expert van de rijkspolitie in Limburg.

De politiek was in het geweer gekomen om Heuts een publieke afgang à la burgemeester Galiart te besparen, zei Geerlings. De schikking van Heuts was, net als de zaak-Masson, nadelig voor de fraudebestrijding. Geerlings zei tegen de krant: 'Zie je dat dergelijke lui niet gepakt worden, denken de mensen nu. Maar zo is het niet. Masson is een ongelukkig voorbeeld. Procedurefouten, verkeerde dagvaardingen. Maar in feite heeft het hof in Den Bosch een vernietigend oordeel over die lui uitgesproken. Het komt alleen niet zo duidelijk over.'

Een paar maanden later raakte Geerlings betrokken bij een nieuwe affaire. J. van Dongen, net ontslagen als hoofd bedrijfsbureau van aannemer Smeets Bouw BV in Meerssen, zocht 20 juni 1989 contact met Geerlings. Van Dongen meldde, met computerlijsten in de hand, dat de bouw in Zuid-Limburg nog steeds met opzetgelden werkte, ondanks een verbod uit 1987. Van Dongen deed ook een boekje open over de politieke contacten van directeur Paul Smeets. Politici zouden giften hebben ontvangen.

Hoofdofficier Fransen ontving het rapport dat Geerlings had opgesteld na zijn gesprek met Van Dongen. Op 21 juni 1989 spraken in het Paleis van Justitie hoofdofficier J. Fransen en Geerlings over de kwestie. Het was een stroef gesprek. Fransen nam de zaak uit handen van Geerlings. Hij verzamelde alle exemplaren van het rapport dat Geerlings geschreven had. Het materiaal ging naar de rijksrecherche. Die dienst was in Meerssen toch bezig met een oriënterend onderzoek naar het uitlekken van informatie uit een besloten raadsvergadering.

In de vergadering was de raadsleden verteld dat zestien aannemers in 1985 de gemeente voor vier ton hadden benadeeld bij de aanbesteding van een riolering. Ook de aanbesteding van het gemeentehuis in Meerssen in 1986 was doorgestoken kaart. Dat bleek uit het justitiële onderzoek naar het frauduleuze faillissement van het aannemersbedrijf Schreurs uit Sittard.

De Meerssense CDA-wethouder Piet Pinxt was acquisiteur bij Schreurs. Die zou samen met aannemer Smeets en vier andere bedrijven geheime afspraken hebben gemaakt, voorafgaand aan de aanbesteding van het gemeentehuis. In onderling overleg hadden ze honderdduizend gulden op de uiteindelijke prijs gezet. Dat was het opzetgeld waarover Van Dongen had gesproken.

Het onderzoek van de rijksrecherche leverde niets op. De rechercheurs vonden aanwijzingen, maar geen bewijzen voor de giften van Smeets aan politici. Ook Van Dongen wilde opeens zijn mond niet meer opendoen. De man had een regeling getroffen met Paul Smeets. Van Dongen kreeg tienduizend gulden en zweeg. De aannemers betaalden na bemiddeling van de hoofdofficier de opzetgelden terug aan de gemeente.

In de nazomer van 1990 mocht de rijksrecherche weer uitrukken naar Zuid-Limburg, opnieuw tevergeefs. In Susteren zou de gemeentesecretaris steekpenningen hebben aangenomen van een grondspeculant. De secretaris ging met bijzonder verlof om twee jaar later, en een schadevergoeding rijker, weer achter zijn bureau plaats te nemen. Het onderzoek was gestopt wegens gebrek aan bewijs.

Na alle mislukte onderzoeken van het parket naar bouwfraudes en corruptie – de zaak-Galiart was het enige, magere succesje – plofte eind 1990 opnieuw een corruptiezaak op het bord van Van Opstal: het steekpenningendossier-Baars.

Met de explosieve zaak werd niets gedaan. Van Opstal kwakkelde met zijn gezondheid, meldde zich ziek en zijn collega's hadden weinig trek in alweer een corruptiezaak. Het dossier ging als een hete aardappel van officier tot officier. Na Van Opstal belandde het op het bureau van de officieren Kolkert en Van Hilten. Daarna was het de beurt aan Ummels. Vervolgens kreeg Van Atteveld de zaak. Hij dagvaardde Dohmen en Craenen, maar ook hij werd ziek. Waarna Smalburg er even in keek. Uiteindelijk mocht de rechterlijk ambtenaar in opleiding (raio) F. Frenay het openbaar ministerie in 1992 vertegenwoordigen in de eerste corruptie-rechtszaak sinds het ABP. Het dossier had zolang rondgeslingerd dat het vergrijp van wegenbouwer Baars verjaard was. Alleen Dohmen en Craenen konden vervolgd worden.

Advocaat Theo Hiddema van verdachte Dohmen riep in alle kranten dat het openbaar ministerie Baars had laten lopen. Het OM had zich geen raad geweten met de immense omvang van deze omkoopaffaire. 'Het liefst hadden ze niets gedaan', zei de advocaat in *De Limburger*. 'Maar ze konden er niet onderuit vanwege de niet te verhullen wetenschap die de belastingdienst en de

FIOD over deze zaak hadden. Er moest iets gedaan worden. Dohmen en Craenen zijn het zoenoffer. Door hen te offeren wordt een groot schandaal voorkomen.' Justitie had volgens de advocaat de wegenbouwer bewust buiten schot gehouden. Baars wist immers de namen van de burgemeesters, wethouders en ambtenaren aan wie hij al die jaren geld had gegeven.

Er kunnen meer vraagtekens geplaatst worden bij de houding van justitie tijdens het onderzoek. Terwijl Dohmen en Craenen in 1990 waren aangehouden en twee dagen in de cel hadden gezeten, bleef Baars – die toch veel geld had uitgedeeld – op vrije voeten. Er vond ook geen huiszoeking plaats in zijn kantoor om informatie te bemachtigen over de andere mensen die smeergeld hadden aangenomen. Baars had in zijn verhoor tegenover de FIOD-ambtenaren toegegeven die informatie te hebben. Hij zou thuis nog wel eens zoeken en de FIOD wat laten weten. Maar Baars liet niets meer van zich horen. Nog voor de kritiek van Hiddema had officier Van Atteveld, terug van ziekteverlof, een plan gemaakt om Baars alsnog te vervolgen. De parketleiding hield het tegen. Hoofdofficier Fransen wees het plan als 'niet succesvol' van de hand.

Van Atteveld was in mei 1992 door de parketleiding gevraagd zich bezig te houden met fraude en corruptie, bij gebrek aan interesse van de andere officieren. Van Atteveld was een dertiger, sinds december 1990 officier. Daarvoor was hij bij de Open Universiteit in Heerlen wetenschappelijk medewerker geweest van professor Reijntjes, de eerste fraude-officier van justitie. Reijntjes was nog steeds plaatsvervangend officier in het arrondissement Maastricht. Hij gaf Van Atteveld bijstand in de aanpak van de corruptie-onderzoeken. Van de parketleiding kreeg Van Atteveld onvoldoende ondersteuning. Laumen was naar Roermond vertrokken en de rest had weinig ervaring met corruptie. Reijntjes had urenlange gesprekken met

Van Atteveld. Het was Reijntjes die Van Atteveld waarschuwde. 'Het is een harde wereld vol valkuilen', zei hij. 'Corruptie-onderzoeken zijn slecht voor je carrière, Hans. Wat je ook doet, je doet het altijd fout.'

Ondertussen had *De Limburger* het FIOD-dossier bemachtigd bij ex-wethouder Craenen. Vanaf 18 april 1992 vulde een stroom publicaties de kolommen van de krant. Namen van gedeputeerden, DSM-directeuren, Kamerleden en wethouders die Baars welgevallig waren geweest, wisselden elkaar af. Toen *De Limburger* op 8 mei in een artikel de uitmuntende contacten van wegenbouwer 'Ome Sjaak' Baars met tout politiek Limburg ontrafelde, was de maat vol voor het provinciebestuur. In de wit marmeren gangen van het gouvernement kwam het hard aan dat ook de naam van Riem was genoemd. Namens GS vroeg commissaris Mastenbroek de procureur-generaal R. Gonsalves in Den Bosch 'dringend' om een onderzoek. De pg moest 'geen middel onbeproefd laten om op tafel te krijgen wat er werkelijk aan de hand is. Aldus kunnen schuldigen worden gestraft en houdt verdere verdachtmaking van bestuurders en ambtenaren op'.

Wat Mastenbroek niet wist was dat de rijksrecherche al in Limburg bezig was. Samen met de FIOD was de dienst een onderzoek begonnen tegen de burgemeester van Gulpen, Wiel Vossen. In de maanden daarna volgden de onderzoeken elkaar snel op.

Het was Van Atteveld die in januari 1993 bij de parketleiding aandrong op een systematische aanpak van de corruptie-onderzoeken. Tot dan toe was het ad hoc werk, meestal na krantenpublicaties. Van Atteveld wilde niet van het ene naar het andere incident rennen. Hij pleitte voor de oprichting van een anti-corruptie-eenheid. Die zou met voldoende mensen en middelen snel en doeltreffend kunnen werken. Voorwaarde daarvoor was een inventarisatie van de potentiële corruptiegevallen in Limburg. Daaruit kon dan een evenwichtige keuze gemaakt worden.

De anti-corruptie-eenheid moest behalve rijksrechercheurs ook fiscale en financiële experts krijgen. Rijksrechercheurs waren all-round politiemensen, geen fraude-specialisten. Bovendien waren er te weinig rijksrechercheurs.

De anti-corruptie-eenheid kwam er echter niet. Daarvoor waren te weinig mensen en middelen, vond de parketleiding. Het inventariserend onderzoek naar gevallen van corruptie onder bestuurders en ambtenaren in Limburg ging wel door. Daartoe besloten hoofdofficier Fransen en pg Gonsalves in februari 1993. Het onderzoek leidde twee maanden later tot de samenstelling van een geheime lijst. Daarop staan zo'n vijfentwintig namen van vooraanstaande politici en ambtenaren tegen wie corruptieverdenkingen bestonden.

De lijst was gemaakt na een inventarisatie van krantenberichten, politie-gegevens, informatie uit lopende corruptie-onderzoeken en anonieme brieven met belastende informatie die de parketten in Den Bosch en in Maastricht ontvingen. Naar alle kwesties op de lijst deden twee rijksrechercheurs oriënterende onderzoeken. Ze keken belastingleggers in, bezochten Kamers van Koophandel en hoorden getuigen.

De lijst is een onthullende opsomming: de (ex-) burgemeesters Vossen (Gulpen), Van Goethem (Beek), Riem (Brunssum) en Hoogland (Brunssum), en de wethouders Hoen (Maastricht), In de Braekt (Maastricht), Heinrichs (Landgraaf), Odekerken (Landgraaf) en Pinxt (Meerssen) alsmede ABP-ambtenaar Kerkhoff.

Ook de Maastrichtse stichting Toda Rabba (beschreven in 9 Reislust en smeerkunst) stond er op. Net als het Japanse bedrijf Teikyo Europe BV. Justitie plaatste vraagtekens bij Teikyo en bij de rol van de provinciale top. Oud-gouverneur Kremers, Riem en griffier der Staten Haro Oppenhuis de Jong hadden eind jaren tachtig Teikyo naar Maastricht gehaald. De onderneming opende een school voor Japanse studenten en een medische instelling. De organisatie had de verdenking op zich geladen een dekmantel te zijn voor het witwassen van geld. In het oriënterende onderzoek viel de naam van de Japanse maffia-organisatie Yakuza. Een Japanse journalist in Brussel en twee ex-directeuren van Teikyo werden door de rijksrecherche als getuigen gehoord. Ook hoofdofficier Fransen sprak met de Japanse journalist.

De vraag was of het onderwijs wel de belangrijkste plaats innam. Eerste doelomschrijving van Teikyo bij de Kamer van Koophandel was handel in onroerend goed. Tussen 1989 en 1991 kocht het bedrijf in Maastricht en omgeving voor 34,8 miljoen gulden een kasteel, een golfbaan, een hotel met bijbehorende exploitatie-vennootschap en het voormalig ziekenhuis Annadal.

In 1991 gingen een deel van Annadal en het hotel ver onder de aankoopprijs de deur uit. Het hotel, gekocht voor 2,6 miljoen, werd door Teikyo aan de Roermondse projectontwikkelaar Muermans verkocht voor 700.000 gulden. Ook in de Verenigde Staten, Engeland en Japan waren onderzoeken naar Teikyo geweest naar mogelijke witwaspraktijken, belastingontduiking en afluisteraffaires.

Limburgse politici en ambtenaren waren opgevallen door de gretigheid waarmee ze het met geld smijtende Teikyo omarmd hadden. Kremers reisde enkele keren naar Tokio. Hij bood het bedrijf een keur aan vestigingsmogelijkheden aan, inclusief een premie van één miljoen gulden. Dat geld betaalden GS in het geheim uit. Provinciale Staten wisten van niets.

In Tokio zegde Kremers toe dat de verblijfs- en werkvergunningen no problem zouden zijn. Riem ging mee met Kremers, en ondernam zelf ook reizen naar Japan. De gedeputeerde bemoeide zich met de onroerend-goedhandel. Riem deed in brieven aan Teikyo twee Maastrichtse hotels in de aanbieding. Griffier Oppenhuis stapte in de Teikyo-organisatie als penningmeester van de stichting Teikyo Trust Holland. De stichting speelde een rol bij de vestiging van de onderneming. Oppenhuis zou bovendien, na het vertrek van Kremers uit Limburg, de werkvergunningen voor de Japanners regelen.

In 1992 maakte de Dienst Inspectie Arbeidsverhoudingen van het ministerie van Sociale Zaken proces-verbaal op omdat Teikyo in Maastricht Japanners in dienst had zonder vergunning. Een ambtenaar van het ministerie van Justitie informeerde daarna provinciaal ambtenaar F. Wolf dat de vergunningkwestie maar een detail was. Wolf schrok en schreef 27 november 1992 vliegensvlug een memo aan griffier Oppenhuis de Jong: 'Bij justitie vernam ik strikt vertrouwelijk dat er meer aan de hand is, dan men mij tot op heden heeft willen vertellen. Justitie is doende een onderzoek (niet in de strafrechtelijke sfeer) uit te voeren naar de financiële handel en wandel van Teikyo.'

De vertrouwelijke informatie lag daarmee bij Oppenhuis die zelf betrokken was bij Teikyo. Wolf legde in zijn memo aan

Oppenhuis de vraag voor of het wel verstandig was 'uit te blijven gaan van een in alle opzichten volstrekt bonafide en gerenommeerde Japanse kennisinstelling. Voorkomen moet worden dat het provinciebestuur gezichtsverlies lijdt, indien er straks daadwerkelijk meer aan de hand blijkt te zijn.' Oppenhuis krabbelde in de kantlijn van de memo een reactie: 'Onzin! Wij hoeven niet in te staan voor bonafiditeit van de in Limburg gevestigde instellingen.'

De griffier wist eind november 1992 dat er meer aan de hand was. Dat de rijksrecherche ook de rol van hem en enkele politici zou bekijken had de ambtenaar van justitie niet verklapt. De rechercheurs concludeerden in juni 1993 na het horen van getuigen en onderzoek in archieven dat het onmogelijk was inzicht in de affaire te krijgen. De bestuurders hadden op het eerste gezicht de schijn tegen. Nader onderzoek zou echter veel tijd en mensen kosten, en die waren er niet. De kwestie leidde niet tot een strafrechtelijk onderzoek. Het Teikyo-dossier verhuisde naar de Binnenlandse Veiligheidsdienst. Daarna verdween de kwestie uit zicht. De BVD sprak nog met ex-Teikyo-directeur Lambert van Beers, zoveel is bekend, maar dat is dan ook alles.

In het kantoor van de PG in Den Bosch vond 7 juli 1993 een gesprek plaats tussen onder meer Gonsalves, Fransen en Van Atteveld. De ogen gleden door de lijst met 25 namen toen de rijksrecherche een toelichting gaf. Iedereen had wel de overtuiging dat er veel meer aan de hand was, maar hoe groot was de reële pakkans? Dat was de cruciale vraag.

Fransen had een paar weken eerder met hoge ambtenaren van het parket van de pg een selectie gemaakt. Ze hadden vijf zaken uitgekozen die de meeste kans van slagen hadden. Zonder dat er nagenoeg honderd procent kans op succes was, zouden de anderen niet nader onder de loep genomen kunnen worden. De publiciteit zou carrières al breken voordat de schuld was aangetoond. Hoogste zorgvuldigheid was geboden, verordonneerde Gonsalves. Een extra reden om het aantal onderzoeken tot vijf te beperken was het tekort aan rechercheurs. Meer dan vijf onderzoeken kon de rijksrecherche niet aan.

Riem behoorde tot degenen tegen wie de rijksrecherche een strafrechtelijk onderzoek begon. Dat gold ook voor In de Braekt, Hoogland, Heinrichs en Odekerken. De politici hadden de krant gehaald met hun verregaande banden met Baars of andere aannemers. Uit het beraad van 7 juli 1993 rolden twee namen tegen wie eerst een nader oriënterend onderzoek nodig was: Hoen en Kerkhoff. Dat onderzoek bracht in november nieuwe aanwijzingen voor de verdenking dat Hoen steekpenningen had geïnd in de vorm van niet-terugbetaalde leningen van honderdduizend gulden, valsheid in geschrifte en belastingfraude. Kerkhoff had giften aangenomen van bedrijven aan wie hij namens het pensioenfonds opdrachten gaf.

In de strafrechtelijke onderzoeken herhaalde de geschiedenis zich. Net als in de corruptie-onderzoeken in de jaren tachtig moest het team alles bij elkaar vlooien: rechercheurs lenen bij FIOD en politiekorpsen, apparatuur lospraten en onderdak zoeken. Eerst huisde het team in het FIOD-kantoor in Sittard, later in het politiebureau van Sittard en nog later bij de politie in Stein. Politie, rijksrecherche en om hadden nog steeds capaciteitsproblemen. Geld voor administratieve ondersteuning was er niet. De tienduizenden dossierpagina's moesten de rechercheurs zelf voltikken. Van Atteveld was niet vrijgesteld voor de corruptie-onderzoeken. Hij had zijn handen vol aan routinezaken. In de drie jaar dat justitie in Limburg corruptie onderzocht, waren er bovendien nooit meer dan zes rechercheurs tegelijk mee bezig. Daar kon Van Atteveld zich over ergeren. Een doorsnee-drugszaak had tien rechercheurs. En dan kreeg de rijksrecherche van Gonsalves ook nog opdracht andere tijdrovende klussen te doen, zoals het onderzoek naar de dood van een inwoner uit Venlo na een hardhandige arrestatie.

In de Tweede Kamer vroeg GroenLinks-Kamerlid Ina Brouwer justitieminister Ernst Hirsch Ballin (CDA) in juni 1993 hoe het zat met het tekort aan mensen en middelen bij rijksrecherche en openbaar ministerie. 'Deelt u de mening, dat de geloofwaardigheid van politiek en bestuur ernstig beschadigd wordt als niet de onderste steen naar boven wordt gehaald in deze aanhoudende stroom corruptiezaken?' en 'Bent u bereid het OM aan te manen de hoogste prioriteit te geven aan het onderzoek en indien nodig daarvoor extra middelen ter beschikking te stellen?'

Hirsch Ballin antwoordde, geïnformeerd door procureur-generaal Gonsalves, dat het manen van justitie niet nodig was. De rijksrecherche was immers al versterkt met een FIOD-rechercheur en drie politiemensen. Het OM kreeg voorts uitbreiding met een officier van justitie ten behoeve van de behandeling van fraudezaken, 'zodat de officier van justitie die zich met corruptiezaken bezighoudt hieraan nog meer aandacht kan besteden'. Hirsch Ballin liet nog weten dat de procureur-generaal hem gemeld had dat de onderbezetting van het parket Maastricht zijn 'voortdurende aandacht' had. De minister deelde tot slot de mening dat de integriteit van het bestuur buiten twijfel moet staan. 'Het is in dit verband van groot belang dat aan elk geval van (een vermoeden van) bestuurlijke en ambtelijke corruptie aandacht wordt besteed en dat wordt bezien of een strafrechtelijk onderzoek en zo mogelijk een vervolging dient plaats te vinden.'

De Kamer was gerustgesteld. Het team was versterkt en officier Van Atteveld zou meer armslag krijgen.

Wat de Kamerleden niet wisten was dat de capaciteitsproblemen in Maastricht niet verholpen waren met de door Hirsch Ballin genoemde versterking. Het team van zes mensen kon het werk niet aan. De hulp die de drie rijksrechercheurs kregen van een rijksaccountant, een FIOD-ambtenaar en enkele politiemensen was niet voldoende.

Gonsalves stuurde wel de Bossche advocaat-generaal Ellen van der Bijl als officier van justitie naar Limburg. Zij ging fraude onderzoeken in het arrondissement Roermond en verleende parttime bijstand in Maastricht. De justitiële top voerde echter de beloften van de minister in de Kamer niet uit: officier Van Atteveld kreeg niet meer tijd voor corruptie. Ook na juni 1993 had hij in zijn werkgebied Maastricht en omgeving zijn handen vol aan moord, doodslag en andere delicten. Zelfs de afhandeling en het voor de rechter brengen van de veroorzaker van een dodelijk ongeval moest hij doen. Evenals het bijwonen van risico-voetbalwedstrijden. Corruptie bleef – noodgedwongen – een bijzaak. De onderzoeken vertraagden nog meer.

Tussendoor bleef Gonsalves de rijksrechercheurs voor allerlei klussen terugroepen naar Den Bosch. Het gewone werk ging door: onderzoekjes naar klachten over politiegeweld, schietongevallen en aangiften van diefstal van geld uit de kantine van een politiebureau. In augustus 1993 lagen de corruptie-onderzoeken zelfs drie weken stil omdat twee rechercheurs de dood van twee leerlingen van een jongensinternaat moesten onderzoeken.

Door de onderbezetting maakten de rechercheurs meer overuren dan voorzien. Het reizen tussen Den Bosch en Maastricht zorgde bovendien voor een overschrijding van het toegestane aantal dienstkilometers. Het hoofd van de rijksrecherche, Bart Cornelissen, moest zijn tong blauw praten om overuren en onkosten van zijn mensen uitbetaald te krijgen.

Van Atteveld trok zich eind 1993 gefrustreerd terug uit de corruptie-onderzoeken. Hij was teleurgesteld over de marginale steun die hij van het openbaar ministerie had gekregen. Van Atteveld herinnerde zich de waarschuwende woorden van Reijntjes toen hij in mei 1992 aan de klus begon: 'Wat je ook doet, je doet het altijd fout.' Twee jaar had Van Atteveld door een mijnenveld gelopen. Voor de onmogelijke taak gestaan corruptie bij de wortel aan te pakken. Al die tijd voelde hij de tegenstand voor een grondige aanpak, hoe subtiel die vaak ook was. Binnen en buiten het om. Het uitspitten van elk geval van corruptie, zoals Hirsch Ballin de Kamer voorgespiegeld had, was onmogelijk gebleken. Niet dat het Van Atteveld met zoveel woorden verboden was, maar door het voortdurend krap houden van mensen en middelen was het effect hetzelfde. De onderste steen kwam nooit boven, kon ook niet boven komen. Het rechercheteam was de boksring ingestuurd met een hand op de rug gebonden.

Van Atteveld droeg de 'corruptie' over aan part-time collega Van der Bijl. Alleen 'Riem' zou hij maart 1995 zelf op zitting brengen. In zijn requisitoir in die zaak maakte Van Atteveld in bedekte termen nog een keer duidelijk wat hem dwars zat: 'Voor de bestrijding van de corruptie in Limburg is minder gekwalificeerd personeel beschikbaar dan wenselijk om deze onderzoeken met de grootst mogelijke voortvarendheid aan te pakken. Dit is het gevolg van de keuzes die in onze samenleving worden gemaakt om te investeren in bestrijding van (onder andere dit soort) criminaliteit.'

De overname door Van der Bijl betekende nog meer vertraging. Ze moest zich eerst door duizenden dossierpagina's werken en was vervolgens langdurig ziek. Het ontbrak Van der Bijl bovendien aan de daadkracht en de vechtlust van Van Atteveld. De afwikkeling van de onderzoeken bij het OM raakte verder in het slop.

Hoofdofficier Fransen zag het met lede ogen aan. Sinds zijn benoeming in 1986 had hij bijna elk jaar in alle toonaarden het personeelstekort onder de aandacht van het ministerie gebracht. Dat was dus niets nieuws, maar in deze geruchtmakende zaak barstte de bom. Onderzoeken duurden eindeloos lang, wat de belangen van de verdachten schaadde. Het openbaar bestuur riep schande omdat zoveel verdenkingen 'boven de markt bleven hangen'. Opmerkelijk, omdat de politiek zelf uiteindelijk verantwoordelijk was voor de lange duur van de corruptie-onderzoeken. Het wetboek van strafrecht bood te weinig mogelijkheden voor een effectieve aanpak van corruptie en het onderzoeksapparaat was niet geschikt en uitgerust voor zijn taak.

De lange duur van de onderzoeken leidde ertoe dat twee verdachten niet berecht konden worden. In het ene geval zag het OM zelf af van vervolging, in het andere besloot de rechtbank de verdachte buiten vervolging te stellen omdat hij al vier jaar op zijn zaak had gewacht. Gevolg van de capaciteitsproblemen was ook dat nieuwe onderzoeken tegen ambtenaren en bestuurders op de plank bleven liggen. De vijfentwintig bedrijven die verdacht werden van omkoping, ontliepen mede door de problemen bij justitie vervolging. Hun zaken werden consequent geschikt of geseponeerd. Alleen Baars moest voorkomen. De rechtbank verklaarde het OM in die zaak niet ontvankelijk. Ook Baars had onaanvaardbaar lang op zijn proces moeten wachten.

In zijn werkkamer in het oude Paleis van Justitie aan de Minderbroedersberg wond Fransen zich 22 juli 1994 vreselijk op over een artikel in *De Limburger* over het lakse optreden van hem in de aanpak van corruptie- en fraude-onderzoeken. Zo vervolgde justitie een massale bouwfraude van Limburgse aannemers niet, bleef een nieuw dossier over corruptie bij het ABP liggen en werd een verzoek afgewezen van de recherchedienst van het ministerie van VROM om een strafrechtelijk onderzoek naar het betalen van smeergeld in de affaire rond de Limburgse woningstichting WBL.

Wat de krant niet scheen te begrijpen was dat Fransen wel wilde, maar niet kon. Na twee jaar vruchteloos wachten op versterking van het corruptieteam begon hij zich af te vragen of hij al die tijd niet te loyaal was geweest ten opzichte van Hirsch Ballin. Al diens beloften bleken loos. Fransen stond onder druk, aan de vooravond van zijn pensioen. Niet alleen door de kranten, die om een doortastender optreden vroegen, maar ook door de politiek. In bestuurlijke kringen in Limburg en Den Haag groeide de weerstand, aangewakkerd door de stroom krantenberichten. Niet dat gevraagd werd om de onderzoeken te stoppen. De politiek vroeg wel waar al die corruptie dan wel was. De onderzoeken sleepten zich immers voort, aanvankelijk zonder dat er rechtszaken op volgden. Het openbaar bestuur raakte ontwricht, bestuurders beschadigd. Was justitie een heksenjacht begonnen, samen met de pers?

Onder druk stond Fransen ook vanuit het kantoor van de pg in Den Bosch. De relatie tussen Fransen en Gonsalves was koel. Ze waren geen vrienden, verschilden vaak van visie. Gonsalves vond Fransen lastig. In de jaren zeventig waren beiden officier geweest bij het parket in Maastricht. De ambitieuze Gonsalves vertrok naar Almelo voor een baan als officier eerste klas. Fransen werd later hoofdofficier in Maastricht, Gonsalves hoofdofficier in Almelo. De laatste zou echter snel opklimmen tot procureur-generaal in Den Bosch, als de 'baas' van Fransen. Als er iets mis zou gaan met de corruptie-onderzoeken, zou Fransen

daarop afgerekend worden. Dat maakte hem extra voorzichtig.
 Ook op zijn maandelijks Rotary-avonden spraken Fransens vrienden hem erop aan. 'Waarom zitten die MVV-bestuurders in de cel en niet in een hotelkamer?' Fransen antwoordde: 'Ik heb geen hotelkamers.' Tweede-Kamerleden belden en vroegen om opheldering over de nieuwe onderzoeken. Fransen verwees ze boos door naar de minister.
 Nadat Van Atteveld in 1994 met al zijn jeudig elan het complete college van B en W van Brunssum met Pasen in de cel had gegooid, leidde dat tot opmerkingen vanuit Den Haag. Eind 1993 had hij dat ook al eens gedaan met het eerbiedwaardige bestuur van de Maastrichtse voetbalclub MVV. Toen was de melk overgekookt. Fransen moest bij een gepikeerde Gonsalves komen. Zaken doorspreken, heette het officieel. De pg was gebeld door een geïrriteerd ministerie met de vraag wat er toch allemaal aan de hand was in Limburg en of die drastische aanpak wel nodig was. Een van de arrestanten was MVV-voorzitter Karl Dittrich, voorzitter van het college van bestuur van de Universiteit Maastricht (UM). Dittrichs partijgenoot en vriend, staatssecretaris van onderwijs Job Cohen – de oud-rector magnificus van de UM – had Hirsch Ballin benaderd nadat Dittrich was opgesloten. Cohen zei tegen Hirsch Ballin: 'Dat is toch wel allemaal heel pijnlijk wat daar gebeurt. Is in die zaak zo'n zwaar middel nou wel nodig?' Hirsch Ballin liet zich informeren over de kwestie, waarna het ministerie de pg liet weten dat er zorg bestond bij de minister over het opsluiten van het bestuur.

 Fransen steunde de MVV-aanpak in zijn gesprek met Gonsalves. Als antwoord kreeg hij een zwaar aangezette brief waarin Gonsalves schreef dat de beslissing om het MVV-bestuur achter de tralies te zetten buiten alle proporties was. Er had ook beter overleg moeten zijn, vond Gonsalves. Want het ging om een zaak van 'groot maatschappelijk belang'. Of hij daarmee de voetbalclub bedoelde of de positie van Dittrich, bleef onduidelijk.
 Gonsalves had ook een andere reden voor een steeds terughoudender opstelling. Hij lag, een half jaar ná de MVV-affaire, zelf

onder schot in Den Haag. Door onthullingen over zijn meedogenloze aanpak in Nieuw-Guinea kon Gonsalves zich geen faux pas meer veroorloven.

Hoe de relatie ook was tussen Fransen en Gonsalves, ze hadden nauw contact. Nieuwe corruptie-onderzoeken begon Fransen niet zonder toestemming van de procureur-generaal. In zijn ambtsberichten aan Gonsalves vroeg Fransen feitelijk nooit of het mocht, maar hij vroeg wel diens 'visie'. Ging Gonsalves akkoord, dan stuurde hij een briefje terug met de boodschap dat hij de visie van Fransen 'onderschreef'. Een woordenspel.

Gonsalves overlegde op zijn beurt gedurende de corruptie-onderzoeken met commissaris der koningin Van Voorst tot Voorst. Die toonde zich elke keer meer bezorgd over de publiciteitsgolf en de gevolgen voor het imago van het openbaar bestuur in Limburg. Ook Fransen hield contact met Van Voorst. De commissaris kreeg tijdig te horen als justitie in een zaak tegen een burgemeester een démarche ging maken. Tot een onderonsje over wie wanneer zou worden opgepakt kwam het nimmer. Ook niet met burgemeester Philip Houben van Maastricht, die het ene na het andere corruptie- en fraudeschandaal op zijn gemeente zag afkomen. In het strafrechtelijk onderzoek tegen VVD-wethouder Piet Neus vernam Houben pas van de huiszoeking in het stadhuis toen de zoeking al begonnen was.

Hirsch Ballin kreeg, naar mate de affaires zich opstapelden, meer opmerkingen over de lange duur van de onderzoeken. De bestuurlijke wrevel in Limburg en Den Haag over de aanpak van justitie bleef groeien. Een contrast met de enthousiaste houding van minister Ien Dales van Binnenlandse Zaken in 1992. Zij steunde een ferme aanpak onvoorwaardelijk. Dales kon zich vreselijk opwinden over sjoemelende overheidsdienaren. Bij de aanhouding van burgemeester Riem riep ze ten overstaan van hoge ambtenaren in het departement: 'Die vent moet er vandaag nog uit.' Het duurde langer dan een dag, maar Riem vloog er inderdaad uit. Hij werd door minister De Graaff-Nauta, opvolgster van de overleden Dales, op 11 augustus 1994 oneervol ontslagen.

De aanhoudende kritiek in 1994 miste zijn uitwerking niet op

Fransen. Hij werd nòg terughoudender in het goedkeuren van nieuwe onderzoeken. De hoofdofficier maakte een aangeslagen indruk. Van alle kanten lag hij onder vuur. Over zijn vermeende lakse beleid, de lekken naar de pers, de slepende onderzoeken en de beschadiging van het bestuur. Fransen zat in een mierenhoop. Hij wilde rechtvaardig zijn, onderzoek doen waar dat nodig was. Maar hij moest ook rekening houden met alle kritiek. De lopende onderzoeken duurden al te lang vanwege het tekort aan mensen. Moest hij daar nog nieuwe onderzoeken aan toevoegen? Op meer hulp vanuit Den Haag kon hij niet rekenen. Fransen besloot de strijd niet aan te gaan, zo vlak voor zijn pensioen. Hij stelde steeds hogere eisen aan nieuwe onderzoeken.

In het begin van de affaires kreeg de rijksrecherche nog het fiat om op basis van één krantenpublicatie over een gratis vakantiereis naar Egypte onderzoek te doen naar wethouder In de Braekt. In januari 1994 wees Fransen het verzoek van Van Atteveld af om een strafrechtelijk onderzoek tegen wethouder Hoen te beginnen. De oriënterende onderzoeken hadden een beerput rond Hoen blootgelegd, met verdenkingen als smeergeld, belastingfraude en valsheid in geschrifte. Fransen vond het te licht en het probleem zou zichzelf oplossen. De CDA-afdeling had al besloten de wethouder bij de raadsverkiezingen van 1994 niet verkiesbaar te stellen.

Het onderzoeksteam dacht slim te zijn en wilde Hoen langs een omweg aanpakken. In het strafrechtelijk onderzoek tegen burgemeester Riem speelde een reisje naar Israël een rol. De reis was georganiseerd door de stichting Toda Rabba van Hoen en Wesly. Toda Rabba zou een rekening voor Riem vervalst hebben. Het onderzoeksteam had huiszoekingen gepland bij Wesly en Hoen thuis, in het bedrijf van Wesly en in het stadhuis. De actie stond in de agenda, één week voor het afscheidsfeest van de wethouder. De rechtbank had al verlof tot huiszoeking gegeven toen Fransen de operatie afblies. Het bewijs in die zaak was al op een andere manier verkregen, vond hij.

Een week later, op 12 april, nam Hoen vrolijk afscheid. De christen-democraat kreeg de gouden erepenning van de stad

Maastricht, een olijke afscheidstocht vergezeld door verkenners en een onderscheiding als officier in de orde van Oranje Nassau.

17 Bronnen

Gé Craenen zat er die ochtend ontredderd bij in zijn kantoor, achter zijn woning in Echt. Het was 8 april 1992, één dag eerder had de Maastrichtse rechter de ex-wethouder veroordeeld voor het aannemen van steekpenningen van Baars, die opdrachten had gekregen van de gemeente Echt.

Craenen had in de kranten gestaan. Met alle gevolgen vandien voor zijn gezin. Vooral zijn vijftienjarige zoon had het, op de mavo in Roermond, zwaar te verduren. Het gezin durfde nauwelijks nog de neus buiten de deur te steken. Bang voor de blikken van het dorp.

Tijdens de rechtszaak had de rechter uitvoerig geciteerd uit een rapport van de FIOD. Daarin had Baars uit de doeken gedaan hoe hij geld betaalde om aan opdrachten te komen. Craenen voelde zich slachtoffer van een complot. 'Ik heb niets met steekpenningen te maken.' Baars was klant geweest van het administratie-kantoor van de VVD-wethouder. Toen Craenen in geldnood kwam, had Baars bij de bank borg gestaan voor 75.000 gulden. De rechter had het niet begrepen, vond Craenen.

Langenberg en Dohmen waren naar Echt gegaan om het FIOD-dossier op te halen. Het zat bij Craenen in een dikke zwarte ordner. De ex-wethouder had weinig bezwaar om het uit handen te geven. Nieuwe publicaties zouden zijn kwestie alleen maar in een juister daglicht plaatsen. Vergeleken bij wat Baars had gedaan was zijn zaak een lachertje, vond Craenen.

Het dossier was explosief. Het bevatte onder meer de verklaring van Baars hoe drie prominente Limburgers hem aan werk hielpen: Buck, Geerards en Notenboom. Ze stonden als bestuurslid van een stichting op de loonlijst bij Baars. Toch duurde het nog tien dagen, tot 18 april 1992, voordat *De Limburger* de namen van de drie kopstukken en de rest van het dossier onthulde. De tien dagen werden gebruikt voor het controleren van feiten, het bijeensprokkelen van informatie uit Kamers van Koophandel en een ontmoeting met de drie kopstukken. Dat gesprek vond donderdag 16 april plaats in het Crest Hotel in Born, twee dagen voor de publicatie. Buck en Geerards, afgezet door zijn chauffeur in een witte dienstauto, lazen met droge lippen de verklaring van Baars over hun activiteiten. Ze wisten niet waar Baars het over had. Het was allemaal niet waar. Geen haar op hun hoofd dacht erover om op te stappen als bestuurder van de stichting Baars.

Op de redactie tikte Dohmen vrijdag 17 juni april de lead van de opening van de krant van zaterdag:

> Oud-gedeputeerde W. Buck (CDA), DSM-directeur J. Geerards en oud-CDA-Tweede-Kamerlid H. Notenboom zijn achter de schermen betrokken bij het verwerven van opdrachten voor wegenbouwer Baars.

De telefoon rinkelde. 'Hallo, hier met Buck. We hebben er nog eens over nagedacht. De beschuldiging van Baars is te schunnig. Als het zo is dat Baars jarenlang op grote schaal steekpenningen betaalde, dan stoppen we ermee. Maar we willen eerst nog een gesprek met Baars hebben.' 's Avonds belde Geerards. Gezien zijn positie bij DSM trok hij zich met onmiddellijke ingang terug als bestuurslid, zei hij. De verklaring kon nog net mee in het openingsartikel dat de kop kreeg: 'Kopstukken Baars-connectie onthuld.'

Het was een manager uit de Limburgse wegenbouw die beide verslaggevers de eerste verdere informatie gaf over het imperium van Baars in Zuid- en Midden-Limburg. Een tussenpersoon had gemeld dat de man misschien wel wilde praten. Langenberg en Dohmen hadden hem gebeld. Ze gaven hem de schuilnaam Droes.

De manager was de eerste van een reeks tipgevers uit het bedrijfsleven, de politiek en de ambtenarij met wie Langenberg en Dohmen samenwerkten gedurende de drie jaar dat zij onderzoek deden naar corruptie. Met ieder voerden ze lange, persoonlijke gesprekken. Die waren nodig. Een rechtszaak over corruptie verslaan was één ding, het ontrafelen van corruptie met alle bijbehorende netwerken was een andere kwestie. Het duurde weken voordat de journalisten begrepen hoe bouwwereld, aanbestedingen en politieke connecties in elkaar staken.

De anonimiteit van de tipgevers moest gewaarborgd worden. De tipgevers zetten alles op het spel. Hun bedrijf of hun carrière zou er onherroepelijk aangaan als hun naam bekend werd. Zo werkte het in 1992, en nu nog steeds. Het Zuid-Limburgse establishment was ongenadig voor verklikkers. De verslaggevers schermden hun bronnen af en trokken de informatie na. Bij andere bronnen en bij, bijvoorbeeld, Kadaster of Kamer van Koophandel. Het was één grote legpuzzel.

Donderdag, vijf dagen na de onthulling van de inhoud van het FIOD-dossier, kleurde Droes aan een tafeltje in een wegrestaurant langs de a2 bij Nederweert bedachtzaam sprekend het verhaal over Baars in. Waarom Droes het deed, vroegen de journalisten. Baars had er een potje van gemaakt, zei hij. Baars was een doorn in het oog van de andere wegenbouwers. Hij had met geld gesmeten, half Limburg gekocht. Dat kon niet doorgaan. De net veroordeelde provincie-ambtenaar Dohmen en wethouder Craenen waren kleine visjes. Nauwelijks de moeite waard. Als het verhaal van Droes klopte had de wegenbouwer een deel van de provinciale top omgekocht. Hetzelfde gold voor de gemeentebesturen waarvoor hij werkte. Droes vertelde met smaak en met oog voor detail. Wat de journalisten moesten doen was kijken waar Baars gewerkt had. Daar was ook smeergeld uitgedeeld.

Langenberg en Dohmen kregen de indruk dat Droes niet alleen namens zichzelf sprak. Hij was gestuurd door de sector, of ten minste een deel daarvan. De macht van Baars moest gebroken worden. Na de onthullingen uit het FIOD-dossier was de tijd rijp. Het motief van hun informanten wilden Langenberg en Dohmen slechts uit nieuwsgierigheid weten. Uiteindelijk maakte het hen niets uit waarom iemand zijn mond opendeed. Of het nu om een gemiste promotie was, jalousie de métier of oprechte boosheid over voortdurende misstanden. Het ging om de informatie, die moest kloppen.

De journalisten hadden vanaf de eerste onthulling hun namen boven de artikelen geplaatst. Potentiële informanten wisten zo wie ze bij de krant moesten hebben. Na de publicatie van het FIOD-dossier hadden de journalisten de handen vol aan anonieme brieven, telefonische tips en geheime nota's en notulen die in de brievenbus van de krant gleden.

Na het bezoek aan het restaurant nam Droes het duo Langenberg en Dohmen mee naar huis. Bij een glas wijn kwamen de verhalen los over de praktijken van Baars. Over tout politiek Limburg, dat jaar in jaar uit op de landerijen van de wegenbouwer was gaan jagen en zich daarna had laten fêteren. Over de envelop onder het bord van de wethouder en de sigarendoos met geld. Droes had het allemaal uit eerste hand. Waar hij niet bij was, dat waren de reisjes die Baars maakte. Vorig jaar ging de wegenbouwer met een wethouder naar Egypte, wist hij. Met wie? Droes haalde zijn schouders op. Dat vond hij ook niet belangrijk. De journalisten moesten zich concentreren op de èchte machthebbers: de gedeputeerden. Heiligers en Buck hadden geen schone handen, zei Droes. Net zoals Verhagen en Riem. Baars had – als goed tacticus – de opkomst van de PVDA in de Staten aangegrepen om een deel van zijn kaarten op die partij te zetten. Dat bleek ook uit zijn contacten met PVDA-burgemeester Rien Damen van Vaals.

Het beeld dat over de wegenbouwer opdoemde, was dat van een Brabander die zich als een vis in het water van de Limburgse ons-kent-ons-wereld bewoog. Baars had zich verzekerd van de beste adviseurs, had burgemeesters en gedeputeerden aan zich gebonden, zei Droes nog maar eens, en hij nam nog een glas. Bewijzen? 'Tja, dat was moeilijk', zei hij.

De wijnkelder dan. Baars nam 'zijn' ambtenaren en politici mee naar de wijnkelder onder zijn huis. Daar kregen ze een envelop toegeschoven, verzekerde Droes. De wegenbouwer had, volgens Droes, altijd persoonlijk het smeergeld betaald. Dat liet hij niemand anders doen. Hij wilde alles zelf in de hand houden en vertrouwde niemand.

Het bestaan van de enveloppen zou niet te bewijzen zijn. Wat misschien wèl aangetoond kon worden, was de hechte band tussen Baars en Riem, opperde Droes. En de buitensporige toewijding van de gedeputeerde om het bedrijf van Baars in Klimmen met veel provinciale subsidie te verplaatsen. Riem had daarover 's avonds laat de architect van de gemeente Voerendaal, waartoe Klimmen behoort, gebeld. Voor dag en dauw had Riem ook een gesprek met de architect op kantoor van Baars. Dat was een aanknopingspunt.

Langenberg en Dohmen zochten de volgende dag de architect op. De man was doodsbang. Wilde eerst niets zeggen, maar deed dat later toch. Als zijn naam maar uit de krant bleef. Hij moest met zijn bedrijf nog verder. In de dagen daarna checkten Langenberg en Dohmen hun verhaal bij andere bronnen.

Een van die bronnen was burgemeester H. Strous van Voerendaal. De twee verslaggevers stapten op vrijdagmiddag zijn werkkamer binnen. Strous was een kleine man met een snorretje. Hij ontving de journalisten met een mengeling van vriendelijkheid en argwaan. Maar de wil om mee te werken was er wel. CDA'er Strous was een paar maanden daarvoor door de vertrouwenscommissie uit de gemeenteraad van Brunssum op de eerste plek gezet voor het vacante burgemeesterschap. Commissaris der koningin Mastenbroek had zich daar niets van aangetrokken en Riem op de stoel gedropt. Strous wist van de bemoeienis van Riem bij de voorgenomen bedrijfsverplaatsing van het wegenbouwbedrijf en van de gesprekken buiten kantoortijd met de gemeentelijke architect. De burgemeester vond de hand- en spandiensten buiten werktijd van Riem vreemd.

Na het bezoek aan Strous reden Langenberg en Dohmen naar Sjaak Baars in Klimmen. Ze troffen hem in zijn kantoor. Een joviale man van 64 jaar. Opgerolde mouwen, grote neus en priemende oogjes. Hij ontving de journalisten met open armen. 'Kom binnen en ga zitten. Heren, iets te drinken?' Baars was net bezig met het inschenken van de cognac toen Langenberg Dohmen aanstootte. Op het bureau van Baars lag een rekening van 1500 gulden, afkomstig van gepensioneerd directeur Erik Goossens van *De Limburger*. Vanwege bewezen diensten. Baars had Goossens en diens rechterhand, gepensioneerd pr-medewerker Ben Timmermans, ingeschakeld, wisten de journalisten. In samenspraak met Goossens had Timmermans in de week vóór de rechtszaak tegen ex-ambtenaar Dohmen en ex-wethouder Craenen een poging ondernomen Langenberg te bewerken. Langenberg zou de rechtszaak verslaan en had in artikelen de smeergeldpraktijken van Baars onthuld. Timmermans stapte op een middag met een fles Château Margaux binnen bij een grieperige Langenberg. 'Zou je het niet wat rustiger aan willen doen met Baars?' En: 'Ga toch eens naar hem toe.' Langenberg liet zich niet ompraten.

In het kantoor van de Klimmense wegenbouwer, na het bezoek aan Strous, was het Langenberg die tegen Baars zei: 'Bent u niet eens samen met burgemeester Vossen van Gulpen naar Egypte geweest?' Het was een gerucht dat Langenberg jaren daarvoor had opgevangen toen hij chef van de redactie Heuvelland was. 'Met Vossen ben ik nooit op vakantie geweest', lachte Baars. Waarop Dohmen op snerende toon zei dat de krant wel wist van de reis op zijn kosten met 'die' wethouder naar Egypte. Baars ogen vernauwden zich. Hij keek naar Langenberg. Die knikte en hief het cognacglas, waarop Baars opsprong en uitriep 'Jongens, jullie moeten me één ding beloven, laat die In de Braekt uit de krant. Dat was een privéreis. Wij zijn al jaren goede vrienden.' Hij besefte dat hij te veel had gezegd. De rest van het een uur durende bezoek in het kantoor verzamelde hij eerst zes medewerkers die allemaal op een stoel moesten gaan zitten en gedwee luisterden hoe Baars zijn stoep schoonveegde. Hij had nooit steekpenningen betaald en beschuldigde de FIOD van geknoei met zijn verklaring. Aan de deur bij het afscheid vroeg Baars: 'Jullie beloven dat In de Braekt uit de krant blijft?' De journalisten beloofden niets.

In de auto op weg naar de redactie spraken ze af dat In de Braekt de reis moest bevestigen. Anders zou er geen artikel komen. Op de redactie belde Dohmen de wethouder, die niet verbaasd was. Het lag er duimendik bovenop dat hij zojuist met Baars gepraat had. In de Braekt gaf de reis toe. Ze waren al jaren vrienden. 'Baars heeft betaald, maar ik heb later de helft van de reiskosten contant terugbetaald. Ik heb een kwitantie.' Het artikel over de reis werd zaterdag 25 april een 'bovenopje' op pagina drie. Niet meer. Niemand kon beseffen dat Baars' loslippigheid de val van In de Braekt, diens collega Neus en provincie-ambtenaar Van Vlijmen had ingeluid.

Twee weken later, 6 mei, was het tijd voor een bezoek aan het gemeentehuis van Brunssum. Riem had daar eind 1991 zijn intrek genomen. Geconfronteerd met de bijeengeschraapte feiten liep Riem eerst rood aan om daarna woest te worden. Hij vond de verdenking schandalig en ontkende alles: 'Ik heb nooit iets met de wegenbouwer te maken gehad.'

De verslaggevers zaten 's avonds op de redactie in Maastricht hun artikel uit te werken. 'Baars heeft ook goede contacten in de PVDA', luidde de kop. Langenberg tikte het begin:

> Sjaak Baars, de Klimmense wegenbouwer die om aan werk te komen ambtenaren en bestuurders omkocht, omringde zich niet alleen met Limburgse CDA-kopstukken. In de jaren tachtig knoopte de 64-jarige wegenbouwer contacten aan met vooraanstaande PVDA'ers als gedeputeerde Henk Riem, Tweede-Kamerlid Rein Hummel en burgemeester Rien Damen van Vaals.

De eerste zinnen stonden nog niet op het beeldscherm of in de kamer van directeur Albert Dekker van *De Limburger* rinkelde de telefoon. Een opgewonden Riem deed zijn beklag over het schandalige gedrag van de journalisten. Ze hadden zelfs zijn schoonmoeder en zijn ex-vrouw gebeld. Hij had niets van doen gehad met Baars, zei hij. Dekker verwees Riem naar hoofdredacteur Hans Koenen. Die kreeg hetzelfde verhaal over de schandelijke methoden.

In vroeger tijden zou het telefoontje genoeg zijn geweest om het artikel af te blazen, en hadden de journalisten een reprimande gekregen. Nu stond het artikel de dag erna in de krant.

De tweede hoofdtipgever was een directeur van een Limburgs wegenbouwbedrijf. Langenberg had contact met hem gezocht. Ze hadden eerder met elkaar van doen gehad. De twee journalisten bezochten de man in de week na de onthulling van het FIOD-dossier. In zijn kantoor vertelde hij honderduit over de praktijken van Baars. Maar, zei hij, het was niet alleen Baars. Iedereen deed het, de omkoopcultuur in Zuid-Limburg had ver om zich heen gegrepen. De wegenbouwer was weinig vleiend over Baars. Hij beschreef het circuit van Baars zoals Droes dat eerder al deed. 'En Riem is een loopjongen van Baars.' Het klonk onaardig.

Drie weken later volgde een nieuw bezoek aan de tipgever. Aanleiding was een telefoontje van verslaggever Steven de Vogel van het weekblad *Vrij Nederland*. Hij was op onderzoek geweest in Zuid-Limburg en zou met een onthulling komen over de aanbestedingen in Maastricht. De Vogel had met een wegenbouwer gepraat. Het verhaal was 30 mei gepland. Dat gaf Langenberg en Dohmen nog drie dagen. Ze reden naar de wegenbouwer, van wie ze wisten dat hij ook in Maastricht gewerkt had. De man ging op het puntje van zijn stoel zitten en zei: 'De aanbestedingen van de gemeente Maastricht zijn al tien jaar doorgestoken kaart.' Langenberg en Dohmen keken elkaar aan. 'De gemeente', vervolgde de wegenbouwer, 'laat vijf, en vroeger trouwens zes, wegenbouwers al sinds 1983 verboden prijsafspraken maken en onderling alle gemeente-opdrachten verdelen. Ik ben er een van, net als Baars. In ruil voor de protectie komen wethouders, vooral Hoen en Corten, jaarlijks zo'n twee ton sponsorgeld incasseren.'

Als bewijs voor het wegenbouwkartel haalde hij een kopie van een overeenkomst tevoorschijn. Daarin regelden de bedrijven precies wie, wanneer, welke opdracht van de gemeente aannam tegen welke prijs.

Langenberg en Dohmen reden met een vaartje terug naar de krant. Onderweg zetten ze de zaken op een rijtje: de wethouder van aanbestedingen maakte een vliegreis op kosten van Baars, een van de wegenbouwers die protectie ontvangen van de gemeente. Wegenbouwers betalen in ruil voor het afschermen van de markt sponsorgelden aan twee andere wethouders. De journalisten zagen de contouren van een mooi verhaal. Maar dat zou meer onderzoek vergen. Eerst het nieuws in de krant van de dag erna. 'Wegenbouwers verdelen werk al jaren illegaal', kwam twee koloms op de voorpagina.

Steven de Vogel kwam die dag met hetzelfde nieuws onder de kop 'Wegen bouwen is in Limburg vooral wegen vinden'. Hij was tot dat moment de enige journalist van een landelijk blad die naar een onthulling gezocht had en die ook vond. Later volgde Jos Slats van *de Volkskrant* in de zaak-Riem, maar de meeste collega's zouden zich beperken tot het smakelijk serveren van al gepubliceerde feiten en het bedenken van olijke koppen als 'Corruptie tussen de vlaaien', 'Besturen met een zachte G' en 'Palermo aan de Maas'. Het was allemaal leuk leesbaar, bevestigde het clichébeeld, maar droeg niet bij aan het ontrafelen van de netwerken.

Het opduiken van affaires was meer dan eens het gevolg van toeval. In de Braekt, Neus en Van Vlijmen waren slachtoffer van zo'n toeval. Net als de wethouders, Wiel Heinrichs en Nic Odekerken uit Landgraaf. Hun politieke einde begon merkwaardig genoeg tijdens de vergadering van de ouderraad van peuterspeelzaal Ollekebolleke in Maastricht, eind juni. Langenberg was bestuurslid, zijn jongste kind zat op de peuterspeelzaal. Tijdens de vergadering stootte een bestuurslid hem aan. 'Henk, ik heb een mooi reisje voor je, joh.' Na de vergadering nam Langenberg het bestuurslid mee naar café Forum aan de Pieterstraat. De wijnfles ging open en het bestuurslid liep leeg. Zoals Langenberg wist, werkte hij op de regionale luchthaven, vliegveld Beek. Het bestuurslid had een week eerder een gezelschap rond de Beekse wegenbouwer Van Doezelaar, onder wie waarschijnlijk politici, zien vertrekken in een gecharterd tweemotorig toestel. Het gezelschap was vrijdag 12 juni 1992 naar Ierland gevlogen voor een visreis en de rekening was betaald door Van Doezelaar. Wie de politici waren, daar had hij geen idee van. Een had een ringbaardje. Toen ze terugkamen hadden ze het druk met het uitladen van dozen whisky. 'Weet je wat het mooiste is', zei het bestuurslid, 'Over twee weken gaat het gezelschap weer naar Ierland. Ze hebben al een nieuwe reis geboekt.'

Het was een lang telefoongesprek die avond tussen Langenberg en Dohmen. De ochtend na de ouderraadsvergadering reden ze naar het vliegveld. Dohmen had uit het foto-archief van *De Limburger* een stapel foto's gehaald van politici als Riem, Van Goethem, Hoogland en Heinrichs. Wiel Heinrichs had een ringbaard. De informant bekeek alle foto's met pijnlijk nauwkeurige blik. Hij herkende niemand, behalve Heinrichs. 'Da's het ringbaardje. Die man ging mee', zei hij beslist.

Daarna was het eenvoudig. Dohmen informeerde bij collega Marcel de Veen van de rayonredactie in Heerlen naar de reislust van Heinrichs. De Veen was verslaggever in Landgraaf en net getrouwd. Voor de receptie op zijn trouwdag vrijdag 12 juni 1992 had hij ook B en W van Landgraaf uitgenodigd. Een week voor de receptie was hij Heinrichs tegengekomen. Die zei dat hij het jammer vond, maar niet naar de receptie kon komen. Hij zou een uitstapje naar de Ardennen maken. De vertrekdag was vrijdag, de dag waarop de informant Heinrichs in het vliegtuig naar Ierland zag stappen.

Geen twijfel mogelijk. Maar had Heinrichs ook zaken gedaan met wegenbouwer Van Doezelaar? Uit het archief van de krant bleek dat Landgraaf het jaar daarvoor een miljoenencontract gesloten had met vier Limburgse wegenbouwers, onder wie Van Doezelaar. Mede verantwoordelijk voor de deal waren Heinrichs en zijn collega Odekerken van openbare werken. De gemeentevoorlichter was de dag daarna zo vriendelijk het contract op de fax te zetten. De namen van de wegenbouwers stonden er onder. Tijd voor de confrontatie. Van Doezelaar wilde niets zeggen, Heinrichs en Odekerken wel. 'Het was een privéreis', zei Odekerken. Het artikel stond een dag later twee koloms op de voorpagina. Toen een paar dagen later bleek dat ze ook gratis naar Malaga geweest waren, reageerde de gemeenteraad. In een verhitte vergadering, op 16 juli 1992, stapten de wethouders op. Vlak voor een motie van wantrouwen. De publieke tribune was tot de nok toe gevuld. Burgemeester H. Coenders had moeite om de orde te bewaren. Heinrichs was populair in Landgraaf, ook onder de ambtenaren. Een van hen koelde zijn woede op de pers door een journalist van Omroep Limburg omver te duwen. 'Is dat die Dohmen?', riep een andere ambtenaar.

Het was een drukke maand, juli 1992. Op de 21ste kwam de rijksrecherche voor het eerst openlijk in actie. Verdachte was burgemeester Vossen van Gulpen. De volgende dag stond op de voorpagina van *De Limburger* een vijfkoloms foto van Vossen die in een Italiaans pak en grote zonnebril tussen een rijksrechercheur en een FIOD-rechercheur zijn huis uitliep.

Het was in de weken en maanden vóór de inval bij Vossen voor insiders duidelijk dat justitie zich voorbereidde op een actie. De komst van de rijksrecherche was breed uitgemeten in de pers. Langenberg en Dohmen hadden contacten aangeboord die wisten wanneer justitie voor het eerst zou optreden. In de weken vooraf waren de journalisten op bezoek geweest in kantoren van politie, FIOD en justitie. Dat had nooit veel opgeleverd. Het waren leuke gesprekken, maar tips kwamen er niet. Tot vrijdagmiddag 17 juli. Langenberg deed een nieuwe poging om informatie los te krijgen. Hij belde met iemand die wist wanneer het zou gebeuren. Het was een kort gesprek. 'Begin volgende week moeten jullie maar eens terugbellen, dan weet ik misschien meer.' Meer niet. Daarna ging de hoorn erop. Geen naam van een verdachte, geen plaats, geen onderwerp, niets. Langenberg en Dohmen keken elkaar aan. Moesten ze nu blij zijn? De week erop zou er iets gebeuren. De enige mogelijkheid om te achterhalen wat er gebeurde, was elke ochtend te posten bij de officier van justitie. Die zou er in elk geval bij zijn, net als de rechter-commissaris. Langenberg zou met een fotograaf vanaf half zes voor de deur staan bij de officier, Dohmen zou met een fotograaf de rechter-commissaris bewaken. Beide auto's hadden een mobiele telefoon. 's Maandags doen die lui nooit huiszoekingen, wist Langenberg. 'We posten vanaf dinsdag.'

Half zes die ochtend stonden de vier met kleine oogjes voor de twee woningen. Was het déze ochtend? Voor hetzelfde geld zou het vrijdagochtend gebeuren. Of woensdagmiddag. Opeens ging in de auto van Dohmen de telefoon. 'Bingo', riep Langenberg door de hoorn. 'Wij rijden achter de officier aan.' Dohmen was al weg. Twee uur later zagen ze hoe Vossen met twee rechercheurs zijn huis uitkwam.

In december 1992 waren de journalisten klaar met hun onderzoek naar de verstrengelde verhoudingen in Maastricht. Zes wegenbouwers hadden jaren het werk mogen verdelen. Een paginagroot artikel zou duidelijk maken dat wethouders al die tijd geweten hadden wat er gebeurde. Ze hadden er ook van geprofiteerd door 'belasting' te innen bij de bedrijven. Een van de bronnen voor het artikel was de wegenbouwer die de journalisten eerder al ingeseind had over de werkverdeling. Hij vertelde hoe In de Braekt een computeruitdraai van de werkverdeling op zijn bureau had liggen.
 De wethouder las het concept-artikel en spande een kort geding aan tegen *De Limburger*. Tijdens de zitting op 18 december 1992 toverde Joep Koster, de advocaat van de krant, een notariële verklaring te voorschijn. Daarin vertelde de wegenbouwer, die anoniem wilde blijven, onder ede het verhaal over In de Braekt. Langenberg en Dohmen waren samen met de wegenbouwer één dag voor de zitting naar notaris C. Smeets in Maastricht gegaan. Met de anonieme verklaring wilden ze hun bron beschermen. De notaris maakte de akte op en verklaarde dat de anonieme wegenbouwer één van de zes was. Het artikel kon geplaatst worden.
 De andere vijf wegenbouwers waren boos. Ze spanden een procedure aan tegen de notaris en eisten de naam van de collega die de boel verlinkt had. Op 15 februari 1996 deed de rechtbank in Maastricht uitspraak. Smeets moest een kopie van de originele verklaring afgeven aan de wegenbouwers. Zij waren belanghebbende bij de notariële akte omdat hun namen erin voorkwamen. Dat gaf hen automatisch recht op een afschrift. Hoewel hij in beroep had kunnen gaan, deed Smeets dat niet. 'Het heeft me al vijfduizend gulden gekost', zuchtte hij tegen Dohmen aan de telefoon.
 Smeets verstrekte het afschrift. Daarmee was Jan Kuijpers, in-

middels gepensioneerd directeur van het bedrijf Kunicon, ontmaskerd als tipgever van Langenberg en Dohmen. De 'notarisconstructie' was slim, maar niet waterdicht.

Kuijpers kende geen wroeging, zei hij tegen *De Limburger*: 'Ik ben blij dat ik in de Limburgse corruptie-affaires een klein beetje meegeholpen heb met het wegwerken van rotte bestuursplekken.'

Twee jaar eerder, 16 april 1994, had *De Limburger* met een vette, vijfkoloms kop geopend: 'Hoogland en Heinrichs verdacht van corruptie'. Langenberg en Dohmen onthulden dat justitie het achtste strafrechtelijk onderzoek naar corruptie was begonnen. Verdachten waren dit keer oud-burgemeester Hoogland van Brunssum en – alweer – Heinrichs. Het duo maakte deel uit van een groep politici en ambtenaren die op kosten van Van den Biggelaar veelvuldig plezierreisjes gemaakt had.

Het begon met een telefoontje van rijksrechercheur Hans Kamps aan de redactie. Hij wilde naar de redactie komen om Langenberg en Dohmen als getuigen te horen over een artikel dat ze geschreven hadden. De journalisten hielden de boot af en overlegden met de hoofdredactie. Beide journalisten zouden alleen bevestigen wat al gedrukt was en geen nieuwe informatie verstrekken. Kamps stapte de dag erna met een collega binnen. Hun interesse ging uit naar een artikel over een reis naar Hongarije, georganiseerd door het Van den Biggelaar-concern. Dat was een Gelderse aannemer die veel opdrachten kreeg in Limburg. Nadat ze gehoord waren, konden de journalisten aan de slag. Het getuigenverhoor was een cadeautje geweest. Zij hadden niets toegevoegd aan het onderzoek, maar zij wisten nu wel dat er een onderzoek liep.

Langenberg en Dohmen belden rond, op zoek naar meer details. De deelnemers aan de reizen bleken direct of indirect opdrachtgever te zijn van het aannemersconcern. Toen het artikel rond was, belde Langenberg persofficier J. Nabben en vroeg om commentaar. Nabben weigerde meer te vertellen. Het openbaar ministerie wilde geen publicatie. Een deal met de krant – dat Nabben zou bellen wanneer het artikel wel kon verschijnen zonder het onderzoek te schaden – wilde de persofficier ook niet. Nabben zei: 'Als jullie toch publiceren, dan is de kans groot dat wij het onderzoek afblazen. We zullen in dat geval niet schromen in een persbericht te melden aan wie het gelegen heeft dat het onderzoek voortijdig gestaakt is.' *De Limburger* publiceerde toch. Twee dagen later deed justitie huiszoeking bij de verdachten.

Zoals gezegd was dit het gevolg van toeval. Toeval was ook dat een redacteur van *De Limburger* juist op de avond van 19 januari 1995 in zijn boerderij aan de scanner gekluisterd zat. Hij had de eigenaardige gewoonte telefoongesprekken af te luisteren. De redacteur spitste zijn oren toen hij rond half elf een gesprek opving van een man die via zijn autotelefoon met een vrouw sprak. De man meldde net uit Maastricht weg te rijden na een bezoek aan 'onze Henkie'. Veel had het gesprek met Henk niet opgeleverd, maar dat kon nog komen. De vrouw zei: 'Pas maar op. Hij lijkt aardig, maar is gevaarlijk.'

De volgende morgen kreeg Langenberg van zijn collega te horen over het merkwaardige voorval. Hij had het gevoel dat ze het over hem hadden gehad. Langenberg had de avond daarvoor inderdaad bezoek gehad van een oude schoolkameraad die rond half elf was vertrokken. Het was Peter Velrath uit het Brabantse Etten-Leur. Hij was komen praten over een reünie van de hbs in Kerkrade waar beiden in dezelfde klas gezeten hadden. Velrath had ooit een kantoorboekhandel gehad en was nu thuis met een hernia. Het was Langenberg opgevallen dat zijn oude klasgenoot zat te vissen naar informatie over zijn werk voor de krant en zijn contacten bij justitie. 'Je zult wel veel mensen kennen? Ik heb nogal wat geld en wil hier in de buurt investeren. Ken je niet een goede architect of aannemer? Hoe kom je toch aan dit mooie huis?' En: 'Hoe hebben jullie in godsnaam die verhalen rond gekregen? Het zijn toch besloten clubjes die hun mond dichthouden?'

Langenberg bekroop het gevoel dat er iets vreemds aan de hand was. Dohmen twijfelde. Zoveel toeval kon niet bestaan. Het enige houvast in deze zaak was een telefoonnummer van Peter Velrath. Dat had hij achtergelaten bij Langenberg. Om er achter te komen of Velrath wel een door hernia getroffen kantoorboekhandelaar was, toetste Dohmen het nummer in. De dochter van Velrath nam op. Nee, haar vader was niet thuis. Maar voor dringende zaken kon altijd het kantoor in Breda gebeld worden. Ze gaf het nummer. Dohmen belde en liet zich door een man aan de telefoon vertellen dat hij verbonden was met onderzoeksbureau CIO. Een telefoontje naar de Kamer van Koophandel maakte duidelijk dat het om een detectivebureau ging. Velrath was tot voor kort directeur geweest.

Dan was er nog iets vreemds. Dohmen was er zeker van dat de man die de telefoon bij CIO had opgenomen dezelfde was als degene die zich de afgelopen maanden twee keer bij *De Limburger* had binnengepraat als tipgever. Langenberg en Dohmen realiseerden zich nu dat ook hij geprobeerd had informatie los te weken. Ze waren er ingetuind. Langenberg sprak een bron aan bij de Limburgse politie en kon een dag later melden dat de detective in aanraking met justitie was geweest vanwege illegaal afluisteren. Voordat hij in 1991 een detective-bureau begon, was Velrath politieman in Etten-Leur. Nadat Velrath problemen had gehad met zijn afluisterpraktijken, had zijn vrouw het directeurschap van CIO overgenomen.

Het bureau had geprobeerd achter de bronnen van de journalisten te komen. Het was niet de eerste keer. Riem had eerder, in 1993, een voorlopig getuigenverhoor aangevraagd bij de rechtbank in Den Haag. Hij vermoedde dat justitie of politie gelekt had uit zijn onderzoeksdossier. Met het getuigenverhoor wilde hij Langenberg en Dohmen, Jos Slats van *de Volkskrant* en een verslaggever van Omroep Limburg uithoren. De journalisten zwegen. Een beroep op een verschoningsrecht werd verworpen door de rechter-commissaris. Tegen dat vonnis gingen de vier in beroep bij het hof in Den Haag. Dat bepaalde op 24 november 1994 dat de journalisten in dit geval mochten zwijgen. Achteraf paste het plaatje in elkaar: zes weken na de uitspraak van het hof meldde de oude schoolvriend zich bij Langenberg.

De hamvraag was: in wiens opdracht had CIO gewerkt? Er was

op dat moment één persoon die veel belang had bij het onthullen van de bronnen van de journalisten: verdachte Riem. Langenberg belde J. Marchal, de advocaat van de ex-burgemeester. Hij kende het bureau CIO wel, zei hij. 'Ik heb begin dit jaar een brief gekregen van dat bureau, een algemene offerte. Daarna hebben ze mij gebeld en gevraagd of ze iets konden doen in deze zaak. Toen heb ik gezegd: het budget laat zoiets niet toe. Maar jullie kunnen onsterfelijke roem verwerven als de bronnen van *De Limburger* boven water komen. Ze wilden alleen tegen een uurloon van 150 gulden aan de slag gaan. Meer heb ik er nooit meer over gehoord.'

Ook justitie was benieuwd naar de bronnen van de verslaggevers. De aanwezigheid van de journalisten bij de huiszoeking in de woning van burgemeester Vossen was een signaal dat er mogelijk lekken zaten. In kringen van Maastrichtse advocaten bestond 'grote verontwaardiging en bezorgdheid' over het vroegtijdig uitlekken van vertrouwelijk informatie, zei advocaat J. Goumans van Vossen tegen het persbureau ANP op in juli 1992, Hij diende een klacht in bij de rechter-commissaris. Justitie deed onderzoek, de artikelen van *De Limburger* werden systematisch onderzocht. Het leverde niets op.

Het onderwerp bleef de top van het parket bezighouden. Twee jaar later riep hoofdofficier Fransen dat hij schoon genoeg had van 'die gefrustreerde rechercheurs'. Langenberg en Dohmen hadden hem geconfronteerd met informatie dat een onderzoek tegen wethouder Jan Hoen was tegengehouden.

In de drie jaar onderzoek naar corruptie groeide de betrokkenheid van Langenberg en Dohmen bij de affaires. In het begin namen de journalisten het initiatief, maakten ze zèlf het nieuws. Op hun zoektocht in het land der kreukbaren brachten zij politici, ambtenaren en ondernemers met naam en toenaam in de kolommen. Daarna kwam de rijksrecherche en begonnen de strafrechtelijke onderzoeken. Zonder het zich te realiseren lieten Langenberg en Dohmen het initiatief los en beperkten ze zich, op wat uitzonderingen na, tot het volgen van justitie. De derde fase was de periode waarin Langenberg en Dohmen vanwege hun langdurige en persoonlijke betrokkenheid zelf nieuws werden.

Een voorschot op die derde fase nam advocaat Goumans in de rechtszaak tegen zijn cliënt Vossen op 26 oktober 1993. Hij beschuldigde verslaggever Dohmen ervan een informant van justitie te zijn geweest. Bewijzen daarvoor had hij niet, maar het kwam in de verdediging van de burgemeester mooi uit. Voor de krant, voor de berichtgeving over corruptie en voor de verslaggever zelf was de beschuldiging een kleine ramp. Voor een journalist is het van levensbelang dat hij vertrouwen inboezemt en dat er geen twijfels zijn over zijn integriteit. Ook Langenberg en Dohmen hadden vertrouwen nodig, al was het maar bij de bronnen die het risico namen om met hen in contact te komen. Dat contact zou in gevaar komen wanneer de beschuldiging in de lucht bleef hangen.

De krant verzocht Goumans de beschuldiging in te trekken. Maar de advocaat was niet te vermurwen. Krant en verslaggever stapten naar de kort geding-rechter. Die oordeelde dat Goumans een grote vrijheid had om in het belang van zijn cliënt van alles aan te voeren. In dit geval had hij echter iemand in het wilde weg beschuldigd. Een redelijke grond voor de beschuldiging was er immers niet, vond de rechter die Goumans veroordeelde tot het verspreiden van een persbericht met de boodschap dat zijn uitlating 'onrechtmatig was, op grond dat zij niet redelijkerwijs geacht kan worden juist te zijn'. Ook in het door Goumans ingestelde hoger beroep ving hij bot.

Zo werden *De Limburger* en beide verslaggevers zelf nieuws. Ook door de aanklacht wegens laster die Riem in 1993 zonder succes tegen hen indiende bij het OM in Maastricht en door de klachten van wegenbouwer Baars en Riem bij de Raad voor de Journalistiek. De Raad vond beide klachten overigens ongegrond. Dan waren er de rechtszaken die Baars en later ook het Van den Biggelaar-concern aanspanden. De twee bedrijven eisten in civiele procedures miljoenen guldens schadevergoeding. *De Limburger* won de zaak tegen Baars. De procedure van Van den Biggelaar is nog aanhangig.

Door de procedures van Baars, Riem en Van den Biggelaar was echter twijfel gezaaid over de integriteit van Langenberg en Dohmen. Advocaat A. Pfeil van Baars, die naam maakte als verdediger van ABP-directeur Masson, werd door Omroep Limburg gevraagd waarom de journalisten persoonlijk de miljoenenclaim aan hun broek kregen en niet de hoofdredactie: 'Daar had ook voor gekozen kunnen worden, wij denken in dit geval de verslaggevers zelf te moeten kiezen omdat de wijze van verslaggeving er op wijst dat ze er een persoonlijk stempel op hebben gedrukt en zij, ons inziens, op dit moment daar ook persoonlijk voor aansprakelijk zijn.'

Nieuws waren Langenberg en Dohmen ook in een andere 'bronnenzaak'. Net als Riem wilde het Van den Biggelaar-concern van Langenberg en Dohmen weten van welke opsporingsambtenaren zij hun informatie hadden. De journalisten hadden uitvoerig bericht over het grote aantal masseerreizen naar Zuid-Spaanse bestemmingen dat het bedrijf had betaald voor Limburgse politici en ambtenaren. Het bedrijf vermoedde dat justitie informatie had laten lekken naar de journalisten. De aannemer zei daardoor schade te hebben opgelopen en wilde een schadevergoeding van de Staat, de werkgever van de justitie-ambtenaren. Daarvoor had hij de bronnen van de journalisten nodig.

In het getuigenverhoor weigerden Langenberg en Dohmen opnieuw hardnekkig namen te noemen. De Haagse rechtbank was het daar niet mee eens. Journalisten komt geen verschoningsrecht toe, oordeelde de rechtbank in 1994 en bepaalde dat ze hun bronnen wèl moesten noemen. De journalisten gingen in hoger beroep en vonden het gerechtshof aan hun zijde, zoals eerder in de bronnenzaak-Riem.

Het hof verwierp wel weer het beroep van de journalisten op een algeheel verschoningsrecht. Toekenning zou immers betekenen dat journalisten nooit een getuigplicht hebben, en daar voorziet de wet niet in. Desondanks kende het hof beide verslaggevers zwijgrecht toe, omdat 'een dergelijke omkopingscultuur maatschappelijk als een ernstige misstand moet worden aangemerkt, zeker daar waar het gaat om verstrengeling van belangen tussen het bedrijfsleven en openbare bestuurders, de mate van vatbaarheid van deze bestuurders voor door het bedrijfsleven betaalde smeergelden en douceurtjes ter kweking van een gunstig klimaat voor onder meer het binnenhalen van met gemeenschapsgelden gefinancierde opdrachten of voordelen.'

Het is volgens het hof van groot belang dat zulke misstanden aan de kaak worden gesteld. Om dat te kunnen doen, hoeven journalisten 'onder omstandigheden' de identiteit van hun informanten niet te openbaren, oordeelde het hof dat liet meewegen dat de journalisten hun informanten vertrouwelijkheid hadden toegezegd en dat de informanten represailles konden verwachten als hun identiteit bekend werd.

Het belang om misstanden aan de kaak te kunnen stellen gaf de doorslag. Zeker omdat was gebleken dat de rijksrecherche pas in actie was gekomen naar aanleiding van het onderzoek van de journalisten en hun berichtgeving daarover. Het hof wees er nog op dat een groot aantal bestuurders en ambtenaren was vervolgd en veroordeeld. Om achter een eventueel informatielek bij politie of justitie te komen, moest het bedrijf maar proberen een strafrechtelijk onderzoek af te dwingen.

Van den Biggelaar ging twee maanden later in cassatie bij de Hoge Raad tegen de uitspraak van het Haagse gerechtshof. Door die stap kwam er voor het eerst sinds 1977 een nieuw oordeel van het hoogste rechtscollege over de bronnenbescherming door journalisten. De uitspraak, vrijdag 10 mei 1996, werd in commentaren begroet als van historisch belang: journalisten kregen een verschoningsrecht. De Hoge Raad oordeelde, in navolging van het Europees Hof voor de Rechten van de Mens, dat 'het uitgangspunt voortaan moet zijn dat de bescherming van de bronnen van een journalist een van de essentiële voorwaarden is voor de in een democratische samenleving bijzonder belangrijke persvrijheid'. Journalisten hoeven in beginsel dan ook niet de identiteit van hun bronnen prijs te geven. Een doorbraak. Tot dan toe moesten journalisten in principe wél de identiteit van hun bronnen geven, tenzij – in uitzonderlijke gevallen – de rechter vond dat het niet hoefde. Het nieuwe arrest keerde de zaak om: journalisten hoeven de identiteit in principe niet prijs te geven, tenzij de rechter oordeelt dat het wél moet. Dat kan alleen in bijzondere omstandigheden, wanneer openbaarmaking van de bron in een democratische samenleving noodzakelijk is.

Binnen twee weken na het arrest van de Hoge Raad kon Dohmen het verworven recht in de praktijk brengen. Hij was 21 mei als getuige opgeroepen in het hoger beroep van Riem voor het gerechtshof in Den Bosch. De verdediging wilde van de journalist weten of hij informatie had gekregen van de rijksrecherche. Dohmen weigerde antwoord te geven op de vragen. Het hof bepaalde dat hij mocht zwijgen. Opnieuw jurisprudentie. In tegenstelling tot de eerdere, civiele zaken, ging het in dit geval namelijk om een strafzaak. Het hof vond dat journalisten ook in strafzaken hun bronnen niet prijs hoeven te geven. Evenmin hoeven zij iets te vertellen over de inhoud van gesprekken met bronnen.

Een jaar eerder. Maart 1995 in de grote zittingzaal van de rechtbank Maastricht. Tijdens het proces tegen Riem bemerkten de verslaggevers dat ze plotsklaps persoonlijk betrokken waren geraakt. Ze waren geen objectieve toeschouwers meer zoals hun collega's op de perstribune. Ze waren onderdeel van de affaire. Een probleem, omdat daarmee tegelijk hun integriteit in twijfel getrokken werd.

Langenberg deed de verslaggeving van het proces. Dohmen zat achter hem, als toehoorder. Een paar maanden vóór het proces-Riem was het duo uit elkaar gegaan. Toen het corruptienieuws afnam, kon het vrijgestelde duo gehalveerd worden. De nieuwsdienst had al die jaren veel werk van de twee collega's overgenomen. Langenberg ging zich toeleggen op politie- en justitieverslaggeving, iets wat hij voor de affaires ook deed. Dohmen bleef onderzoeksjournalist.

In de rechtszaal zagen beide verslaggevers hoe rijksrechercheur Kamps in de getuigenbank plaatsnam. Verdediger Marchal had Kamps opgeroepen. Hij moest maar eens vertellen wie die anonieme informanten waren die justitie hadden getipt over het vakantiehuisje dat Riem van Baars gekregen zou hebben. Kamps zat er wat ongemakkelijk bij. Krabde op zijn kalende hoofd. 'U moet ons de namen geven', sprak rechtbankvoorzitter J. Huinen. De publieke tribune, gevuld met inwoners uit Brunssum, was muisstil. 'Het waren Langenberg en Dohmen, uh, Langenberg.' Kamps zei het half hard, maar het sloeg oorverdovend in. De echtgenote van Riem kon een gelukskreetje niet onderdrukken, Riem veerde op met gebalde vuisten en op de publieke tribune ontstond enig tumult. De twee verslaggevers voelden alle ogen op zich gericht. Opeens zaten ze tot hun nek toe in de zaak. Voor ieder burger mocht het prima zijn om justitie informatie te geven over mogelijke misstanden, maar journalisten hebben hun eigen mores. Dan kan niet, informant zijn van justitie.

Dat vonden Langenberg en Dohmen ook. Tijdens de zitting waren ze van hun stoel gevallen en hun collega's hadden grinnikend opzij gekeken. Opeens waren de twee journalisten mikpunt van kritiek en van een verdenking die, naarmate ze stelliger ontkenden, alleen maar zwaarder werd. Langenberg en Dohmen waren hun onafhankelijkheid kwijt. Voor een moment mochten zij voelen hoe al die mensen, over wie ze drie jaar geschreven hadden, zich gevoeld moesten hebben. Publiciteit die over je heen komt, zonder dat je zelf kunt sturen.

In het kleine Zuid-Limburg hadden beide journalisten zich bij veel politici, ambtenaren en bedrijven onmogelijk gemaakt. Met zijn tweeën hadden ze driehonderd artikelen uitgestrooid over het gebied. Dat waren even zoveel potjes zout in open wonden. De groep vijanden groeide met elke publicatie. Deuren bleven steeds vaker dicht. Dohmen stuitte bij zijn speurtochten in de weinig volledige archieven in het provinciehuis op een onverbloemde boycot. Antwoorden op vragen aan de persvoorlichting en de gedeputeerden lieten weken en soms maanden op zich wachten. De Wet Openbaarheid van Bestuur werd niet nageleefd. Achter de schermen was een netwerk in actie gekomen om het onderzoekswerk te vertragen. Potentiële slachtoffers werden snel geïnformeerd als de journalisten informatie opvroegen in het provinciehuis. Toen de krant in maart 1993 schriftelijke vragen over een zandtransactie stelde, waarbij ex-gedeputeerde

Riem betrokken was, stuurde griffier Oppenhuis de Jong de vragen regelrecht door naar Riem. Hij was gewaarschuwd.

Langenberg en Dohmen hadden de gevoeligheden onderschat. In Nederland had een regionale krant nooit eerder zo systematisch en zo langdurig het regionale establishment onder schot genomen. Hun diepgravend onderzoek had de journalisten ook beroofd van de gebruikelijke journalistieke afzijdigheid. Ze waren uit hun rol van toeschouwer, van verslaggever, gekropen en waren deelnemer geworden. Dat was inherent aan hun keuze voor onderzoeksjournalistiek. Als 'beerputlichters' waren ze in een hoek geplaatst. De juichstemming uit het begin was verdwenen. In veler ogen waren Langenberg en Dohmen nestbevuilers die van geen ophouden wisten. De reacties op de 'onthulling' van de namen van beide journalisten als informanten had ook iets van een afrekening.

Hoe konden ze duidelijk maken dat ze geen informanten waren? Kamps had niet de waarheid verteld. Het was Van Atteveld geweest die op een avond in maart 1993 naar de krant gebeld had. Hij had vernomen dat *De Limburger* en *de Volkskrant* een publicatie over Riem in petto hadden.

Beide kranten hadden in februari de handen ineengeslagen. Verslaggever Jos Slats van *de Volkskrant* had contact opgenomen. De journalisten hadden ieder een stukje van de legpuzzel. Daaruit kon een artikel groeien. Nadat de journalisten meer informatie hadden vergaard, had iemand Van Atteveld getipt dat de kranten met Riem bezig waren. In elk geval was Dohmen stomverbaasd dat de officier belde met het verzoek of de journalisten naar het Paleis van Justitie wilden komen. Het kon niet anders of justitie moest ook met Riem bezig zijn.

Het was een uitgelezen kans om een bevestiging te krijgen van de vergaarde informatie. En als dat niet lukte, dan zat er wel een bevestiging in dat er een strafrechtelijk onderzoek liep tegen de burgemeester. Dohmen belde met Slats en vertelde het hele verhaal. Het liep tegen vijf uur toen Langenberg en Dohmen de kamer van Van Atteveld binnenkwamen. Dohmen had de feiten die ze wilden checken in een concept-artikel bij zich. Het ging onder meer om de banden van Riem met Baars – de burgemeester zou een huisje in Zuid-Frankrijk gekregen hebben van Baars – en de banden van Riem met de grindbaggeraars in Limburg. Riem zou ze als gedeputeerde bevoordeeld hebben bij de verkoop van een grote hoeveelheid zand.

In de kamer van Van Atteveld zaten rijksrechercheur Kamps en zijn chef Bart Cornelissen. Cornelissen mopperde. Hij zou die avond op va kantie gaan, maar was door Van Atteveld met spoed vanuit Den Bosch naar Maastricht geroepen. Als de krant de volgende dag zou publiceren, waren ze genoodzaakt nog vanavond in actie te komen, zei Cornelissen. Er liep dus een onderzoek tegen Riem. De verslaggevers hadden de eerste bevestiging binnen. De tweede bevestiging, een reactie op het concept-artikel, kregen ze niet. Van Atteveld vroeg of de kranten wilden wachten met het afdrukken van het artikel. Nu publiceren zou een voortijdig einde betekenen van het onderzoek. Langenberg en Dohmen reden terug naar de redactie en overlegden met hoofdredacteur Hans Koenen en adjunct Gerard Kessels, en met Jos Slats in Amsterdam. Beide kranten zouden de adem inhouden. De parketleiding zei toe dat er een seintje zou komen wanneer een publicatie het onderzoek niet meer zou schaden. Dat seintje kwam van persofficier J. Nabben op 21 april 1993, de avond vóór de huiszoeking bij Riem. Op de dag van de inval publiceerden beide kranten het nieuws over het strafrechtelijk onderzoek.

Kamps had Langenberg en Dohmen niet als anonieme informant moeten bestempelen in het proces-verbaal, gaf Van Atteveld in zijn repliek in de strafzaak-Riem toe. 'De rijksrechercheur heeft deze informatie [over het huisje, jd] willen gebruiken, maar heeft daarbij de bron op onjuiste wijze omschreven, hetgeen ter zitting het effect gaf alsof de journalisten justitie informeerden. Daarmee wordt onrecht gedaan aan de situatie dat wij alleen maar vooraf kennis droegen van een voorgenomen publicatie en om geen andere reden dan ter voorkoming van belemmering van het onderzoek inzage kregen. Dat neemt niet weg dat wij deze informatie konden gebruiken, maar deze had voor wat betreft de bronbeschrijving juist moeten plaatsvinden.'

De hoofdredactie en beide journalisten namen, na de verklaring van Kamps op de eerste dag van het proces, twee besluiten.

Een: Langenberg en Dohmen zouden de rechtszaak niet langer doen. Konden dat ook niet langer doen. Het risico was groot dat ze de resterende procesdagen over zichzelf moesten schrijven. Een nieuw duo stapte de rechtszaal binnen: Engelien Beker en Wim Kuipers. Zij hadden in 1988 de langdurige rechtszaak tegen ABP-directeur Masson en mede-verdachte Van Zon gedaan.

Twee: *De Limburger* zou tegen Kamps een klacht indienen bij de hoofdofficier, maar met de verklaring van Van Atteveld op de derde dag van het proces was die zaak afgedaan.

Langenberg en Dohmen namen zelf ook een besluit: hun terughoudendheid ten opzichte van het OM zou groter worden. Het was naïef geweest om die avond spontaan met een conceptartikel het Paleis van Justitie binnen te lopen.

De vrijspraak die in de zaak-Riem volgde, leverde vrolijke foto's op, van de ex-burgemeester en zijn echtgenote die de rechtszaal uit wandelden. In mening Limburgs kantoor werd opgelucht adem gehaald.

De zaak-Riem was een domper voor Langenberg en Dohmen. Niet vanwege de vrijspraak – de rechter had zijn eigen verantwoordelijkheid. Wel vanwege de publieke opinie die omsloeg in een 'zie je wel: niets aan de hand'-sfeer. De vrijspraak was tegelijk een veroordeling van justitie en van de pers, in het bijzonder van Langenberg en Dohmen. Commentatoren afficheerden Riem als slachtoffer van een complot van pers en justitie. Erger: de pers was een hulpje van de officier van justitie geweest. Het openbaar ministerie kreeg in het vonnis een sneer van de rechtbank over het uitlekken van gegevens tijdens het onderzoek.

De journalisten twijfelden. Ze hadden drie jaar lang zoveel mogelijk feiten gepubliceerd over Riem en over andere politici en ambtenaren. Juiste feiten, over renteloze leningen en giften van zakenvrienden, hand- en spandiensten door bevriende bedrijven en het misleiden van gemeenteraden. Drie jaar na het bezoekje aan de ontredderde Craenen in Echt, waren die feiten niet van tafel. Ook niet door de uitspraak van de rechter. Toch triomfeerde Riem.

'Is bestuurlijk Limburg nu gezuiverd van haar smet', vroeg verslaggever Gerrie Eyckhof van het nos-Journaal 's avonds aan commissaris der koningin Van Voorst tot Voorst. 'Deze zaak die de grootste van Limburg bleek te zijn, heeft tot vrijspraak geleid. Een verdere smet op het blazoen van bestuurlijk Limburg is verdwenen', was het antwoord.

Een jaar later ging Riem in hoger beroep opnieuw vrijuit voor corruptie, maar volgde wel een veroordeling wegens valsheid in geschrifte. Dit keer ontbraken de triomfantelijke en euforische reacties zoals bij de uitspraak van de rechtbank, maar er was ook geen afkeuring. Gedeputeerde Staten lieten in een summiere verklaring weten dat zij hoopten dat 'hiermee een einde komt aan een langslepende geschiedenis die een tragedie moet zijn geweest voor het gezin Riem'.

18 'Het was een mooie reis'

Het openbaar bestuur in Nederland onderging in de jaren tachtig een verandering. Door Haagse maatregelen groeide de openheid. Er kwam een Wet Openbaarheid van Bestuur en er kwamen regels over bijbanen en neveninkomsten.

De weg naar openheid van het bestuur was lang. Er waren schandalen voor nodig om de vaart er in te houden. Het publiceren van de nevenfuncties van Tweede-Kamerleden kwam er pas nadat zich in januari 1976 een affaire had voorgedaan. De voormalig voorzitter van de KVP-fractie, oud-minister van Buitenlandse Zaken Norbert Schmelzer, het arp Tweede-Kamerlid B. Roolvink en hoofdredacteur Ferry Hoogendijk van Elsevier bleken in het geheim adviseur van de Gulf Oil Corporation. Het trio kreeg er per persoon tienduizend dollar per jaar voor. De zaak was opgedoken in een door een senaatscommissie in de Verenigde Staten ingesteld onderzoek naar omkoping.

Het duurde nog tot 1987 voordat het Nederlandse kabinet besloot àlle nevenfuncties van personen die een openbaar ambt bekleden, openbaar te maken. Het onderwerp belandde na een nieuw schandaaltje op de agenda. Er was ophef over een bijbaan van vice-president W. Scholten van de Raad van State. Hij was commissaris bij de Steenkolen Handels Vereeniging (shv), terwijl de Raad van State in een procedure moest beslissen over een bouwvergunning van een vestiging van de Makro, een dochter van shv, in Limburg.

In 1988 lagen ook in Limburgse gemeentehuizen en in het provinciehuis de eerste lijsten met nevenfuncties ter inzage. De lijsten zorgden voor commotie. In Beek bleek burgemeester Van Goethem directeur van een goed lopende advies-BV. Die had hij om fiscale redenen opgericht voor zijn lange rij bijbanen. In Nederweert was burgemeester Jacobs adviseur van een bouwbedrijf dat betrokken was bij de ABP-affaire en in Maastricht was wethouder Hoen aandeelhouder van een wegenbouwbedrijf dat exclusief opdrachten van de gemeente ontving.

Gouverneur Kremers bleek te grossieren in commissariaten. Met dertien bijbanen krikte hij zijn inkomen jaarlijks met twee ton op. Kremers had aanzienlijk meer functies in het bedrijfsleven dan zijn collega's. Geen enkele andere commissaris der koningin had er meer dan drie.

Het duurde tot 1 januari 1993 voordat de nieuwe provincie- en gemeentewet bepaalden dat nevenfuncties die bij het werk horen, niet meer betaald mochten worden. Eventuele vergoedingen moesten in de provincie- of gemeentekas. Het gaat om functies als commissaris bij een nutsbedrijf. De maatregel betekende voor Limburgse politici een aderlating. Ze hadden jarenlang de vergoedingen voor bijbanen opgeschroefd. Bestuurders van het Waterschap Zuiveringsschap Limburg kregen 24.500 gulden per jaar. Een bestuurslidmaatschap van het gemeentelijk samenwerkingsverband Gewest Midden-Limburg 'deed' 16.200 gulden. Alleen al zijn functionele bijverdiensten
   leverden gedeputeerde Pleumeekers eind jaren tachtig jaarlijks zestigduizend gulden op. De royale vergoedingen leidden tot een graaicultuur en tot een baantjescircuit.

Natuurlijk kende Limburg ook uitzonderingen. Bestuurders van de gemeente Maastricht die commissaris waren bij hun nutsbedrijf, kregen geen cent. Het gros van bestuurlijk Limburg liet zich echter graag en goed betalen. In tegenstelling tot de rest van het land, waar bezoldiging geen regel was en meestal volstaan werd met het betalen van de onkosten.

De affaires die Limburg tussen 1992 en 1995 troffen, gaven een impuls aan het proces van openheid en aan de landelijke discussie over de eisen die aan integriteit gesteld konden worden. In

Den Haag was minister Dales de motor. Ze bracht in 1993 een bewustwordingsproces op gang en confronteerde de openbare sector met de risico's van de aantasting van de integriteit. Dales voerde maatregelen uit, liet onderzoek doen, ontsloeg burgemeesters die over de schreef gingen en bereidde wetswijzigingen voor.

Uit de affaires bleek onder meer dat er tot dan toe geen mogelijkheden waren om leden van gemeenteraden en Provinciale Staten te royeren of te schorsen als ze zich schuldig hadden gemaakt aan corruptie of fraude. In november 1993 stuurde Dales de nota Integriteit Openbare Sector naar de Tweede Kamer waarin die mogelijkheid geschapen werd. Dales wilde ook het Ambtenarenreglement wijzigen. Ambtenaren zouden verplicht worden corruptie te melden, op straffe van disciplinaire maatregelen.

In december 1994 vroeg minister H. Dijkstal zijn collega-ministers in een circulaire aandacht voor de integriteit bij de rijksoverheid. Aantasting van de integriteit zou de acceptatie van regelgeving verminderen en uiteindelijk de democratische rechtsorde in gevaar brengen, was de waarschuwing. De circulaire vroeg om een preventief integriteitsbeleid en een beleid voor nevenwerkzaamheden. In 1995 onderzocht de Algemene Rekenkamer wat de ministeries er mee hadden gedaan. De oogst was mager. Alleen de belastingdienst en de ministeries van Defensie en VROM hadden beleid ontwikkeld. De overige ministeries volstonden met richtlijnen voor nevenfuncties en het aannemen van geschenken. Slechts vijf ministeries bleken gevallen en vermoedens van fraude en corruptie centraal te registreren.

Als bescherming tegen corruptie adviseerde de Rekenkamer het melden en registreren van nevenfuncties, een regeling voor het aannemen van geschenken en job-rotation, zeker voor kwetsbare functies. Bij de Tweede Kamer lag in 1996 een voorstel tot wijziging van het ambtenarenwet voor het melden en registreren van nevenfuncties.

Er gebeurde meer. Driehonderd burgemeesters volgden een cursus over openbaar bestuur en integriteit. Er waren gesprekken met politieke partijen, de BVD stelde een onderzoek in naar kwetsbare plekken bij de rijksoverheid, er kwam een meldpunt inbreuk integriteit bij de BVD en regels voor bijbanen van ambtenaren. In 1995 kreeg de rijksrecherche een speciale eenheid voor de bestrijding van corruptie bij ambtenaren en politie.

De affaires leidden tot een nieuw beleid bij de belastingdiensten over de aftrekbaarheid van steekpenningen. Afspraken waardoor bedrijven automatisch 2 tot 8 procent van hun omzet mochten aftrekken voor de belastingen, zijn opgezegd. Bedrijven moeten meer dan vroeger aantonen dat de uitgaven verband houden met het verkrijgen van opdrachten. Bestaat het vermoeden dat steekpenningen betaald zijn aan overheidsdienaren, dan wordt de aftrek niet meer geaccepteerd. De eerste bezwaarprocedures tegen de nieuwe koers lopen. De belastingrechter moet nog een oordeel vellen.

Het kabinet wijzigde 24 mei 1996 de rechtspositieregeling van politici. Bestuurders die veroordeeld zijn voor een ambtsmisdrijf krijgen daardoor minder wachtgeld. Aanleiding voor de maatregel was het wachtgeld dat enkele wegens corruptie ontslagen Limburgse bestuurders hadden gekregen.

In Limburg werd iets anders gedacht over het schrappen van wachtgeld. Gouverneur B. baron van Voorst tot Voorst stuurde in 1993, één dag na de veroordeling van burgemeester Vossen, een ambtsbericht naar Dales. Daarin drong hij aan op het behoud van het wachtgeld, mocht Vossen oneervol ontslagen worden. Het ambtsbericht: 'Mede gezien het feit dat hij [...] tot voor kort vele jaren naar tevredenheid als burgemeester heeft gefunctioneerd, wil ik – op billijkheidsgronden – dringend pleiten voor een uitkering voor de heer Vossen, indien u tot ongevraagd ontslag zou besluiten.' Van Voorst wees op de persoonlijke omstandigheden van Vossen en zijn gezin en op de ingrijpende wijze waarop inbreuk gemaakt was op zijn persoonlijke levensfeer. Dales schoof drie weken later de oproep van Van Voorst terzijde en ontsloeg Vossen oneervol, met verlies van zijn wachtgeld.

De landelijke politieke partijen maakten in 1995 afspraken over het aannemen van giften uit het bedrijfsleven. Dat gebeurde nadat onthuld was hoe het CDA in Limburg op alle niveaus gelden aannam van bedrijven voor het spekken van de verkiezingskassen. Dales wilde daarop wettelijke grenzen stellen aan de sponsoring en de schenkingen openbaar maken. Zover kwam het niet. De politieke partijen spraken vrijwillig af om giften van tienduizend gulden en hoger openbaar te maken. De regeling geldt tot 1 januari 1998 en wordt daarna geëvalueerd.

De affaires leidden in Limburg tot een andere cultuur bij het vergeven van overheidsopdrachten. Openbare aanbestedingen hebben bij de grootste gemeenten en overheidsinstanties een eind gemaakt aan achterkamertjesafspraken met huisaannemers.
 Alle grote plaatsen hebben hun beleid geradicaliseerd. Maastricht besteedt sinds 1993 alle werken van meer dan drie ton openbaar aan. Het besef dat het zo moest, drong door toen de eerste lokale affaire speelde. Heerlen begon in 1993 met openbaar aanbesteden, maar ging verder dan Maastricht door opdrachten al vanaf twee ton openbaar aan te besteden. De provincie legde in januari 1993 de drempel op vijf ton, een voorbeeld dat door de meeste gemeenten gevolgd is. De provinciale nota Integraal Aanbestedingsbeleid schrijft voor dat openbaar aanbesteden verplicht is als de provincie vijftig procent van het werk subsidieert of zelf opdrachtgever is. Opvallend is de afwijkende houding van Brunssum en Beek. Zij besteden pas openbaar aan vanaf zes ton. In de praktijk betekent dat, dat deze gemeenten het merendeel van de werken nog onderhands verdelen.
 De drijfveer voor openbaar aanbesteden was niet alleen een streven naar onbevlekt zakendoen. Het leverde ook geld op. De overheden in Zuid-Limburg verdienden tussen 1993 en 1995 zeker 50 miljoen gulden. Zo becijferde Maastricht dat in drie jaar 15 miljoen gulden was verdiend. Wegen bleken in vrije concurrentie goedkoper gemaakt te kunnen worden. De provincie hield in de eerste twee jaar na invoering van het nieuwe beleid 11 miljoen gulden over, de gemeente Heerlen 7 miljoen en Sittard 1,2 miljoen.
 Niet alle gemeenten zijn overigens bekeerd. Een groep heeft

de banden met huisaannemers niet verbroken of past trucs toe om aannemers te bevoordelen. Een voorbeeld: grote opdrachten moeten volgens Europese regels openbaar worden aanbesteed. Om daar onderuit te komen worden die opdrachten in stukken gehakt en apart onderhands aanbesteed.

Aardig is dat geen Limburgse aannemer of wegenbouwer failliet is gegaan na invoering van de openbare aanbestedingen. Daarvoor was in 1992 wel door de regionale wegenbouwers gewaarschuwd. In een laatste poging om de openbaarheid van de aanbestedingen tegen te houden, stuurden ze een brief aan Provinciale Staten. Opdrachten van minder dan één miljoen moesten maar onderhands aanbesteed worden: 'We moeten ervoor waken dat we straks uitgelachen worden omdat we roomser willen zijn dan de paus. En dat alles als gevolg van wat perspublicaties. Onze overtuiging is dat bestuurders zowel als ambtenaren en ondernemers met opgeheven hoofd iedereen recht in de ogen kunnen kijken. Dat de Limburger bourgondisch is, hoeven we niet te verloochenen en we hoeven ons daar ook niet voor te schamen.'

Openbare aanbesteden zal ten koste gaan van het regionale verenigingsleven, waarschuwden de wegenbouwers nog. Bedrijven zullen immers moeten bezuinigen. 'Er mag worden opgemerkt dat het hele rijke verenigingsleven in de provincie bestaat bij de gratie van de steun van het regionale bedrijfsleven.'

Gemeenten, provincie, pensioenfonds ABP, chemiebedrijf DSM en PVDA-gewest Limburg: ze hadden allemaal met corruptieaffaires te maken en stelden allemaal gedragscodes op. Die moesten politici, ambtenaren en werknemers een houvast geven. Een norm voor wat kan en niet kan. Als algemene gedragsregels gelden de volgende principes: openheid betrachten door te melden dat iets is aangeboden, vooraf checken of het acceptabel is, overleg voeren bij twijfel en terughoudendheid uitstralen.

Alle codes geven aan dat omkoping, het accepteren van smeergeld of het aannemen van geldbedragen verboden is. Ambtenaren die er mee te maken krijgen, dienen onmiddellijk de burgemeester of hun chef te informeren. Privé-connecties moeten worden gemeld indien er sprake kan zijn van belangenverstrengeling.

Bloemen bij openingen en lezingen, alsmede kerstgeschenken zijn toegestaan. Over de waarde die cadeaus mogen hebben, wordt verschillend gedacht. Bij de ene overheid is een fles wijn de limiet, bij de ander een cadeau van 250 gulden. Volgens de code of conduct van het ABP mogen eens per drie maanden medewerkers cadeaus tot 150 gulden aannemen. Reizen, schouwburgtickets en concerten mogen tot 250 gulden, ook eens in de drie maanden. Privé-transacties met zakenrelaties van het pensioenfonds zijn verboden.

Ambtenaren van de provincie en de gemeente Heerlen mogen van elk bedrijf eens per jaar een cadeau van 80 tot 100 gulden aannemen. Bij de invoering van de code motiveerden GS het toestaan van relatieschenken: 'Het meest eenvoudige zou zijn om ze te verbieden. Zulks is evenwel niet realistisch: relatiegeschenken zijn een algemeen voorkomend verschijnsel. Bovendien is de controle op de naleving van de richtlijnen op dit vlak moeilijk, zo niet onuitvoerbaar.'

Provincie-ambtenaren mogen ook aan tafel met bedrijven voor een lunch of een diner, of met en op kosten van een bedrijf naar een voorstelling. Er is geen prijslimiet en toestemming van de chef is niet nodig. In Heerlen moet vooraf gevraagd worden of het mag. In die gemeente moet een lunch bovendien 'functioneel' zijn. In Brunssum, Maastricht en Landgraaf mogen attenties tot 50 gulden. Na alle smeerreizen die aan het licht kwamen is in de meeste codes ook een richtlijn opgenomen voor reizen en excusies. Die worden voortaan zelf betaald.

DSM liet alle leveranciers weten dat het sturen van relatiegeschenken niet meer op prijs wordt gesteld. Het personeel mag ook niet meer zonder toestemming van de afdelingschef geschenken aannemen. Bovendien mag een cadeau niet duurder zijn dan 50 gulden. In de gedragscode staat dat het vragen of aannemen van geld in ruil voor gunsten of diensten strikt verboden is. Wie zich niet aan de richtlijnen houdt, loopt kans te worden ontslagen.

In andere codes zijn geen sancties opgenomen. De code voor Maastrichtse bestuurders zegt dat de eigen verantwoordelijkheid een van de uitgangspunten is. Wie van de gedragsregels afwijkt zal het risico zelf moeten dragen. De code: 'Men kan dan op weinig of geen krediet van collega's rekenen. De publieke opinie is meedogenloos.'

Misstanden kwamen in enkele gevallen aan het licht en konden worden opgelost dankzij ambtenaren die het risico namen de pers te informeren. De klokkenluiders. Die ambtenaren worden in Maastrichtse gedragscode gemuilkorfd. De code schrijft: 'In het algemeen geldt dat de eigen organisatie niet in diskrediet moet worden gebracht en dat niet naar derden gelekt moet worden ten nadele van de organisatie. [...] Alle contacten met vertegenwoordigers van de pers dienen in principe te lopen via de afdeling voorlichting en pr.'

Limburg loopt voorop met gedragscodes. Onderzoek van de Open Universiteit in Heerlen heeft aangetoond dat gemeenten elders in het land nauwelijks gedragscodes hebben. Van de steden boven de honderdduizend inwoners zijn het er maar drie. Maastricht is daar een van.

Over de effectiviteit van gedragscodes bestaan overigens twijfels, juist omdat controle onmogelijk is. De commissies in Landgraaf en Maastricht, die ingesteld zijn om discutabele giften te beoordelen, hebben niets te doen. Toch is het begrijpelijk dat er codes kwamen. Het was na de affaires een noodmaatregel. Een poging om op papier te zetten dat wat gebeurd was, niet kon. Een signaal naar de buitenwereld. Merkwaardig is echter dat de grens van wat kan en niet kan, rekbaar blijkt. Iets wat bij de ene overheid verboden is, mag bij de andere.

Journalisten hielden aan de corruptie-affaires een verschoningsrecht over. De Hoge Raad bepaalde, in navolging van het Europese Hof voor de Rechten van de Mens, op 10 mei 1996 dat journalisten in beginsel mogen zwijgen op vragen over hun bronnen.

Het gerechtshof in Den Bosch oordeelde twee weken later dat het privilege ook geldt in strafzaken.

Over rechtszaken gesproken: het bewijzen van corruptie is voor justitie een lastige zaak gebleken. In de strafzaak tegen Vossen wees corruptie-officier van justitie Van Atteveld op de zware bewijslast voor het OM bij de corruptie-artikelen 362 en 363 uit het Wetboek van Strafrecht. Er moet een oorzakelijk verband aangetoond worden tussen de ontvangst van een gift en 'het doen of nalaten' van een ambtenaar. Justitie moet ook kunnen bewijzen dat de ambtenaar de gift heeft aangenomen, 'wetende dat dit gedaan wordt teneinde hem te bewegen al dan niet in strijd met zijn bediening iets te doen of te laten'. Een ambtenaar een gift geven voor iets wat hij eerder gedaan heeft, is niet strafbaar. Evenmin als het betalen van een ambtenaar die daardoor iets, wat hij mag doen, sneller uitvoert.

In het proces tegen Riem in 1995 concludeerde Van Atteveld snerend dat twee jaar na de rechtszaak tegen Vossen, ondanks de aandacht in de landelijke politiek, nog steeds geen begin gemaakt was met het wijzigen van de strafbepalingen. 'Ik ben van oordeel dat een effectieve strafrechtelijke bestrijding van corruptie wetswijzigingen vereist, zonder dat daardoor noodzakelijk de rechten van de verdachte tekort worden gedaan', zei de officier in zijn requisitoir.

Advocaat-generaal A. Franken kwam er in mei 1996, in het hoger beroep in de zaak-Riem voor het gerechtshof in Den Bosch, op terug. Volgens haar moet het mogelijk worden een ambtenaar te vervolgen die een gift heeft aangenomen, ook als hij gewoon zijn plicht doet. 'Voor deze wetswijziging moet zeker een Kamermeerderheid te vinden zijn. De strafrechtelijke corruptiebestrijding zou er in ieder geval mee geholpen zijn', aldus Franken.

In Den Haag is in 1996 een begin gemaakt met een onderzoek naar de wijziging van het artikel 363, waardoor het bewijzen van corruptie een stuk eenvoudiger moet worden. Het kabinet volgt daarmee Europese ontwikkelingen. De Europese Unie werkt aan een protocol voor de bestrijding van corruptie onder ambtenaren. Het protocol is waarschijnlijk in 1997 gereed voor ondertekening door de lidstaten. De ratificatie ervan leidt ertoe dat ook onder meer artikel 363 moet worden herzien.

Het Wetboek van Strafrecht wordt nog op een ander punt gewijzigd. Gekozen of benoemde bestuurders – bijvoorbeeld wethouders of burgemeesters – die vanwege een ambtsmisdrijf zoals corruptie worden veroordeeld, kunnen hun actieve of passieve kiesrecht kwijtraken. Met die laatste sanctie kan een rechter een einde maken aan iemands politieke carrière.

De onderzoeken leverden, tot juli 1996, negen veroordelingen op. Vier wethouders, drie burgemeesters en twee ambtenaren kregen straffen die varieerden van een maand tot een jaar voorwaardelijke cel en geldboetes van 2500 tot 25.000 gulden. De zwaarste straf was voor ex-burgemeester Vossen. Hij kreeg in hoger beroep één jaar voorwaardelijk, 12.000 gulden boete en vijf jaar ontzegging van het recht een ambt te bekleden. De lichtste straf was voor ex-burgemeester Riem. Vrijgesproken van corruptie-beschuldigingen, kreeg hij enkel een geldboete van 2500 gulden wegens het indienen van een vervalste declaratie bij de gemeente Brunssum. Riem ging in cassatie bij de Hoge Raad. Twee verdachten hoefden uiteindelijk niet voor de rechter te verschijnen omdat ze te lang op hun berechting hadden moeten wachten.

Van de negen veroordeelden waren er vijf lid van het CDA, twee lid van de VVD en twee lid van de PVDA. In de gevallen waarin veroordelingen vielen, ging het om niet-terugbetaalde leningen, gratis verbouwingen, reizen, een oprit, een veel te goedkoop geleverd huis, kortingen en valse declaraties. Alles bij elkaar voor een waarde van een half miljoen gulden. Afgezet tegen wat er in het begin mogelijk was geweest, is het resultaat schraal. De echte steekpenningen zijn niet boven tafel gekomen. Justitie vond geheime bankrekeningen en andere aanwijzingen voor betalingen, maar kon niets bewijzen.

Hoe reageerden ambtenaren, politici en ondernemers die betrapt werden? Niemand bekende schuld. Spijt van het aannemen van giften of het bevoordelen van bedrijven was er niet. Integendeel. Er was sprake van een grote mate van zelfrechtvaardiging. 'Iedereen deed het' en 'Het was een vriendendienst'. Ook bij andere, niet-veroordeelde bestuurders en ondernemers van de elkaar matsende elite bestond weinig begrip voor het 'ophangen van iemand voor een reisje'. De gedagvaarde burgemeesters, wethouders en ambtenaren vochten terug. In de rechtszaal vertelden ze dat hun gedrag, gezien de sfeer en de organisatie, normaal en begrijpelijk was.

Neus zei na zijn veroordeling voor de microfoon van de regionale omroep: 'Ik vind nog altijd dat ik niets fout heb gedaan. De maatschappij denkt daar blijkbaar anders over. De rechter beschouwde de uitgestelde betaling voor de verbouwing van een keuken als een gift. Die uitspraak heb ik te respecteren.' In de Braekt kreeg van Omroep Limburg de vraag of hij er spijt van had dat hij die reis met Baars gemaakt had. In de Braekt: 'Nee, uiteraard niet, want het was een mooie reis.'

De aan het licht gekomen affaires vormen maar een klein deel van wat zich sinds 1965 tussen de heuvels heeft afgespeeld. Voor die stelling zijn bewijzen en aanwijzingen te vinden. Een daarvan is de steekpenningenrekening van Baars. Tientallen bedragen per jaar aan tientallen ambtenaren en politici. Baars was maar één van de bedrijven die smeergeld betaalden. Uit de vonnissen in de corruptieprocessen blijkt de betrokkenheid van tenminste vijfentwintig ondernemingen. Dan zijn er de eerdere onderzoeken tegen aannemers waarin ook aanwijzingen voor steekpenningen opdoken.

Een andere aanwijzing: na een inventarisatie van corruptiegevallen stelde de rijksrecherche in twee maanden een lijst met vijfentwintig namen op. Het merendeel van de zaken is niet vervolgd. Omdat het niet meer opportuun was, omdat er te weinig bewijzen waren, omdat er te weinig rechercheurs waren of omdat de zaken te oud waren.

De getuigen tijdens de rechtszaken schilderden een beeld van een bedorven bestuurscultuur. Een cultuur waarin de omgangsnormen steeds losser waren geworden en de grens van het toelaatbare almaar ruimer gezien werd. Een cultuur ook die wijdverbreid was en waarin voor kritiek geen plaats was. Een besloten sfeer met te weinig democratische controle. Gemeenteraden en Provinciale Staten, lang gedomineerd door één partij, hielden hun mond. Dat beeld werd bevestigd door spijtoptanten uit de wereld van bestuur en bouw die met *De Limburger* spraken. Natuurlijk ging niet iedereen over de schreef, de conclusie is wel dat het aantal rotte appels in de mand groot was.

Corruptie vond in de jaren zestig in Zuid-Limburg een voedingsbodem die rijker was dan elders in Nederland. Nergens kwamen op hetzelfde moment zoveel ingrediënten bij elkaar. Zoals de excentrische geografische ligging en de historische en culturele achtergronden. Voeg daarbij de absolute macht van één politieke partij, het protectionisme en de deels ongecontroleerde, grootschalige overheidssubsidiëring, en een conclusie dringt zich op. Door de samenloop van omstandigheden had de regio alles in zich om het mis te laten gaan. Het móést misgaan. Het gevolg van de rijkere voedingsbodem was dat Zuid-Limburg, meer dan andere delen van Nederland, te kampen had met vriendjespolitiek, belangenverstrengelingen en corruptie.

De onderste steen in het justitiële onderzoek kwam niet boven. Het OM heeft, ondanks toezeggingen in de Tweede Kamer, niet de hoogste prioriteit gegeven aan het voor Nederland unieke onderzoek. Dat lag niet aan het uitvoerende niveau. De officier van justitie en het onderzoeksteam wilden wel. Hoofdofficier Fransen had meer lef kunnen tonen, procureur-generaal Gonsalves had het parket beter kunnen steunen, de ambtelijke top van het ministerie had de beloften van de minister in de Kamer kunnen uitvoeren en Hirsch Ballin had het niet bij woorden kunnen laten. De balans opmakend moet men concluderen dat de minister tekortgeschoten is in de controle op de uitvoering van zijn toezeggingen. Door het falend beleid van justitie zijn corrupte politici en ambtenaren de dans ontsprongen.

Het uitblijven van een massale justitiële aanval op corruptie heeft, hoe wrang ook, een positieve kant. De beperkte aanpak leverde al grote schade op voor de politiek en voor Limburg. Bij een grondige aanpak was het doembeeld van oud-gedeputeerde

Kockelkorn ongetwijfeld uitgekomen. De provincie zou in een diepe bestuurlijke crisis zijn gegleden, van Italiaanse afmetingen. Want, als het OM in 1992 stug aan het werk was gegaan, zat nu een deel van bestuurlijk Limburg thuis. Het schip was dan misschien schoner geweest, maar wie had het moeten besturen?

Alle opwinding was nuttig. Limburg is er beter van geworden. In de provincie, en ook elders in het land, is een discussie en een dialoog ontstaan over ethiek in het openbaar bestuur. Het leidde tot reflectie over bestuursstijl en ambtelijk gedrag. De politiek is, na gedraal, tot een brede herijking van normen overgegaan. Benoemingsprocedures zijn zorgvuldiger, aanbestedingen transparanter.

Zijn de cultuur en de mentaliteit in Limburg veranderd? Culturen veranderen niet van de ene op de andere dag. Ingesleten gewoonten laten zich maar moeizaam wijzigen. Het gesjoemel is niet opeens opgehouden. De schok die de affaires te weeg brachten zal wel geleidelijk zijn uitwerking hebben in de zuiverheid van het bestuur. Limburg wordt steeds meer Nederland.

Er zijn ook relativerende tendensen van het belang van de affaires. Ondanks alles gingen de wegenbouwers door met het maken van illegale werk- en prijsafspraken. Dat bleek in augustus 1996, toen dagblad *De Limburger* onthulde dat vijf bedrijven voorafgaand aan een aanbesteding in Valkenburg hadden geregeld dat wegenbouwer Baars de opdracht zou krijgen. De Economische Controle Dienst onderzoekt de kwestie.

De Limburgers hebben zich bovendien in hun stemgedrag nauwelijks laten leiden door alle affaires. De van corruptie verdachte Heinrichs kreeg een massa voorkeurstemmen bij de raadsverkiezingen in 1994.

In Maastricht deden onderzoekers J. Janssen en A. Korsten van de Universiteit Maastricht aan de vooravond van de raadsverkiezingen een kiezersonderzoek. Geen andere plaats was zo hard getroffen door affaires als het 'Palermo aan de Maas'. Drie wethouders kwamen in opspraak wegens corruptie, aanbestedingen bleken doorgestoken kaart en topambtenaren kregen zwart uitbetaald. In het beste geval zou machtsmisbruik niet alleen door justitie of door de pers moeten worden aangepakt, maar ook door de kiezers. De vraag van de onderzoekers was: in hoeverre zijn politieke affaires van invloed op het vertrouwen van burgers in de lokale politiek, en op de opkomst en uitslag van lokale verkiezingen?

De affaires bleken van invloed op het oordeel van de Maastrichtenaren over politici en hun partijen. Een grote minderheid (41 procent) vond de politici en hun partijen niet te vertrouwen. Een even grote groep was het eens met de stelling dat politici in Maastricht persoonlijk gewin nastreven. De lokale affaires hadden dus wel een negatieve invloed op de houding van burgers ten aanzien van de lokale politiek. Van de ondervraagden zei een kwart dat de affaires een rol speelden bij hun partijkeuze. Maar dat effect viel in de praktijk mee. De partijen die in Maastricht in opspraak kwamen (CDA en VVD) werden niet afgestraft. De invloed van de landelijke politiek was toch groter. Conclusie van de onderzoekers: 'Als de correctie op laakbaar optreden door wethouders alleen van de kiezer zou moeten komen, dan zouden de mogelijkheden om op lokaal niveau ongestraft vriendjespolitiek te bedrijven nogal groot zijn.'

EPILOOG

19 *In zaken*

Wat is er geworden van de hoofdpersonen uit de Vriendenrepubliek? Ze blijken goeddeels met pensioen of gingen – na het stranden van hun carrière – in zaken. Een enkeling die in opspraak kwam, bekleedt nog een eerbiedwaardig ambt. Van Goethem bijvoorbeeld. Hij is nog altijd tegelijk burgemeester in Beek en directeur van zijn bedrijf.

De regenten die met pensioen zijn, zitten lang niet allemaal stil. Oud-gedeputeerde Buck doet dat wel. Hij leeft teruggetrokken in een luxe Maastrichtse appartement. Vanuit zijn woonkamer heeft hij de hele dag uitzicht op het provinciehuis aan de Maas. Zijn oud-collega Verhagen is ondanks zijn leeftijd nog druk als directeur van Economisch Advies- en Zakenbureau drs. Verhagen.

De bestuurders en ambtenaren die in opspraak kwamen maar te jong zijn voor pensioen gingen in zaken. Ze verkopen hun opgedane kennis aan bedrijven. Ex-wethouder Piet Neus heeft nu een eenmanszaak. Adviesbureau Piet Neus, voor managementadviezen. Zijn oud-collega Jan Hoen, die de dans ontsprong, is directeur van de voetbalvereniging MVV. Ook hij ging in zaken, met Jan Hoen Consultancy BV. De vennootschap legt zich toe op 'advisering en consulting van profit- en nonprofit-organisaties van welke aard dan ook'.

Ex-wethouder Jo In de Braekt leidt Omega Consultancy. Het is een eenmanszaak voor 'het verstrekken van economische adviezen, het geven van onderwijs en zaakwaarnemingen'. Henk Riem verhuisde van zijn burgemeestersvilla in Brunssum naar een kleiner huis in Maastricht. Hij ontvangt jaarlijks tachtigduizend gulden wachtgeld van de provincie. Riem adviseert bedrijven en doet aan consultancy, holdingactiviteiten en pensioenbeheer als directeur van Leiderstaete Consultancy BV.

Ambtenaar Wil van Vlijmen, veroordeeld wegens corruptie, is door de provincie niet ontslagen. Hij kreeg een minder gevoelige baan. Oud-ambtenaar van de provincie Piet Dohmen begon na zijn veroordeling vanuit zijn woning de eenmanszaak Trichter Vastgoed. Hij geeft adviezen, ontwikkelt projecten en bemiddelt in onroerend goed, hypotheken en verzekeringen.

De band tussen ex-burgemeester Wiel Vossen en de gemeente Gulpen is doorgesneden. Vossen kreeg na zijn ontslag nog ziektegeld uit de gemeentekas. Nu loopt er een afkeuringsprocedure die kan leiden tot een wao-uitkering. Vossen woont nog in zijn goedkoop gebouwde huis.

Sjaak Baars is nooit wegens corruptie gedagvaard en ging in 1995 vrijuit op beschuldiging van valsheid in geschrifte. De wegenbouwer kreeg wel een veroordeling omdat hij had deelgenomen aan het verboden kartel in Maastricht. Baars is met pensioen en verhuisde naar België.

Ex-wethouder Nic Odekerken ging, na zijn gedwongen vertrek uit de Landgraafse politiek, weer werken bij zijn oude werkgever, het regionaal busbedrijf. Later werd hij ziek. Zijn collega Wiel Heinrichs ging na zijn ontslag als wethouder weer lesgeven op een middelbare school. Wegens het lange wachten op zijn rechtszaak werd Heinrichs buiten vervolging gesteld. Sinds 1996 is hij weer fractievoorzitter van het CDA in Landgraaf. Oud-burgemeester Louw Hoogland, ten slotte, geniet ondanks zijn veroordeling van zijn pensioen en golft naar verluidt nog veel.

Wie is wie in de Vriendenrepubliek?

J.J.G. Aarts, CDA-Statenlid (1983-1987). Oud-wethouder in Born. Bestuurslid van groot aantal instellingen en stichtingen op gebied volkshuisvesting, o.a. stichting Woningbeheer Limburg (WBL) en vereniging Ons Limburg. Bestuurslid omroepstichting SROL. Vriend van Schepers.

ing. A.G.J. Albertz, architect in Maastricht (CDA). Als secretaris van stichting Civitas betrokken bij ophalen donaties voor CDA-Maastricht bij bedrijven. Lid Lions Club-Maastricht. Albertz was tot 1992 een van de geselecteerde architecten die opdrachten kregen van gemeente.

J. Baars, gepensioneerd. Aandeelhouder en voorheen directeur Wegenbouwbedrijf Baars in Klimmen en later Landgraaf. Deed bij FIOD boekje open over smeergelden. Bedrijf dat drie ton steekpenningen per jaar betaalde, is uiteindelijk alleen schuldig bevonden wegens verboden prijsafspraken met andere wegenbouwers. Ontving strategische informatie van onder meer Dohmen, Riem en In de Braekt. Bedrijf maakte in 1996 opnieuw verboden prijsafspraken met andere wegenbouwers voorafgaand aan aanbesteding in Valkenburg.

A.M.A.A. de Baedts, gepensioneerd hoofd afdeling financiën provincie Limburg en waarnemend griffier (CDA). Als penningmeester van de stichting Civitas betrokken bij het werven van fondsen bij bedrijven voor het CDA-Maastricht. Lid Lions Club-Maastricht.

drs. H.J.G. Becker, zelfstandig bedrijfsadviseur in Maastricht. Werkte tussen 1993 en 1995 als interimmanager bij aardewerkfabriek Sphinx en wegenbouwer Lieben. Tot 1993 registeraccountant- vennoot maatschap Moret, Ernst & Young in Maastricht. Als accountant betrokken bij groot aantal bedrijven en personen die in opspraak kwamen. Lid van Ruijterscircuit, Lions Club-Valkenbrug, TAEK-sociëteit en Pro-Team. Commissaris bij beheersmaatschappij drs. Ruijters BV en Xelat Groep van zakenman Wesly. Jarenlang persoonlijk adviseur Melchior. Vriend van Wesly, Hoen en Ruijters.

T. en J. van den Biggelaar, vader en zoon, directeuren van de Van den Biggelaar-groep uit het Gelderse Kerkdriel. Aannemersbedrijven in Limburg: BLM Weg- en Waterbouw BV, abl BV, gid BV en BCM BV. Burgemeesters Vossen en Hoogland werden veroordeeld wegens aannemen van giften van het concern. Verdacht in corruptiezaak Riem en in omkoopaffaire MVV. abl BV werd in 1995 door de raadkamer van de Maastrichtse rechtbank buiten strafvervolging gesteld na de vrijspraak van Riem. BLM respectievelijk de directeur van BLM betaalden justitiële schikkingen in affaires Vossen en MVV. Van den Biggelaar betaalde bovendien schikking om vervolging te voorkomen in affaire-Hoogland.

P. Bijsmans, directeur gelijknamig schildersbedrijf in Heerlen. Vice-voorzitter CDA-Presidium Limburg en vice-voorzitter dagelijks bestuur CDA-Limburg in de jaren tachtig. Voorzitter CDA-afdeling Heerlen. Betrokken bij het spekken van de kas van het CDA-Limburg als bestuurslid van de stichting Dr. Nolensfonds. Kwam in opspraak bij aanbestedingen in gemeente Heerlen.

J.H.G. In de Braekt, directeur bureau Omega Consultancy voor het verstrekken van economische adviezen en voor zaakwaarnemingen. Van 25 april 1990 tot 19 februari 1993 CDA-wethouder van publieke werken en Nutsbedrijven in Maastricht. Daarvoor hoofd interne zaken van de provincie Limburg. Op 25 juni

1995 veroordeeld tot een maand voorwaardelijk en tienduizend gulden boete wegens aannemen steekpenningen van wegenbouwer Baars, aannemer Tillie, loodgietersbedrijf Hogenboom, aannemer Laeven en medeplegen van valsheid in geschrifte. Is in hoger beroep. Vriend van Baars.

W.G. Bremen, gepensioneerd. Tweede-Kamerlid KVP/CDA (1971-1981). Wethouder in Kerkrade (1964-1972). Burgemeester van Geulle, na plotse vertrek Galiart (1981-1982). President-commissaris vliegveld Beek (1983-1994), commissaris Vissers' Wegenbouw (1978-1991), oud-commissaris bouwbedrijf Foeckert.

drs. K.W. Buck, gepensioneerd. Gedeputeerde van onder meer economische zaken en financiën namens KVP en CDA (1974-1987). Staatssecretaris van Volkshuisvesting en Ruimtelijke Ordening (1971-1973) en wethouder in Kerkrade (1958-1970). Machtig in periode na de mijnsluitingen. Lid oude CDA-garde, in 1986 aan de kant geschoven door vernieuwers. Was als gedeputeerde bestuurslid van stichtingen van wegenbouwer Baars. Was volgens Baars achter de schermen betrokken bij werven opdrachten. Als bestuurslid van de stichting Dr. Nolensfonds betrokken bij het ophalen van donaties voor het CDA-Limburg bij bedrijven. Ondernam actie tegen benoeming Van der Linden tot gouverneur. Lid TAEK-sociëteit.

H. Coenders, gepensioneerd. CDA-burgemeester van Landgraaf (1982-1992). Reisde op kosten aannemers mee met golfbaancircuit.

G. Craenen, ex-wethouder uit Echt (VVD). Op 7 april 1992 door rechtbank veroordeeld tot zes maanden voorwaardelijk wegens aannemen van een gift (een lening van 75.000 gulden) van wegenbouwer Baars. Kreeg in hoger beroep op 11 november 1993 dezelfde straf.

A.J.H. Cremers, directeur M&M Bouw Maastricht; tot eind 1996 directeur Bouw Combinatie Maastricht (BCM). Bestuurslid van Maastrichtse voetbalclub MVV (1989-1992). Zat enkele dagen in de cel in verband met justitieel onderzoek naar fraude en omkoping bij MVV.

M.P.A. Damen, secretaris streekgewest Oostelijk Zuid-Limburg. PVDA-burgemeester van Vaals (1985-1991). Tot 1995 vice-voorzitter van de raad van bestuur Academisch Ziekenhuis Maastricht, daarna tot 1996 secretaris streekgewest Breda. In opspraak in Baars-affaire. Lid reizend golfbaancircuit. Bestuurslid Bouwfonds Limburgse Gemeenten. Tot 1994 commissaris wegenbouwer Van de Kreeke. Lid Lions Club-Valkenburg.

J.A.M. Dams, tot 1988 in directeur van N.V.Pensioen Verzekeringsmaatschappij van het dsm-concern. Bestuurslid van stichtingen van het Baars-concern (1976-1990).

H.G.M.L. Damoiseaux, directeur Transcarbo BV in Heerlen. Bedrijf leverde voor 60.000 gulden gratis kunststofkozijnen in woning burgemeester Vossen. Kreeg tevens opdracht in gemeente Gulpen.

drs. W.J.H. Derks, gepensioneerd. Voorzitter KVP-Limburg in jaren zeventig. Oprichter stichting SBDI en Stichting Oos Hoes, adviseur Ruijtersgroep tot 1981. Kwam in opspraak in SBDI-affaire. Lid TAEK-sociëteit en Ruijters-circuit. Vriend van Ruijters.

J. Diederen, voormalig directeur failliete aannemersbedrijf Diederen. Verdacht van fraude en betalen steekpenningen. Onderzoek loopt nog.

mr. P.H. Diederen, ex-hoofd bureau arbeidsmarkt en werkgelegenheid van de provincie Limburg, bestuurslid Limburgse Monumentenstichting en voorzitter van de woningstichting Hoensbroeck. Nauwe relatie met aannemersbedrijf Hobru. Stond voor tien mille op de loonlijst wegenbouwer De Bont.

Hielp wegens corruptie ontslagen ABP-ambtenaar Kerkhoff aan baan bij woningstichting. Lid Lions Club Hoensbroek-Brunssum. Vriend van Van 't Hoofd en Kerkhoff.

J.F.J. van Dijk, manager voetbalclub Roda jc. Burgemeester (PVDA) van Vaals (1992-1995). Wethouder van openbare werken in Brunssum (1986-1992). Tevens directeur Openbare Golf Brunssummerheide BV. Lid van het reizende golfbaancircuit. Vriend van Hoogland en L. Dohmen.

dr. K.L.L.M. Dittrich, (PVDA). Vanaf 1986 lid van het college van bestuur van de Universiteit Maastricht, voorheen Rijksuniversiteit Limburg. Voorzitter van het bestuur van Maastrichtse voetbalclub MVV (1989-1995). Zat twee dagen in de cel in justitieel onderzoek naar fraude en omkoping bij MVV. Was adviseur bij aannemer BCM (Cremers, mede-bestuurder MVV), die zonder concurrentie opdracht van één miljoen gulden kreeg van de universiteit.

A. van Doezelaar, oud-directeur Wegenbouw Van Doezelaar BV in Beek. Oud-voorzitter CDA-afdeling Nuth. Kwam in opspraak door betalen snoepreisje voor wethouders uit Landgraaf. Lid Lions Club-Beek. Verkocht zijn bedrijf aan Vissers' Wegenbouw. Vriend van Van der Linden.

P.J. Dohmen, directeur eenmanszaak Trichter Vastgoed sinds augustus 1993. Tot 1991 hoofd bureau Economische Infrastructuur en Bedrijven van de provincie Limburg, in jaren tachtig bestuurslid van het CDA-Limburg. Op 7 april 1992 veroordeeld door rechtbank in Maastricht tot negen maanden cel, waarvan zes voorwaardelijk en 500 gulden boete wegens aannemen gift van wegenbouwer Baars. In hoger beroep op 2 februari 1994 veroordeeld tot tachtig uur onbetaalde arbeid, zes maanden voorwaardelijk en 10.000 gulden boete.

L.H. Dohmen, directeur installatiebedrijven van Van den Biggelaargroep. CDA-wethouder voor openbare werken in Onderbanken (1976-1990). Lid van reizende Golfbaancircuit. Vriend van Hoogland, Van Dijk en Van Goethem.

J. van Dongen, ontslagen hoofd bedrijfsbureau van aannemer Smeets Bouw BV in Meerssen. Liep naar justitie met beschuldigingen over smeergeldpraktijken en opzetgelden waaraan zijn voormalige werkgever zich schuldig gemaakt zou hebben. Kreeg tien mille van Smeets en zweeg nadien.

A.J.L. Dumoulin, directeur aannemersbedrijf Xhonneux-Dumoulin uit Wahlwiller. Betrokken bij corruptie-affaire Vossen. Bouwde huis burgemeester te goedkoop.

L.J.P.M. Frissen, burgemeester van Arcen en Velden (1994). Tweede-Kamerlid namens CDA (1986-1994). Lid dagelijks bestuur CDA-Limburg en directeur CDA-bureau Limburg (1979-1986). Gemeentesecretaris in Onderbanken (1972-1979). Reisde in 1990 op kosten van aannemer Laeven. Lid Pro-Team. Vriend van Van der Linden en Pleumeekers

J. Galiart, overleden. Burgemeester (KVP) van Geulle tot 1980. Daarvoor wethouder in Stevensweert. Veroordeeld wegens belastingfraude in 1980. Stond op loonlijst van baggeraar.

dr. ir. J. Geerards, gepensioneerd. Directeur DSM-Limburg BV (1983-1992). Kwam in opspraak als bestuurslid van een stichting van wegenbouwer Baars. Baars werkte voor dsm. Geerards, sinds 1987 bestuurslid bij Baars, was volgens wegenbouwer achter de schermen betrokken bij werven opdrachten. Geerards stapte in 1992 op bij Baars.

A.G.J. van Goethem, CDA-burgemeester van Beek. Directeur GB Consultancy BV. In 1969 op 29-jarige leeftijd burgemeester van Roosteren. Sinds 1982 in Beek. In opspraak met nevenfuncties, goedkope hypotheek, reizen op kosten bedrijven. Volgens parlementaire commissie handelde hij laakbaar als WBL-bestuurder, inde hij hoge vergoedingen via zijn besloten vennootschap en omzeilde hij de wet met een 'schijnconstructie' om de inkomsten uit een nevenfunctie te kunnen behouden. Vanwege deze feiten door commissaris der koningin op het matje geroepen in opdracht van minister Dijkstal van Binnenlandse Zaken. Is lid van reizende golfbaancircuit, Lions Club Sittard-Geleen en Ruijters-circuit. Vriend van L. Dohmen, Hoogland en Van Dijk.

drs. P.E.M.A. Haane, algemeen secretaris Kamer van Koophandel Zuid-Limburg. Oprichter stichting Meuse. Als bestuurslid van stichting Civitas tot april 1994 betrokken bij het ophalen van donaties voor het CDA-Maastricht bij bedrijven. CDA-lijstduwer bij raadsverkiezingen 1985. Lid Rotary-Maastricht en TAEK-sociëteit.

H. Haenen, ondernemer in Heerlen (CDA). Plaatsvervangend lid van het landelijk partijbestuur in de jaren tachtig. Bestuurder stichting beheer aandelen hp Projectpromotie (zie Hoefnagels). Als voorzitter van de stichting Dr. Schaepmanfonds betrokken bij financiering van landelijk CDA. Secretaris van de stichting fonds Wetenschappelijk Instituut voor het CDA. Commissaris aannemersbedrijf Van Zandvoort. Lid Ruijters-circuit.

G.J. Heiligers, gepensioneerd. KVP-gedeputeerde in Limburg (1966-1972). Algemeen directeur zwakzinnigenzorg stichting St. Anna in Heel, Maastricht en Schimmert (1972-1989). Gaf als gedeputeerde Baars opdrachten en was bestuurslid van stichting van Baars.

W. Heinrichs, voorzitter CDA-fractie in de gemeenteraad van Landgraaf. Voorheen wethouder. Moest aftreden in 1992. Verdacht van aannemen steekpenningen van aannemers en wegenbouwers. Wegens lange wachttijd op rechtszaak in 1996 door rechtbank ontslagen van rechtsvervolging. Lokale machtspositie. Was bestuurslid samenwerkingsverband sanering mijnterreinen. Lid reizend golfbaancircuit.

F. Heuts, makelaar in Nuth. Voorheen CDA-wethouder in Nuth. Statenlid (1987-1990). Betrokken in bouwfraudezaak met aannemer Habets. Betaalde schikkingsbedrag aan justitie.

ir. A.L.G. Hoefnagels, oud-aandeelhouder/directeur hp Projectpromotie. Oud-directeur gemeentebedrijven Heerlen. Kreeg via via aanstelling als extern adviseur voor sanering mijnterreinen. Kwam in opspraak met ongecontroleerde declaraties in Rekenkameronderzoek naar mijnsanering.

J.G.H. Hoen, directeur adviesbureau Jan Hoen Consultancy BV. Directeur voetbalclub MVV (1996). Voorzitter van MVV-bestuur (1995-1996). CDA-wethouder in Maastricht (1978-1994). Spil in relatienetwerk in Maastricht en omgeving. Mede-verantwoordelijk voor protectie wegenbouwers. Bij een van die bedrijven, BLM, was hij aandeelhouder. Accepteerde renteloze leningen van Wesly en BLM, en gift van Ruijtersconcern. Voorzitter Toda Rabba. Corruptie-onderzoek tegen hem werd tegengehouden. Betrokken bij oprichting omroep srol. Bestuurslid stichting Zesdaagse Maastricht. Lid Ruijters-circuit. Vriend van Wesly, Lieben en Kaptein.

J.P. Hogenboom, directeur gelijknamig Maastrichts loodgietersbedrijf. Betrokken in corruptieschandalen rond Maastrichtse wethouders Neus en In de Braekt. Bedrijf verstrekte giften. Gemeente gaf opdrachten.

H.C. van 't Hoofd, oud-directeur aannemersbedrijf Hobru uit Hoensbroek. Exclusieve relatie met woningstichting Hoensbroeck (zie P. Diederen). Hobru was betrokken bij grootschalige bouwfraude. Betaalde schikking van 20.000 gulden. Bedrijf mocht in 'pool' met andere aannemers gemeente-opdrachten verdelen in Maastricht. Lid reizend golfbaancircuit en Lions Club Hoensbroek-Brunssum.

L.J. Hoogland, gepensioneerd. PVDA-burgemeester van Brunssum (1975-1991). Bestuurder golfbaan Brunssum. Veroordeeld door de rechtbank op 21 mei 1996 tot drie maanden voorwaardelijk en 25.000 gulden boete wegens het aannemen van steekpenningen van het Van den Biggelaarconcern en verboden wapenbezit. Had machtspositie in Zuid-Oost-Limburg. Was bestuurslid van het Samenwerkingsverband Sanering Mijnterreinen en initiatiefnemer van de omroepstichting SROL. Spil in het reizende golfbaancircuit. Vriend van Van Dijk, L. Dohmen, Van Goethem.

drs. L.J.C. Horbach, freelance bedrijfsadviseur. Als voorzitter van de stichting Dr. Nolensfonds betrokken bij het ophalen van donaties voor het CDA-Limburg bij bedrijven. Secretaris katholieke Limburgse werkgeversvereniging (1959). Eerste-Kamerlid namens KVP (1969-1980). Algemeen secretaris Kamer van Koophandel voor Maastricht (1968-1989). Bestuurslid stichting Zesdaagse Maastricht. Commissaris bij bouwbedrijf Vic Laudy. Adviseur wegenbouw Kunicon. Ondernam actie tegen benoeming Van der Linden tot gouverneur. Lid Ruijters-circuit en TAEK-sociëteit.

mr. Ph.J.I.M. Houben, CDA-burgemeester van Maastricht. Algemeen gezien als toonbeeld van onkreukbaarheid. Maakte samen met echtgenote reisje naar Israël zonder dat hij wist dat dat op kosten was van bedrijf van Benoit Wesly, een zakenrelatie van gemeente.

mr. S.J.H. Huijben, overleden. Directeur van de concerndienst personeels- en algemene zaken van DSM (1963-1985). Vanaf 1981 lid van het presidium van het Nederlands Christelijk Werkgeversverbond. Bestuurslid van drie stichtingen binnen Baars-concern. Lid Rotary.

R. Hummel, eigenaar administratiekantoor, Statenlid namens de Partij Nieuw Limburg en raadslid lokale partij in Heerlen.

Oud-Tweede-Kamerlid voor de PVDA. Raakte in onmin met Limburgse partijtop na affaire rond betaling uniformenfonds harmonie Ster der Toekomst. Regelde sponsorbetalingen namens wegenbouwer Baars.

drs. A.A.M. Jacobs, CDA-burgemeester van Brunssum. Daarvoor burgemeester Nederweert (1986-1995) en hoofdingenieur-directeur van de volkshuisvesting in Limburg (1981-1986). Speelde rol in WBL- en SBDI-affaire. In opspraak met adviseurschap Bouwgroep Nelissen van Egteren BV. Accepteerde gunst van stichting Oos Hoes. Lid Ruijters-circuit en Rotary-Weert.

ir. A.J.F. Janken, centrummanager gemeente Heerlen. Directeur openbare werken (1982-1993). In opspraak met smeerreisje naar VS in 1989 en wegenbouwcontacten.

J.M.W. Jongen, directeur Jongen bouwbedrijven. Betrokken in corruptiezaken Riem en Vossen en bij grootschalige bouwfraude in Zuid-Limburg. Lid Lions Club-Heerlen.

J.P.H.M. Joosten, gepensioneerd, ex-manager Sphinx-aardewerkfabriek in Maastricht. Tot 1987 directeur financiën van de gemeente Maastricht (CDA). Had met Hoen gedurende twintig jaar machtspositie in Maastricht. Bestuurslid bij stichting van Baars-concern, waarmee hij zakelijk van doen had. Bestuurslid stichting Zesdaagse Maastricht. Lid Ruijters-circuit. Vriend van Hoen.

G. Kaptein, directeur Kaptein Consultancy BV in Maastricht. Directeur aardewerkfabriek N.V.Koninklijke Sphinx (1983-1989). Commissaris Teikyo Europe BV en commissaris Xelat Holding BV (Wesly). Lid Rotary-Maastricht. Drager ereteken van verdienste van stad Maastricht. Ere-bestuurslid MVV. Vriend van Wesly, Becker, Lieben en Hoen.

ing. A.M.W. Kerkhoff, directeur woningstichting Hoensbroeck.

In augustus 1993 wegens corruptie ontslagen bij ABP. Nam volgens ABP giften aan van Hobru, Roderland, architect Wauben, Bruynzeel Keukens en Stienstra. Justitie liet zijn dossier jaren liggen en vervolgde hem niet. In opspraak met dubieuze winstdelingsregeling bij woningstichting. Lid Lions Club Hoensbroek-Brunssum.

drs. J.G.J. Knapen, adjunct-griffier der Staten. Als directeur provinciale dienst Welzijn verantwoordelijk voor onder meer de bouw van bejaardenoorden en subsidie restauratieproject aannemer Knops. Reisde in 1989 op kosten van aannemersbedrijf Knops naar Israël. Vriend van Knops.

K.F.W.H. Knops, directeur m&m Bouw Maastricht; tot eind 1996 directeur Aannemingsmaatschappij K. Knops BV in Maastricht. In de jaren tachtig onderdeel van Ruijters- en later Muyresgroep. Betaalde 25.250 gulden voor reisjes politici en ambtenaren. Knops is vriend van Ruijters en Knapen.

A. Kraayeveld, directeur Dekker Bedrijven uit IJzendoorn. Betrokken in corruptie-affaire Riem. Betaalde oud-gedeputeerde gift van 120.000 gulden. Riem was adviseur van Dekker en sluisde vertrouwelijke provinciale informatie door naar grindsector. Dekker is in 1995 door de raadkamer van de Maastrichtse rechtbank buiten strafrechtelijke vervolging gesteld wegens vrijspraak Riem.

drs. Th.F. Krans, directeur van Panheel Groep. Consortium van baggeraars in Limburg. Betrokken in corruptie-affaire Riem. Krans is uiteindelijk niet vervolgd. Panheel Groep is in 1995 door de raadkamer van de Maastrichtse rechtbank buiten strafrechtelijke vervolging gesteld wegens vrijspraak Riem.

dr. J. Kremers, vice-voorzitter Robeco-groep. Commissaris der koningin in Limburg (1978-1990). Geroemd als 'Macher' die Zuid-Limburg er weer bovenop hielp na mijnsluitingen. Rijksrecherche onderzocht ook zijn rol bij Teikyo. In opspraak met te dure ambtswoning en record aantal commissariaten. Reisde op kosten van bedrijf Xelat naar Israël.

ing. J.A.H.M. Kuijpers, VVD-raadslid in Valkenburg. Gepensioneerd directeur van wegenbouw Kunicon. Een van de zes bedrijven van verboden kartel in Maastricht. Wilde in 1985 geen smeergeld betalen en werd uitgesloten van opdrachten in Zuid-Limburg en ging failliet. In 1996 ontmaskerd als spijtoptant die *De Limburger* informeerde. Lid Rotary Maastricht-Geuldal.

drs. F.W.G. Laarakker, voorzitter Waterschap Roer- en Overmaas. Lid reizend golfbaancircuit en reisde op kosten van aannemer Van den Biggelaar, aan wie waterschap opdrachten gaf, naar Spanje.

R.H.J.C. Lancee, architectenbureau Smink-Lancee-Brouns. Betrokken in corruptie-affaire wethouder Odekerken uit Landgraaf.

ir. J.H.A. Laudy, directeur aannemersmaatschappij Vic Laudy. Bedrijf was betrokken bij bouwfraude. Betaalde schikking van 20.000 gulden. Lid Lions Club Sittard-Geleen.

L.A.M. Lieben, als projectontwikelaar actief in voormalig Oost-Duitsland, directeur BLM-holding. In 1984 oprichter van wegenbouwbedrijf BLM. Verkocht in 1988 aandelen BLM aan Van den Biggelaar. Oud-voorzitter CDA-afdeling Maastricht, voorzitter voetbalclub MVV (1989-1992). BLM in opspraak wegens verstrekken lening aan wethouder Hoen, gift aan burgemeester Vossen van Gulpen, en valse rekening in schandaal rond voetbalclub MVV. BLM betaalde in 1993 schikking van bijna twee ton wegens verboden kartelvorming in Maastricht. Vriend van Hoen, Van den Biggelaar, Wesly.

drs. P.R.H.M. van der Linden, lid Tweede-Kamerfractie CDA

(sinds 1977). Afgetreden als staatssecretaris van Europese zaken in Lubbers ii. Door verzet PVDA gepasseerd als gouverneur. Kwam in opspraak in affaire rond financiering CDA-Limburg. Reisde op kosten van het bedrijf Xelat naar Israël. Lid Lions Club Sittard-Geleen. Vriend van Pleumeekers, Frissen en Van Doezelaar.

drs. A.G.H.M. Lohuis, stafmedewerker DSM. Hoofd afdeling economische zaken van de provincie tot 1987. Legde bij FIOD verklaring af over nauwe banden tussen top in provinciehuis en bedrijfsleven. Zwijgt nu in alle talen.

F.W.G. Lückers, directeur van Bouwbedrijf Moonen-Lückers BV uit Heerlen. Betrokken in corruptie-affaire Landgraafse wethouder Odekerken. Betaalde giften aan wethouder.

drs. L. Magielsen, directeur Industriemuseum in Kerkrade. Stafmedewerker DSM-Limburg (1985-1994). Voorzitter CDA-Limburg (1987-1995). Gaf vorm aan ingezet vernieuwingsproces binnen partij.

J. Mans, burgemeester van Enschede (PVDA). Burgemeester van Kerkrade (1986-1992), burgemeester van Meerssen (1982-1986) en gemeentesecretaris in Maastricht. Echtpaar Mans reisde op kosten aannemer Knops en ondernemer Wesly twee keer naar Israël. Mans gaf als bestuurslid restauratiestichting Synagoge in Meerssen opdracht aan Knops.

ing. E.M. Mastenbroek, gepensioneerd. Commissaris der koningin (1990-1993). Gedeputeerde van o.m. economische zaken namens het CDA (1978-1990). Statenlid KVP (1966-1974). Directeur staalbedrijf Demy (1953-1978). Medeverantwoordelijk voor bekritiseerde aanbestedingsbeleid. Betrokken bij omstreden fondswerving voor verkiezingskas CDA. Lid Lions Club Sittard-Geleen.

L.N. Melchior, zakenman en paardenfokker. Multimuljonair

die in de jaren zestig fortuin maakte met bouwbedrijf. Bouwde Limburg vol met ziekenhuizen, parkeergarages en warenhuizen. Verkocht in 1972 zijn bedrijf voor 100 miljoen gulden aan de Steenkolen Handels Vereeniging (shv). Omringt zich met ex-ministers en regionale grootheden. Van 1984 tot 1986 bestuurder van voetbalclub MVV. Hielp MVV er financieel weer bovenop.

P.J.G. Meijer, gepensioneerd. Hoofd stadsontwikkeling gemeente Sittard (1977-1991), tot 1994 adviseur in algemene dienst. Oud-penningmeester CDA-afdeling Sittard. Deed namens gemeente zaken met projectontwikkelaar Ruijters en verbleef tegelijkertijd gratis in vakantieverblijf van Ruijters in Zuid-Frankrijk. Lid Lions Club Sittard-Geleen en Ruijters-circuit.

M.J.J. Muyres, gepensioneerd directeur/eigenaar aannemersbedrijf Marcel Muyres Bouw uit Sittard. Betrokken bij SBDI-affaire en grootschalige bouwfraude. Lid relatiecircuit Ruijters en lid Rotary Geleen. Bedrijf bouwde WBL-hoofdkantoor en gaf giften ter waarde van 30.000 gulden aan familie van WBL-bestuurder Schepers.

P.P.J. Neus, directeur van Adviesbureau Piet Neus. Van 25 april 1990 tot 2 april 1993 VVD-wethouder in Maastricht voor grond- en aanbestedingsbeleid. Nam zelf ontslag nadat justitie corruptie-onderzoek tegen hem begon. Op 12 oktober 1994 veroordeeld tot een maand voorwaardelijk en 10.000 gulden boete wegens aannemen van 42.000 gulden aan giften van drie lokale bedrijven en knoeien met dienstkilometers. Lid Lions Club-Maastricht. Bevriend met Tillie en Hogenboom.

ir. P.W.A. Niessen, ondernemer. Directeur Limburgse investeringsbank LIOF (1975-1987). Directeur Daf-fabriek in Born (1964-1975). Belast met sanering mijnterreinen. Gratis vakantie in huis adviseur Hoefnagels in Zwitserland. Commissaris wegenbouw Lieben.

dr. H.A.C.M. Notenboom, bedrijfsadviseur in Venlo, europarlementariër voor het CDA (1971-1984). Voordien financieel specialist van de CDA-Tweede Kamerfractie (1963-1979). In opspraak als bestuurslid van stichting van wegenbouwer Baars. Was volgens Baars achter de schermen betrokken bij werven opdrachten. Notenboom studeerde in 1952 af in Tilburg. Hij was onder meer directeur van de Katholieke Limburgse Middenstandsbond te Venlo.

N.G.J. Odekerken, werkzaam bij streekvervoerbedrijf. Voordien CDA-wethouder in Landgraaf (1991-1992). In 1995 veroordeeld tot twee maanden voorwaardelijk en 25.000 gulden boete wegens aannemen steekpenningen van aannemer Lückers, wegenbouwer Van Doezelaar en architect Lancee. Na uitlekken snoepreisjes tot aftreden gedwongen door gemeenteraad. Vriend van Heinrichs.

mr. H.W.M. Oppenhuis de Jong, griffier provincie Limburg sinds 1991. Ambtenaar ministerie van economische zaken (1977-1984). Rechterhand Kremers. In 1992 bestuurslid stichting Teikyo Trust Holland. Rijksrecherche onderzocht ook zijn rol bij Teikyo. Bevriend met Riem.

P. Pinxt, voormalig CDA-wethouder in Meerssen. Acquisiteur van failliete aannemer Scheurs. Lokale machtspositie. In opspraak door rijksrecherche-onderzoek en Kunicon-affaire. Reisde op kosten van aannemer Knops naar Israël.

drs. J.B.V.N. Pleumeekers, CDA-burgemeester van Heerlen. Gedeputeerde van financiën in de provincie Limburg (1987-1992). Eerste-Kamerlid (1983-1987). Voorzitter CDA-Limburg, lid van het partijbestuur en het dagelijks bestuur van het CDA (1980-1983). Probeerde halverwege jaren tachtig vernieuwing binnen CDA-Limburg door te zetten. Reisde in 1990 op kosten aannemer Laeven naar Italië. Lid Pro-Team. Vriend van Van der Linden en Frissen.

J.A.M. Reijnen, runt eenmanszaak 'Jan Reijnen adviseur Bedrijfsleven-Overheid' in Den Bosch. Tot 1994 voorzitter raad van toezicht van het pensioenfonds ABP. CDA-burgemeester van Heerlen (1976-1986). Lid Eerste-Kamerfractie CDA (1972-1977). Als ABP-topman in opspraak in zwartboek. Bemoeide zich persoonlijk met onroerend-goedtransacties en liet geheime stukken uitlekken. Stond als commissaris op de loonlijst bij aannemer Meijsen. Vierde op kosten van Stienstra vakantie in Davos. Stienstra was zakenrelatie van ABP.

H.W. Riem, directeur adviesbureau Leiderstaete Consultancy BV. Gedeputeerde van onder meer ontgrondingen, volkshuisvesting en ruimtelijke ordening namens PVDA (1978-1991). Vanaf 16 november 1991 burgemeester van Brunssum. Op 12 augustus 1994 oneervol ontslagen. Voorheen lijsttrekker bij Provinciale Statenverkiezingen. Riem nam geld aan van baggerbedrijf, sluisde vertrouwelijke provinciale documenten door naar onder meer Baars en baggeraars. Op 18 april 1995 door rechtbank vrijgesproken van beschuldiging van corruptie, valsheid in geschifte en heling van vertrouwelijke stukken. Op 16 juli 1996 in hoger beroep veroordeeld wegens valsheid in geschrifte, maar opnieuw vrijgesproken van corruptie. Hof legde boete op van 2500 gulden. In cassatie bij Hoge Raad. Lid Lions Club Hoensbroek-Brunssum.

M.A.G. Roex, acquisiteur bij aannemersbedrijf Laeven (tot 1996). CDA'er die in opspraak raakte in affaires rond Van Vlijmen en In de Braekt. Beiden zijn veroordeeld wegens aannemen van smeergeld van Laeven. Betrokken bij spekken van verkiezingskas van CDA. Bedrijf betaalde snoepreizen groot aantal bestuurders en ambtenaren, onder wie Pleumeekers, Frissen, In de Braekt en Van Vlijmen. Ploegleider en sponsor Pro-Team.

drs. G.J.H. Ruijters, projectontwikkelaar en makelaar, grootaandeelhouder van Ruijters-concern. Spin in CDA-netwerk. Een van de machtigste ondernemers in Zuid-Limburg. Betrokken bij SBDI-affaire. Lid Lions Club Sittard-Geleen, spil in Ruijterscircuit en TAEK-sociëteit. Concern gaf gift aan wethouder Hoen. Vriend van velen.

H.L.M. Savelsbergh, CDA-wethouder in Heerlen sinds 1971. Lokale machtspositie. Was onder meer bestuurslid Samenwerkingsverband Sanering Mijnterreinen Oostelijk Mijngebied (SSO). Betrokken in corruptie-affaire ABP-ambtenaar en affaire rond golfbaan Brunssum. Beschermde als wethouder schildersbedrijf van P. Bijsmans, voorzitter van lokale CDA-afdeling. Ex-commissaris draf- en renbaan.

J.W. Schepers, gepensioneerd. Wethouder volkshuisvesting in Geleen (1968-1980). Daarna bestuurslid en adviseur van groot aantal organisaties en stichtingen op gebied van volkshuisvesting en kabeltelevisie. In opspraak in WBL-affaire met corruptieverdenking.

ir. H.W. Schiffelers, voorzitter van de Kamer van Koophandel voor Zuid-Limburg. Voorheen directeur sector personeelszaken dsm-Limburg (1975). Directeur Fonds voor Sociale Instellingen. Commissaris wegenbouw Van de Kreeke. Lid Rotary-Hoensbroek.

L.M.H. Schreurs, oud-directeur aannemersbedrijf Schreurs uit Sittard. Ging frauduleus failliet in 1989. Zijn faillissement bracht aan het licht dat 22 Zuid-Limburgse aannemers betrokken waren bij een grootschalige bouwfraude. Zaak is niet door justitie vervolgd. Ook Schreurs betaalde 'commissies' om opdrachten te ontvangen.

mr. J.G. Smeets, gepensioneerd. CDA-burgemeester van Kerkrade (1969-1988). Waarnemer in Gulpen voor Vossen in 1993 en 1994. Voorzitter van bestuur van Samenwerkingsverband Sanering Mijnterreinen Oostelijk Mijngebied (SSO). Lid Rotary-Kerkrade.

mr. P.H.M. Smeets, directeur Smeets Bouw BV in Maastricht. Bedrijf betrokken bij opzetgeld-affaires in Meerssen en daarbuiten. Betaalde schikking van 20.000 gulden. Gaf oud-medewerker die boekje open wilde doen 10.000 gulden. Bedrijf mocht in 'pool' met andere aannemers gemeente-opdrachten verdelen in Maastricht. Lid Lions Club Beek. Bevriend met Wesly.

M.G.M. Sprengers, voorzitter KNVB. CDA-lid. Tot 1996 secretaris van de Kamer van Koophandel voor Noord-Limburg. Voorheen directeur aannemersbedrijf Marcel Muyres. Commissaris Wegenbouw Lieben, adviseur aannemer Marcel Muyres. Aandeelhouder beleggingsmaatschappij Soluna BV, die bestuurd wordt door Ruijters. Tot 1996 als bestuurslid stichting Dr. Nolensfonds betrokken bij het ophalen van donaties voor het CDA-Limburg bij bedrijven. Lid Ruijters-circuit.

L. Stals, namens KVP en later CDA gedeputeerde van sport en cultuur in de provincie Limburg (1971-1987). Lid oude CDA-garde, in 1986 aan de kant geschoven door vernieuwers. Als bestuurslid stichting Dr. Nolensfonds betrokken bij het ophalen van donaties voor het CDA-Limburg bij bedrijven. Bestuurslid stichting Zesdaagse Maastricht. Adviseur Wegenbouw Kanters.

J.M.G. Stevens, ondernemer in Geleen. Hielp vriend Ruijters en werd geholpen met lucratieve huizenhandel van stichting Oos Hoes. Lid Ruijterscircuit en Rotary-Geleen. Zwager van Mastenbroek.

H.H.F. Stienstra, projectontwikkelaar en makelaar in Heerlen. Een van de rijkste figuren in Zuid-Nederland. Gaf Reijnen gratis vakantie in Davos. Lid Rotary-Landgraaf.

H.J.S. Tillie, directeur Maastrichts aannemersbedrijf Tillie BV en Tillie Beheer BV. Betaalde giften aan Maastrichtse wethouders Neus en In de Braekt. Bedrijf kreeg werk van gemeente. Vriend van In de Braekt, Neus en Hogenboom.

mr. A.P. Timmermans, zelfstandig bedrijfsadviseur. Tot 1996 lid Raad van Bestuur van dsm. Hielp bij sanering Ruijters-concern en adviseert Melchior. Commissaris bij Limburgse bedrijven, bestuurslid in Limburgse gezondheidszorg en lid van de beleggingscommissie van het ABP in Heerlen.

drs. P.M.J.A. Tops, gepensioneerd stafmedewerker hoofdgroep welzijn bij de provincie Limburg. Voorheen penningmeester CDA-presidium Limburg, lid van het dagelijks bestuur van het CDA-Limburg, bestuurslid van de stichting SBDI. Betrokken bij fondswerving voor CDA-Limburg als secretaris van de stichting Dr. Nolensfonds. Bestuurslid van woningvereniging Sittard en van de Limburgse Monumentenstichting. Kwam in opspraak met SBDI-affaire. Samen met Ruijters aandeelhouder van een beleggingsmaatschappij. Tot 1984 adviseur wegenbouwbedrijf Lieben, daarna tot 1988 aandeelhouder BLM. Lid Ruijters-circuit.

drs. Th.J.P. Verhagen, eigenaar eenmanszaak Economisch Advies- en Zakenbureau drs. Verhagen (sinds 1967). Namens CDA gedeputeerde van Limburg, onder meer verantwoordelijk voor ontgrondingen (1982-1987), daarvoor raadslid in Maastricht (1962-1982) en directeur bij projectontwikkelaar Ruijters (1968-1981). Betrokken
bij fondsenwerving voor CDA-Limburg bij bedrijven als bestuurslid van de stichting Dr. Nolensfonds en de stichting Civitas. Kwam in opspraak in SBDI-affaire. Lid van oude CDA-garde, in 1986 aan de kant geschoven door vernieuwers. Stond als adviseur op loonlijst bij baggeraars. Ondernam actie tegen benoeming Van der Linden tot gouverneur. Lid Ruijters-circuit, Lions Club-Maastricht en TAEK-sociëteit.

M.C.P. Vissers, directeur Vissers' Wegenbouw BV. Bedrijf betaalde in 1993 schikking van bijna twee ton wegens verboden kartelvorming in Maastricht. In 1996 opnieuw betrokken bij maken van illegale prijsafspraken voorafgaand aan opdracht in Valkenburg. Vissers sleepte midden jaren zestig opdracht voor de aanleg autoweg Maastricht-Heerlen binnen. Lid Lions Club-Valkenburg.

E.J.M. Vleugels, directeur Ruijters Vastgoed. Schoonzoon en troonopvolger van Ger Ruijters. Lid Lions Club-Valkenburg.

L.H.G. Vleugels, voorheen bestuurslid CDA-afdeling Maastricht, lid dagelijks bestuur CDA-Limburg, bestuurslid stichting Civitas en bestuurslid stichting Dr. Nolensfonds. Actief in fondsenwerving bij bedrijven voor CDA-kassen.

mr. W.H. van Vlijmen, ambtenaar bureau maatschappelijk welzijn provincie Limburg. Tot 1994 waarnemend hoofd van het bureau Economische Infrastructuur en Bedrijven. Voorheen voorzitter CDA-afdeling in Sittard. Op 6 december 1994 veroordeeld tot twee maanden voorwaardelijk en 20.000 gulden boete wegens het aannemen van steekpenningen van wegenbouwers Baars en Slegers, aannemers Laeven en Keulen en architect Satijn, en het vervalsen van rekeningen.

mr. B. baron van Voorst tot Voorst, commissaris der koningin in Limburg sinds 1993. Voorheen staatssecretaris van Defensie. Pleitte als gouverneur in 1993 voor behoud wachtgeld wegens corruptie ontslagen Vossen.

drs. W.P.J. Vossen, zonder beroep. CDA-burgemeester van Gulpen tot 1992. Op 9 november 1993 door rechtbank veroordeeld tot zes maanden voorwaardelijk, 6000 gulden boete en vijf jaar ontzetting uit recht om ambt te bekleden. Op 31 november 1993 oneervol ontslagen door minister. In hoger beroep op 19 augustus 1994 veroordeeld tot een jaar voorwaardelijk, een boete van 12.000 gulden en vijf jaar ontzetting uit het recht een ambt te bekleden. Hof achtte bewezen dat Vossen giften had aangenomen van wegenbouwbedrijf BLM uit Meerssen en aannemersbedrijf Dumoulin/Xhonneux uit Nijswiller, alsmede uitlokken valsheid in geschrifte en belastingfraude. In cassatie bij Hoge Raad.

B. Wesly, invloedrijk ondernemer in Maastricht. Directeur/aandeelhouder Xelat Holding BV. Eigenaar hotel en penningmeester stichting Toda Rabba. Organiseerde reizen naar Israël. Commissaris bij Smeets Bouw BV. Leende wethouder Hoen renteloos 73.000 gulden en betaalde via Xelat Recrea BV reizen van Kremers, Van der Linden, Mans en Houben. Voorzitter voetbalclub MVV (1996). Bestuurslid MVV (1984-1986). Drager van ereteken van verdienste van stad Maastricht. Lid Rotary-Maastricht en Ruijters-circuit. Vriend van Kaptein, Becker, Hoen en P. Smeets.

P.H. van Zeil, gepensioneerd. Burgemeester van Heerlen (1986-1990), staatssecretaris van Economische Zaken (1980-1986). Voorzitter KVP (1979-1980). In jaren tachtig in opspraak met gratis klusjes als bestuurder woningvereniging Juliana in Utrecht en gratis tickets van vliegtuigmaatschappijen. Lubbers noemde hem 'onze kleine krabbelaar'. Nog altijd verwikkeld in juridisch gevecht met Juliana die hem een rekening stuurde voor gratis klusjes. Ondernam actie tegen benoeming Van der Linden tot gouverneur.

Bibliografische notitie

De belangrijkste bron voor dit boek zijn de honderden tussen 1992 en 1996 in *De Limburger* verschenen artikelen. Ik heb ook gebruik gemaakt van het in vier jaar door mij opgebouwde documentatie-archief. Daarnaast deed ik aanvullend onderzoek wat niet eerder gepubliceerde feiten opleverde.

Dit boek is voorts gebaseerd op gesprekken met betrokkenen. Waar zij niet bereid waren tot gesprek, maar wel zijn opgevoerd, heb ik geput uit interviews en gepubliceerd materiaal. Voor het reconstrueren van de loop der dingen in enkele hoofdstukken is gebruik gemaakt van getuigenissen en verklaringen, processen-verbaal, requisitoirs en pleidooien.

Ander materiaal leverden publicaties en uitzendingen van het *Limburgs Dagblad, de Volkskrant, Haagsche Courant, Algemeen Dagblad,* NRC *Handelsblad, Vrij Nederland,* BB *Management, Trouw, Limburg Management, De Groene Amsterdammer,* het VPRO-programma 'Het Gebouw', het Omroep Limburg-programma 'Trefpunt', alsmede publicaties van CDA, PVDA en de Universiteit Maastricht.Informatie komt ook uit enkele boeken: *De* ABP-*affaire. De journalistieke jacht op fraudes in de bouwwereld* door Pierre Heijboer en Hans Horsten (Sijthoff, 1988). Interessant is het onderzoek naar het stemgedrag van de kiezers tijdens de corruptie-affaires. Het is gedaan door J. Janssen en A. Korsten en opgenomen in de uitgave *Gemeenteraden kiezen, analyse van de gemeenteraadsverkiezingen 1994 in Limburg en Nederland* (Eburon, 1995).

Over het onderwerp corruptie nam ik informatie over uit de bijdrage 'Machtmisbruik in politiek en openbaar bestuur' van P. van Duyne, uitgegeven in de bundel *Ethiek in politiek en open-*

baar bestuur (Lemma, 1995). Over corruptie staan lezenswaardige bijdragen in de bundel *Machtsbederf ter discussie,* onder redactie van L. Huberts (vu Uitgeverij, 1994).

Feiten en cijfers over het herstructureringsbeleid in Zuid-Limburg komen onder meer uit het boek *Perspectief voor Limburg* van Jan Derix (Eisma, 1990).

Over het onstaan van de Vriendenrepubliek nam ik informatie over uit onder meer *Het Nieuwe Limburg,* onder redactie van J. Soeters, H. Spoormans en R. Welten (Boekhandel Rutten/Leiter-Nypels, 1990). Bron van informatie en tegelijk lezenswaardig, waren de bijdragen van Thijs Wöltgens en Max Paumen in het themanummer 'Limburg' van het literaire tijdschrift *Maatstaf* (1995/9-10), alsmede de bijdrage 'De Carboonkolonisatie' van Nic. Tummers in *Wonen-TA/BK* (nr. 11/ 1974).

Register van personen, bedrijven en instellingen

Aarts, Jo, 167, 171
ABP (Algemeen Burgerlijk Pensioenfonds), 35, 132, 133, 134, 135, 136, 137, 138, 139, 140, 141, 142, 185, 190, 191, 194, 204, 239, 240, 261, 266, 269
ABP-affaire, 133, 191, 192, 235, 272
AbvaKabo, 133
Albeda, W., 182
Algemene Bond van Christelijke Mijnwerkers, 26
Algemene Rekenkamer, 44, 134, 236
Andriesma, Jo, 136
Ankersmit, 151, 155, 156
Annadal, 197, 198
Aqua Terra NV, 146
Arbeidsmarkt en Werkgelegenheid (provinciaal bureau), 47
Baardewijk, M. van, 172
Baars Aannemings- en Wegenbouwmaatschappij BV, 42, 59
Baars, Sjaak, 13, 16, 45, 53, 96, 213, 215, 249
Babo Pension Ltd, 60
Baeten, Fons, 75
Ballast Nedam, 114
BCM (Bouw Combinatie Maastricht), 108, 115, 252, 254, 255

Becker, Jo, 105
Beers, Lambert van, 199
Beker, Engelien, 232
Belt, P., 131
Biggelaar, van den (aannemersbedrijf), 252
Bijsmans, P., 41, 252, 267
Blauw-Wit, Beekse handbalclub, 92
Bleijenberg, W., 137
BLM (Bouwfonds Limburgse Gemeenten), 105, 106, 107, 109, 115, 116, 117, 252, 258, 262, 269, 270
BLM Participaties BV, 106, 107
BLM Weg- en Waterbouw BV, 105, 252
Bolk, J, 94
Bont, De (wegenbouwbedrijf), 46, 47, 58, 254
Bont, Piet de, 46
Born, 21, 35, 53, 210, 251, 264
Bramuco BV (wegenbouwbedrijf), 54
Bremen, Wiel, 82
Brinkman, Elco, 178
Brokx, Gerrit, 127, 192
Broshuis BV recherche- en adviesbureau, 139, 140, 141, 142
Brouwer, Ina, 200
Brunssum, 36, 38, 40, 54, 66, 76, 88, 94,

131, 150, 151, 153, 154, 155, 156, 159, 197, 205, 213, 215, 221, 229, 238, 240, 243, 248, 255, 259, 260, 266, 267
BVD, 199
CBS, 35
CDA-bureau Limburg, stichting, 67, 84, 256
CDA-Limburg, 48, 49, 63, 64, 65, 66, 67, 68, 69, 70, 71, 78, 79, 81, 82, 106, 118, 177, 179, 180, 181, 252, 253, 255, 256, 259, 263, 265, 268, 269, 270
CDA-Maastricht, 31, 183, 251, 257
CDA-Statenfractie, 58
CDA-Stein, 68
Centraal Fonds Volkshuisvesting, 161
CFO (CNV-bond voor Overheid, Gezondheid, Welzijn en Sociale werkvoorziening), 118
Chermin, J., 18
CIO, onderzoeksbureau, 223, 224
Civitas, stichting, 68, 112, 113, 251, 257, 269, 270
Coenders, H., 218, 253
Cohen, Job, 205
Coopers & Lybrand, 165, 166
Cornelissen, Bart, 202, 231
Corten, F., 112
Coumans, aannemersbedrijf, 43
COW (Coördinatie Overleg Werkgelegenheid), 40
Craenen, Gé, 13, 58, 209
Cremers, Fons, 51, 115
Curfs (groeve-exploitant), 43
DACW Dienst Aanvullende Civieltechnische Werken, 33, 50, 86
Daf, 35

Dales, Ien, 65, 184, 206
Damen, Rien, 212, 215
Dams, J., 60
Dekker Bedrijven, 151, 261
Dekker, Albert, 215
Demy, staalfabriek, 171, 263
Diederen, Henk, 33, 45
Dijk, Cees van, 69, 118
Dijks, Bert, 77
Dijkstal, H., 236
Dijkstra, L., 44
Dirks, houtverwerkende industrie, 140
Dittrich, Karl, 115, 147, 205
Doezelaar, A. van, 255
Dohmen, Piet, 13, 45, 46, 56, 58, 249
Domaniale mijn, 43
Dongen, J. van, 193, 256
Dorint-groep, 110
Dorren, J., 108
Droes, 210, 211, 212, 213, 216
DSM, 36, 58, 59, 60, 84, 85, 127, 210
Dura Aannemingsbedrijven, 133, 134
Dura, Daan, 134
Echt, 13, 46, 58, 170, 209, 232, 253
Eijsden, 50, 51
Eijssen, Jean, 58, 147, 155
Elsenburg, Th., 126
Elsevier, 135, 234
ENCI (Eerste Nederlandse Cement Industrie), 70, 85
Ensinck, Sjo, 73
Europese Commissie, 39
Evers, P., 169
Eyckhof, Gerrie, 233
FC Utrecht, 116, 117
Feij, Frans, 30

FIOD (Fiscale Inlichtingen en Opsporingsdienst), 13, 14, 16, 18, 47, 48, 49, 58, 59, 60, 97, 116, 195, 196, 200, 209, 214, 219, 251, 263
Fortuna, voetbalvereniging, 86
Franken, A., 242
Fransen, J., 193
Franssen, Piet, 56
Frenay, F., 194
Frissen, Leon, 91
Galiart, J., 189, 256
gb Consultancy BV, 256
Geerards, J., 210, 256
Geerlings, Luud, 192
Geleen, 34, 36, 43, 54, 121, 126, 128, 129, 160, 163, 166, 169, 170, 171, 172, 181, 264, 267, 268
Geruisloze Weg NV, De, 53
Geus, Jan de, 82
Gewest Midden-Limburg, 235
Gijsen, John, 30, 103
Goethem, Bert van, 93
Gonsalves, R., 196, 197, 199, 200, 201, 202, 204, 205, 206, 245
Goossens, Erik, 214
Gordijn, A., 108
Goslings, J., 133
Goumans, J., 224
Greep, Co, 114
Greweldinger, M., 176
Grindmeren BV, 149
Groene Amsterdammer, De, 175, 272
Groutars, Frans, 183
Grunsven, M. van, 73
GS (Gedeputeerde Staten van Limburg), 25, 37, 48, 49, 52, 130, 145, 146, 149, 150, 153, 155, 156, 176, 186, 192, 196, 198, 240
Gulf Oil Corporation, 234
Gulpen, 36, 56, 177, 178, 182, 196, 197, 214, 219, 249, 254, 262, 267, 270
Haane, Peter, 94
Habets, L., 192
Haelen, 13, 57, 146
Haenen, W., 13
HBL zie Stichting Huisvesting Bejaarden Limburg, 160, 164, 165, 166
Heel, 149, 177, 257
Heer, Wim de, 177
Heerlen, 13, 21, 25, 34, 38, 40, 41, 54, 66, 73, 79, 85, 87, 101, 105, 110, 123, 128, 129, 132, 133, 134, 135, 136, 138, 139, 140, 143, 170, 171, 172, 185, 190, 195, 218, 238, 240, 241, 252, 254, 257, 258, 259, 260, 263, 265, 266, 267, 268, 269, 271
Heerma, Enneüs, 160
Heidemij, 53
Heiligers, Ger, 45
Heinrichs, W., 257
Hendrikx, J., 83
Hennekam, B., 83
Hennekens, H., 66
Heuts, F., 73, 192, 258
Hilhorst, Piet, 145
Hirsch Ballin, Ernst, 200
Hobru, aannemersbedrijf, 51, 108, 110, 140, 141, 147, 168, 254, 258, 261
Hoefnagels, A., 40
Hoen, Jan, 92, 93, 102, 105, 108, 110, 117, 182, 224, 248, 258
Hofstra, Pieter, 167
Hoge Raad, 227, 228, 241, 243, 266, 270
Hogenboom, installatiebedrijf, 111, 112,

253, 258, 264, 268
Holthuis, P., 133
Hoofd, H. van 't, 108, 140
Hoogendijk, Ferry, 234
Hoogland, L.J., 259
Horbach, L., 83
Horn, 191
Houben, Philip, 93, 118, 206
Hövell tot Westerflier, R. baron van, 148
Hoyinck, 54
Huijben, S., 59
Huinen, J., 158, 229
Hummel, Rein, 57, 147, 215
HWZ, aannemersbedrijf, 105, 113
In de Braekt, Jo, 28, 59, 109, 248
ING-Groep, 123
Interwegenbouw BV, 54
Irik Bouw BV, 172
Janken, Piet, 54
Janssen, J., 246, 272
Jong, Jan de, 33
Jongen, H., 108
Jongen, planbureau, 38
Jongen, Thei, 40
Joosten, Jules, 58, 102, 108, 113
Kaiser, Herman, 179
Kamps, Hans, 221
Kaptein, Bert, 114
KAS BV, 125
Kempen, Ben, 161, 165
Kerkhoff, Toine, 139
Kerkrade, 40, 43, 50, 78, 86, 93, 123, 222, 253, 263, 267
Kessels, Gerard, 231
Kimman, F., 182
Klimmen, 13, 41, 53, 104, 213, 251

Knapen, Jan, 93
Knol, J., 144
Knops, K., aannemersbedrijf, 93, 261
Kockelkorn, Ger, 145, 184
Koenen, Hans, 77, 215, 231
Kokhuis, L., 163
Kollek, Teddy, 93
Korsten, A., 246, 272
Koster, Joep, 220
Kraaijeveld, C., 151
Kragten, Buro, 38
Krans, Th., 147
Kremers, J. (Sjeng), 23, 37, 49, 50, 51, 65, 66, 75, 93, 102, 135, 146, 197, 198, 235, 261, 265, 271
Kuijper, Arie, 143, 177, 183, 184
Kuijpers, Jan, 32, 54, 220
Kuiper, Wim, 27, 232
Kuipers, Wim, 232
Kunicon BV, 54
Kunicon-affaire, 31, 265
KVP (Katholieke Volkspartij), 24, 25, 27, 28, 29, 31, 49, 50, 72, 73, 78, 81, 82, 253, 256, 259, 263, 268, 271
Laarakker, Frans, 89
Laeven, aannemersbedrijf, 68, 87, 91, 92, 108, 110, 111, 253, 256, 265, 266, 270
Landgraaf, 37, 40, 43, 89, 108, 197, 217, 218, 240, 241, 249, 251, 253, 255, 257, 262, 265
Langenberg, Henk, 192
Laudy, aannemersbedrijf, 90, 259, 262
Laumen, J., 191
Leenders, Raymond, 185
Leeuwen, Fred van, 75
Leyten, Judith, 82

Lieben Wegenbouw BV, 54, 105
Lieben, Bert, 105, 106, 107, 115, 116
Lieben, Lambert, 54, 105
Liège, Wiel de, 56
Limburg Express, 77
Limburg Management, 177, 272
Limburg, provincie, 14, 24, 111, 146, 251, 252, 254, 255, 265, 268, 269, 270
Limburger Koerier, 73
Limburger, De, 25, 27, 30, 31, 34, 47, 56, 57, 58, 61, 67, 68, 69, 73, 74, 75, 77, 79, 87, 109, 110, 115, 116, 122, 131, 135, 136, 138, 144, 145, 148, 150, 157, 159, 167, 169, 172, 175, 176, 177, 178, 179, 183, 184, 185, 186, 194, 196, 204, 210, 214, 215, 218, 219, 220, 221, 222, 223, 224, 225, 230, 232, 245, 246, 262, 272
Limburgs Dagblad (LD), 73, 76, 78, 79, 135, 272
Limburgs Investerings- en Ontwikkelingsfonds (LIOF), 40
Limburgse Land- en Tuinbouw Bond (LLTB), 75, 81
Limburgse Monumenten Stichting, 48
Limburgse Organisatie van Zelfstandige Ondernemers (LOZO), 81
Limburgse Werkgeversvereniging (LWV), 177
Limpens, Jos, 122
Linden, René van der, 63, 65, 69, 81, 93
Lintzen Wegenbouw BV, 39, 104, 107
Lions Club Geleen-Sittard, 83
Lions Club Hoensbroek, 140, 258, 261, 266
Lockheed-affaire, 188
Lohuis, Aloys, 48

Lubbers, Ruud, 65, 178
Maas- en Roerbode, 72
Maasbracht, 54, 148, 150
Maasplassen, 146
Maastricht, 13, 15, 16, 25, 27, 28, 34, 35, 36, 37, 39, 41, 45, 46, 50, 54, 58, 59, 61, 68, 69, 75, 82, 85, 86, 88, 89, 93, 94, 95, 101, 102, 103, 104, 105, 108, 109, 110, 111, 112, 113, 115, 116, 117, 118, 121, 123, 124, 125, 126, 128, 130, 131, 144, 146, 147, 150, 151, 154, 155, 164, 172, 175, 179, 182, 183, 184, 188, 189, 192, 195, 197, 198, 201, 202, 204, 205, 206, 208, 215, 216, 217, 220, 222, 225, 228, 231, 235, 238, 240, 241, 246, 247, 248, 249, 251, 252, 253, 254, 255, 257, 258, 259, 260, 261, 262, 263, 264, 268, 269, 270, 271, 272
Maenen, Jos, 25
Maessen, J., 84
Magielsen, Lex, 157, 177, 181
Mans, Jan, 93
Marchal, J., 224
Masson, Ed, 133, 190
Mastenbroek, Emile, 23, 45, 66, 90
Matti, J., 155
MBO (Maatschappij voor Bedrijfsobjecten NV), 123
MBO-Ruijters BV, 123, 128, 129
MECC, congrescentrum, 37
Meerssen, 32, 55, 93, 172, 193, 197, 256, 263, 265, 268, 270
Meertens, J., 118
Meijer, P.J.G., 264
Meijsen, Martin, 136
Melchior, Leon, 114
Melick-Herkenbosch, 30
Melotte, installatiebedrijf, 111

Mijnindustrieraad, 21
ministerie van Cultuur, Recreatie en Maatschappelijk Werk (CRM), 36, 76
ministerie van Economische Zaken, 35
ministerie van Financiën, 36, 37
ministerie van Justitie, 198
ministerie van Sociale Zaken, 33, 34, 47, 86, 198
Moret, accountantskantoor, 16, 85, 252
Muermans, projectontwikkelaar, 198
Mulder wegenbouw- en grondwerk BV, 54
Mulder, Eef, 54
Muyres, Marcel (aannemersconcern), 124, 264, 268
Nabben, J., 221, 231
Nationale Woningraad, de, 131
NBM, Den Haag, 53
NCIV (Nederlands Christelijk Instituut voor Volkshuisvesting), 165, 169, 170, 171, 172
NCIV-Limburg, 171
NCW (Nederlands Christelijk Werkgeversverbond), 181
Nederlandse Katholieke Mijnwerkersbond, 74
Nederlandse Middenstands Bank, 13
Nederlandse Vereniging van Wegenbouwers (NVW), 178
Nederweert, 131, 211, 235, 260
Neus, Piet, 111, 206, 248, 264
Nicoll, E., 168, 172
Nieuwe Limburger, 72, 74, 78
Nieuwenhuyzen, Joep van den, 54
Nieuwenhuyzen, Wim van den, 54
Nieuwstadt, 139

Nolens, Willem, 24
Nolensfonds, Dr., stichting, 66, 67, 68, 69, 70, 71, 82, 113, 252, 253, 259, 268, 269, 270
Noten, Hub, 74, 75, 79
Notenboom, H., 83, 210
NRC Handelsblad, 178, 272
Nuth, 31, 66, 192, 255, 258
Odekerken, Nic, 217, 249
Oele, A., 144
Ohé en Laak, 148
Olthof, H., 36
OM (Openbaar Ministerie), 16, 179, 185, 189, 194, 201, 203, 204, 225, 232, 242, 245, 246
Omroep Limburg, Stichting, 74, 75, 76, 176, 186, 219, 223, 226, 244, 272
Onland, Jan, 35
Ooft, Hans, 116
Oomen, Steph, 76
Oos Hoes (stichting ter bevordering van het eigen woningbezit), 125, 131, 254, 260, 268
Oostdijk, Theo, 32
Oosterwijk, aannemersbedrijf, 43
Oostrom, S. van, 69
Open Universiteit (Heerlen), 25, 195, 241
Openbare Golf Brunssumerheide BV, 88, 255
Oppenhuis de Jong, Haro, 197
Opstal, J. van, 190
Overbosch, H., 142
Paleis van Justitie, 188, 189, 192, 193, 204, 230, 232
Palmen, Jef, 139
Panheelgroep, 147, 150, 151, 152, 153

Peeters, Willem, 186
Pepijnklinieken, 170
Peters, Gerard, 106
Peters, Jan, 72
Pfeil, A., 61, 226
Pinxt, Piet, 32, 93, 193
PLEM (Provinciale Limburgse Elektriciteitsmaatschappij), 58
Pleumeekers, Jef, 63, 91
Ploum, aannemersbedrijf, 43
PNL (Perspectievennota Zuid-Limburg), 36, 50
PNL-subsidies, 36, 46
Poel, Meüs van der, 70
Poels, H., 26
Polak, commissie, 136
Polko-notitie, 64
Pro-Team Limburg, 87, 252, 256, 265, 266
Provinciale Waterstaat, 86
PvdA (Partij van de Arbeid), 25, 31, 57, 65, 79, 102, 106, 115, 144, 145, 147, 150, 154, 155, 157, 176, 177, 179, 182, 183, 184, 185, 187, 212, 215, 243, 255, 259, 263, 266, 272
PvdA-Limburg, 143, 184
PvdA-Statenfractie, 176, 177, 185, 186
Q-Park BV, 128
Raad voor de Journalistiek, 225
Rabobank, 58, 67, 170
Ravestijn, slopersbedrijf, 41
Regionale Commissie Openbare Werken (RCOW), 33
Regionale Omroep Zuid (ROZ), 75
Reijmers, Ben, 123
Reijnen, Jan, 91, 132, 266
Reijntjes, Jan, 25

Reissenweber, M., 141
Researchinstituut voor Bedrijfswetenschappen (rvb), 146
Riem, Henk, 31, 45, 62, 143, 150, 155, 177, 215, 248
Riet, G. van, 57
rijksaccountantsdienst, 16, 127, 192
Rijkswaterstaat, 18, 96
Roda jc, 255
Rodamco, 134
Roermond, 63, 72, 79, 128, 155, 183, 195, 201, 209
Roex, Mark, 68, 87, 91, 110
Romme, C., 73
Rongen, Evert, 84
Roolvink, B., 234
Rooms Katholieke Staats Partij (RKSP), 24
Rooms-Katholieke Werkgeversvereniging, 24
Rottenberg, Felix, 183
RSV-enquête, 118
Ruijters BV, 111, 252
Ruijters, Ger, 84, 90, 111, 121, 123, 270
Ruth, Craig, 132
Ruth, Robert N., 132
Rutten, Chris, 31
Sampermans, Jo, 63
Savelsbergh, Hub, 140
SBDI (Stichting tot Bevordering van bijzondere en algemene woonvormen en dienstverlenende Instituten), 125, 126, 127, 131, 160, 165, 166, 168, 169, 254, 269
SBDI-affaire, 127, 131, 165, 168, 192, 254, 260, 264, 267, 269
Schaesberg, 40, 41

Schakel, M., 83
Schepers, Wim, 160
Scheres, P., 13
Schmelzer, Norbert, 234
Schoffelen, Guus, 46, 54, 91
Scholten, W., 234
Schreurs, aannemersbedrijf, 55, 72, 193, 267
Schreurs, Nol, 72
Sellman, G., 134
Seyffert, F., 134
Sittard, 16, 39, 50, 67, 69, 73, 83, 90, 104, 123, 124, 128, 168, 172, 180, 184, 193, 200, 238, 264, 267, 269, 270
Slats, Jos, 217, 223, 230, 231
Slijkhuis, Klaas, 154
Smeets Bouw BV, 193, 256, 268, 271
Smeets, C., 220
Smeets, Jan, 177
Smeets, Jo, 40, 91
Smeets, P.H.M. (aannemer), 268
Son, L. van, 83
Spaarbank Limburg, 58
Sphinx, aardewerkfabriek, 85, 117, 252, 260
Sprengers, Jeu, 83, 90
SSO (Samenwerkingsverband Sanering Mijnterreinen Oostelijk Mijngebied), 40, 41, 44, 267
Staatsmijnen, 22, 26, 84
Stals, L., 268
Stee, A. van der, 83
Steenkamp, Piet, 26, 82
Steenkolen Handels Vereeniging (SHV), 234, 264
Stein, 68, 92, 200
Stevens, J., 90
Stevensweert, 148, 190, 256
Stevol Nee, actiecomité, 148, 150
Stichting Baars, 42, 59
Stichting Baars Beheer, 59
Stichting Directie Pensioenfonds Baars Aannemings- en Wegenbouwmaatschappij, 42, 59
Stichting Huisvesting Bejaarden Limburg (HBL), 160
Stienstra, H.H.F., 268
Stoffelen, Guus, 82
Stramproy, 137
Straus, aannemersbedrijf, 90
Strous, Hub, 34
Susteren, 28, 38, 194
TAEK-sociëteit (Tilburgse Afgestudeerden Economen Kring), 84, 252, 253, 254, 257, 259, 267, 269
TBN, installatiebedrijf, 139
Teikyo Europe BV, 197, 260
Teikyo Trust Holland, stichting, 198, 265
Telegraaf, De, 76
Thomas, Joop, 91, 145
Tillie, aannemersbedrijf, 111, 112, 253, 264, 268
Timmermans, Ad, 127
Timmermans, Ben, 214
Tindemans, Jan, 145, 153, 184
Toda Rabba, stichting, 92, 93, 94, 109, 159, 197, 207, 258, 271
Tommel, Dick, 161
Tooley & Company, 132
Tooley, William, 132
Tripels, Max, 114
Tummers, Piet, 72

Universiteit Maastricht, 27, 39, 115, 147, 182, 205, 246, 255, 272
Urmond, 36
Uyl, Joop den, 21
Vaals, 57, 212, 215, 254, 255
Valkenburg, 13, 85, 104, 246, 251, 262, 269
Velzen, Wim van, 69, 177
Venlo, 24, 30, 128, 129, 200, 265
Venray, 128
Visscher, W., 170
Vissers, Jo, 82
Vleugels, Ward, 90, 121
Vlijmen, Wil van, 45, 249
Voerendaal, 34, 172, 213
Vogel, Steven de, 216, 217
Volkskrant, de, 73, 217, 223, 230, 272
Voorst tot Voorst, B. baron van, 157, 206, 233, 237, 270
Voslamber, L., 114
Vossen, W.P.J., 270
Vranken, P., 172
Vries, Jan de, 74
Vrij Nederland, 144, 168, 216, 272
Vrijthof, Theater aan het, 108, 110
Vrins, C., 133
Vroon, A., 69
VSL, streekvervoersbedrijf, 108
VVD (Volkspartij voor Vrijheid en Democratie), 30, 31, 79, 111, 167, 177, 179, 243, 247, 253
Waltmans, G., 15
Waterschap Roer- en Overmaas, 89, 262
Waterschap Zuiveringsschap Limburg, 235
Wattel, A., 83

Wauben, B., 140
WBL(Woningbeheer Limburg), 127, 160, 161, 162, 163, 168, 169, 204, 251, 260
WBL-affaire, 160, 168, 169, 267
Wegenbouw Jaartsveld BV, 38
Wegenbouw Limburg BV, 54
Wegenbouw Van Doezelaar BV, 54, 255
Weiermars, Ad, 187
Weijzen, Ron, 116
Wersch, Harrie van, 110
Wersch, Van, schildersbedrijf, 110
Wesly Tours BV, 92, 93
Wesly, Benoit, 92, 109, 259
Wet Openbaarheid van Bestuur, 229, 234
Wijnands, H., 51
Willems, Toon, 123, 125
Wilma, aannemersbedrijf, 133
Wilms, Frans, 179
Wittem, 85
Wolf, F., 198
Wolfs, Odile, 176, 177
Wolfs, Ph., 171
Wöltgens, Thijs, 184, 272
Woningstichting Hoensbroeck, 141, 168
Woningstichting Midden-Limburg, 169
Woningvereniging Sittard, 168
Wyckerveste, projectontwikkelaar, 91, 146
Xelat Participaties BV, 109
Xelat Recrea BV, 93, 271
Zandvoort, Van, Installatie BV, 38, 257
Zeil, Piet van, 66
Zon, Kobus van, 190
Zuid-Limburgse Golf- en Countryclub, 85